ADAC Reiseführer

Südengland

Dover Brighton Cornwall Stonehenge

Kultstätten · Gärten · Kathedralen · Museen
Schlösser · Landschaften · Hotels · Restaurants

Die Top Tipps führen Sie zu den Highlights

von Jenny Klein

Intro

Unterwegs

FY 315

Nord-Devon und Somerset – wo Heide wächst und Cider fließt 104

Von Wells bis Avebury – römische Bäder und gotische Kathedralen 111

Südengland Kaleidoskop

Karten und Pläne

Service

Leserforum

Die Meinung unserer Leserinnen und Leser ist wichtig, daher freuen wir uns, von Ihnen zu hören. Wenn Ihnen dieser Reiseführer gefällt, wenn Sie Hinweise zu den Inhalten haben – Ergänzungs- und Verbesserungsvorschläge, Tipps und Korrekturen –, dann kontaktieren Sie uns bitte:

Redaktion ADAC Reiseführer
Travel House Media GmbH
Grillparzerstr. 12, 81675 München
adac.reisefuehrer@travel-house-media.de

Südengland Impressionen

Der Garten Britanniens

»Glücklich ist England!«, schrieb der Dichter der Romantik, John Keats (1795–1821), »ich könnte zufrieden sein, kein anderes Grün als seines zu sehen«. Und der Reisende, der die elf Grafschaften des Südens durchquert, mag im Stillen ergänzen: Glücklich ist Südengland. Die Landschaften und die reichhaltige Historie machen die südliche Küstenregion der Insel zu einer perfekten Mischung aus Natur, Tradition und Moderne.

Glücklich ist Südengland

Die Obstplantagen und Hopfengärten von *Kent*, die sanften Hügel der **South Downs** im westlichen *Sussex*, die großen Nationalparks von *Devon* und *Somerset*, **Exmoor** und **Dartmoor** – entlang seiner 1000 km langen Küste breitet sich der Süden von England vor dem Reisenden aus wie ein vielgestaltiger Garten. Grauschwarz schimmern die bizarren Granitformationen auf den Hügeln der Hochmoore, rostrot blüht im Herbst die Heide, und auf einem Spaziergang durch das lichte Frühlingsgrün der Eichenwälder des **New Forest** meint man, mitten in Keats' lyrischer Welt des frühen 19. Jhs. gelandet zu sein.

Südengland ist ein Wanderland. Durch Nationalparks, durch Flusstäler wie das **Exe Valley** in Devon und entlang der gesamten Küste führen **Fernwanderwege**, auf denen sich die Landschaften am intensivsten entdecken lassen. Auf den Felsklippen des **Valley of Rocks,** über dem *Bristol Channel* oder von **Land's End** aus über den Atlantik nach Westen blickend, spürt man, dass der Weg zurück ins 19. Jh. ein leichter ist, dass dieses Land noch genauso glücklich ist wie damals.

»Doch fühle ich zuweilen ein Sehnen …«

John Keats, den Dichter dieses Verses, zog es nach Italien, nach Rom, wo er 1821 starb. Andere brachten den Süden nach England. Prinz Albert von Sachsen-Coburg-Gotha ließ für sich und seine Gemahlin, Queen Victoria, auf der **Isle of Wight** eine Villa im neapolitanischen Stil errichten, Andrea Palladios Villen an der Brenta inspirierten Henry Hoare I. zum Herrenhaus **Stourhead** mit jenem berühmten Landschaftsgarten, in dem Kunst- und Architekturverständnis des 18. Jh. seinen Höhepunkt fanden. Vom milden Klima des Golfstroms begünstigt und getragen von einer jahrtausendealten Tradition, besitzt Englands Süden die schönsten Grünanlagen Europas. Die Terrassengärten **St. Michael's Mount** oder die Klosterburg in der Bucht vor Penzance bedecken Gewächse des fünften Kontinents. 50 km

nordöstlich, in den **Lost Gardens of Heligan**, wuchert der Dschungel. Und nach **Torbay** kam man schon vor über einem Jahrhundert, um sich inmitten von Palmen wie an der Riviera zu fühlen.

Bournemouth und **Brighton** sind die traditionsreichsten Seebäder der Region; wer dem Trubel entfliehen will, macht sich an den Küsten **Devons**, **Cornwalls** und der **Isle of Wight** auf die Suche nach einer der vielen kleinen, einsamen Buchten, in denen früher Schmuggler ihre Beute versteckten und die heute ihren größten Schatz offen darbieten – goldgelben Sand.

Oben: *Wie ein schützender Arm legt sich die Kaimauer um den winzigen Hafen von Clovelly*
Unten links: *Siegreiche Heimkehr – Lord Nelsons Flaggschiff ›Victory‹ liegt nur für immer im Hafen von Portsmouth vor Anker*
Unten: *Eine sommerliche Ruhepause am Ort der stillen Einkehr vor der Kathedrale von Exeter*

Von der Landschaft zum Park

Seit Jahrhunderten schon errichten die reichen Herren des Landes südlich der Metropole London ihre prachtvollen ländlichen Refugien und Lustschlösser wie das palastartige Herrenhaus von

Links: *Auf dem kleinen Platz vor den Römischen Bädern von Bath ertönen perlende Flötenklänge*
Unten: *Mögen Löwen, Elefanten und Giraffen auch den Park von Longleat House durchstreifen – im Treppenhaus lassen sich die vornehmen Damen und Herren durch nichts aus der Ruhe bringen*
Rechts: *Heute wäscht nur noch die Brandung das Erz aus dem Gestein – Landschaft mit verlassenen Maschinenhäusern bei St. Just in Cornwall*

Knole oder das romantische **Leeds Castle**. Die formale Strenge der Barockgärten wich ab Mitte des 18. Jh. perfekt inszenierter Natürlichkeit. Mit weitläufigen Parks demonstrierte vor allem der Landschaftsarchitekt Lancelot ›Capability‹ Brown seine Fähigkeit, sich von der Landschaft des Südens, wie er sie vorfand, zu Gartenkunstwerken inspirieren zu lassen, die der Natur keinen offensichtlichen Zwang antaten und ihr nur beinahe unmerklich jenen letzten Schliff, jene selbstverständliche Perfektion, verliehen, die ihr bisweilen fehlten. In Parks wie dem von **Petworth** durchläuft man so bis heute Landschaften, die man zuvor auf den im Herrenhaus versammelten Bildern *William Turners* bewundert hat. Für die Synthese von Malerei, Architektur und Gartengestaltung steht ebenso das klassizistische Gesamtkunstwerk von **Stourhead** – für die Verbindung von Pflanzenkunde und von ihr inspirierter Literatur ein Garten des 20. Jh.: **Sissinghurst**. Die Gesellschaftsromane seiner Schöpferin, *Vita Sackville-West*, sind weit weniger lebendig im Gedächtnis geblieben als ihre botanischen Aufzeichnungen.

Bauwerke, Dörfer und Städte als museale Schätze

Nicht nur Herrenhäuser wie Petworth, **Saltram** und Knole gerieten in Südengland zu Museen – mitunter auch ganze Dörfer wie **Clovelly** an der Nordwest-

küste Devons. Ungetrübt von einstiger Mühsal herrscht hier auch heute noch die Atmosphäre des 18. Jh. Und eine Stadt des Südens ist so bewahrenswert, dass sie in ihrer Gesamtheit zum UNESCO-Weltkulturerbe erklärt wurde. **Bath**, in dessen Heilquellen sich schon die Römer kurierten, ist mit seinen neoklassizistischen *Crescents*, den Reihenhausbögen des 18. Jh., ein Musterbeispiel ökonomisch und ästhetisch gelungenen Städtebaus, ein Bild von einer Stadt, ein bewohntes Museum der Architekturgeschichte. Im Flusshafen von **Bristol**, in dem heute keine Frachtschiffe mehr entladen werden, lässt sich im **Floating Harbour** besichtigen, wie alte Speichergebäude zu Stätten wurden, an denen in Theater-, Film- und Tanzproduktionen Modernes präsentiert und Überkommenes in Frage gestellt wird.

Wer sich für die Frühzeit der Erdgeschichte interessiert, wird an die **Jurassic Coast** fündig. So heißt der rund 160 km

Oben: *Zwischen Himmel und Ebene: Majestätisch thront der neolithische Steinkreis von Stonehenge über der weiten Salisbury Plain*
Links unten: *Über Winchesters ruhmreiche Vergangenheit als Hauptstadt ganz Britanniens herrschte Alfred der Große…*
Rechts oben: *… und dieser Anblick bietet sich seiner Bronzestatue nun: die High Street der heutigen Hauptstadt von Hampshire*
Rechts unten: *So manche englische Königin mag im Lustschloss von Leeds Castle ihrem heimlichen Liebhaber den Himmel auf Erden bereitet haben …*

lange Küstenabschnitt zwischen Studland Bay in Dorset und Exmouth in Devon, dessen steile Klippen einen Querschnitt durch 190 Mio. Jahre Erdgeschichte zeigen. Die Jurassic Coast birgt Unmengen an fossilen Schätzen. Regen legt bis heute Reste von Dinosauriern, Ammoniten oder versteinerten Tintenfischen frei. Jeder hat hier die Chance auf einen großen Fund.

Plymouth, **Dartmouth**, **Southampton** und **Portsmouth** sind die großen Häfen des Südens, Zentren der glorreichen Vergangenheit der britischen Seefahrt, des weltumspannenden Empire. Die Flaggschiffe von *Henry VIII.* und *Lord Nelson*, die *Mary Rose* und die *Victory*, sind für immer von ihren Kriegsfahrten heimgekehrt und können im Hafen von Portsmouth in aller Ruhe bewundert werden.

Die Namen der großen Kathedralen Südenglands stehen für ein halbes Jahrtausend gotischer Baukunst, für Frömmigkeit und tödlichen Hass. Der Vierungsturm von **Salisbury Cathedral** ist der höchste Kirchturm des ganzen Landes, von der breitwandigen Säulenfassade der Kathedrale von **Wells** blicken Hunderte von Statuen wie von einem gewaltigen Altartriptychon vor Gottes englischem Himmel. In **Winchester** errichtete man die längste mittelalterliche Kirche Europas, und **Canterbury** wurde mit der Ermordung seines Erzbischofs *Thomas Becket* (1170) zum Ziel zahlloser Pilger.

Pilger gibt es auch heute noch. Manche von ihnen folgen den Spuren berühmter Filmdrehorte: Die sturmumtosten Klippen von **Land´s End** und das keltische Mönchskloster **St. Michael´s Mount** etwa waren Kulisse für mehrere Rosamunde-Pilcher-Filme, und in den Kreuzgängen von **Lacock Abbey** war die Zauberschule von Harry Potter zu Hause. Andere sind esoterisch beseelt und wandern zu weitaus älteren kultischen Stätten: Gar nicht weit von Salisbury, nordwestlich der Stadt in der großen Ebene, sind auf fruchtbarem Boden für Mythen und allerlei Sehnsüchte die Überreste von **Stonehenge** zu besichtigen. In **Tintagel Castle** und **Glastonbury** umwehen den Besucher die Legenden um König Artus, die Ritter der Tafelrunde und den Heiligen Gral. Gerne spürt man, sich ein letztes Mal an John Keats erinnernd, die sanften Brisen Südenglands, die »(…) durch seine hohen Wälder wehen, mit edlen Romanzen vermischt«.

Geschichte, Kunst, Kultur im Überblick

Einfallstor für Römer und Normannen, Adelsrefugium und liebstes Urlaubsziel der Engländer

4500 v. Chr. Früheste kleine Ansiedlungen im Südteil der Insel. Ackerbau ernährt die Menschen, die im Schutz von Erdwällen auf Hügeln leben.

2500 v. Chr. Mit der zweiten Bauphase von Stonehenge erlebt die Megalithkultur ihren Höhepunkt. In Avebury in Wiltshire wird der große kultische Steinkreis errichtet.

ab 750 v. Chr. Keltische Stämme, ursprünglich aus dem Gebiet des heutigen Bayern und Böhmen und vom Oberrhein stammend, wandern in Britannien ein.

100 v. Chr. In Kent fasst der nordgallische Stamm der Belgen Fuß.

55 v. Chr. Erster Eroberungszug der Römer unter Julius Caesar, dessen Legionen bei Deal landen, jedoch von den Belgen zurückgeschlagen werden.

43 n. Chr. Ein 40 000 Mann starkes römisches Heer unter Befehl von Kaiser Claudius unterwirft Südbritannien. In rascher Folge werden Garnisonen und Städte gegründet: Durovernum Cantiacorum (Canterbury), Noviomagus (Chichester), Venta (Winchester), Aquae Sulis (Bath) und Isca Dumnoniorum (Exeter).

409 Die Römer ziehen sich endgültig aus Britannien zurück.

ab 450 Die nordwestgermanischen Stämme der Angeln und Sachsen drängen unter den legendären Heerführern Hengist und Horsa, zusammen mit den nordgermanischen Jüten, die keltischen Stämme ins heutige Cornwall und Wales zurück. Gründung der angelsächsischen Königreiche Kent, Sussex, Wessex, Essex, East Anglia, Mercia und Northumbria.

597 Der von Papst Gregor I. aus Rom entsandte Benediktinermönch Augustinus christianisiert die Angelsachsen und gründet das Bistum Canterbury.

829 Egbert, König von Wessex, erlangt die Oberhand über die angelsächsischen Königreiche und verteidigt sie gegen Einfälle der Dänen.

871 Alfred der Große, König von Wessex, vereinigt Kent, Essex, Wessex und Sussex zu einem angelsächsischen Reich.

1016 Canute (Knut der Große) besteigt nach dem Sieg über das angelsächsische Heer als erster Dänenkönig den englischen Thron.

1042 Edward the Confessor, als Sohn des letzten angelsächsischen Königs Ethelred II. im Exil in der Normandie aufgewachsen, leitet die erfolgreiche Invasion Englands.

1066 In der Schlacht von Hastings unterliegt der angelsächsische König Harold II. dem Normannenherzog William (›the Conqueror‹), dem Edward die englische Krone versprochen hatte. Als William I. wird jener zum König von England gekrönt.

nach 1066 Zentrale weltliche und geistliche Ämter werden mit normannischen Adligen besetzt. Zur Sicherung seiner Herrschaft zentralisiert William I. die Verwaltung und lässt zahlreiche Wehrburgen errichten. Die landwirtschaftliche Kultivierung weiter Regionen des Landes wird von neu gegründeten Klöstern vorangetrieben. Viele angelsächsische Kirchen werden durch

Ein großer Augenblick der englischen Geschichte: König John unterzeichnet die Magna Charta (1215)

Strotzend vor Selbstbewusstsein und Durchsetzungskraft: Henry VIII., porträtiert von Hans Holbein d. J.

normannische Bauten im romanischen Stil ersetzt.

1086 Das Domesday Book, Englands erstes Kataster, erfasst sämtliche Besitztümer an Grund und Boden und verzeichnet die Einwohnerzahlen der Gemeinden des Landes.

1154 Mit Henry II. erringt das Haus Anjou-Plantagenet die englische Königswürde.

1164 Mit den Konstitutionen von Clarendon schränkt Henry II. die Machtbefugnisse der Geistlichkeit ein.

1170 Am 29. Dezember wird Henrys Gegenspieler, Thomas Becket, Erzbischof von Canterbury, mit stillschweigender Duldung des Königs in Canterbury Cathedral ermordet.

um 1190–1300 Im Stil der englischen Frühgotik (Early English) werden hochaufstrebende, klar gegliederte Sakralbauten wie z. B. Salisbury Cathedral errichtet.

1215 Die feudalistischen Barone setzen sich gegen König Johns I. (›ohne Land‹) Bestrebungen zur Wehr, alle Macht auf den Thron zu konzentrieren, und erzwingen die Unterzeichnung der Magna Charta, die die Rechte des englischen Adels verbrieft. Es kommt zu ersten Auseinandersetzungen zwischen dem englischen König und dem machthungrigen Papst.

1265 Der Konflikt zwischen dem König und den mächtigen Familien des Landes dauert an. Henry III. muss die Einberufung eines königlichen Rates aus Vertretern des Adels und der Städte zugestehen, der als Vorläufer des Parlaments gilt.

ab 1300 Zweite Periode der englischen Gotik (Decorated Style). Üppigere Verzierungen und größere Fenster kennzeichnen die Kirchenbauten wie etwa Wells Cathedral.

1338–1453 Hundertjähriger Krieg mit Frankreich. Südenglische Küstenstädte werden Opfer französischer Angriffe.

1348–50 und 1361 Den Pestepidemien fallen mehr als 1 Mio. Menschen, also beinahe die Hälfte der englischen Bevölkerung, zum Opfer.

um 1350 bis ins 16. Jh. Englische Hochgotik (Perpendicular Style). In klaren horizontalen Linien setzen sich die Kirchen jener Zeit (z. B. Winchester Cathedral) von der Verspieltheit des Decorated Style ab.

1399 Mit Henry IV., der König Richard II. absetzt, gelangt das Haus Lancaster an die Macht.

1455–85 Rosenkriege zwischen den Häusern von York (Symbol: weiße Rose) und Lancaster (rote Rose). Die Thronstreitigkeiten enden für keines der beiden Häuser erfolgreich. Nach der Schlacht von Bosworth wird Henry VII. aus dem walisischen Tudor-Geschlecht neuer König.

1534 Henry VIII. bricht mit dem Papst und gründet die anglikanische Kirche.

1536–39 Die Reformation: Henry VIII. lässt die katholischen Klöster des Landes auflösen und ihren Besitz konfiszieren. Vor allem in Südengland werden zahlreiche Klostergebäude zu Herrenhäusern umgestaltet, z. B. Battle Abbey bei Hastings.

1553–58 Henrys Tochter Mary I. (›Bloody Mary‹) sucht dem Katholizismus wieder zu seiner Rolle als Staatsreligion zu verhelfen und lässt Protestanten verfolgen.

ab 1558 Elizabeth I., Tochter Henrys VIII. und Anne Boleyns, löst ihre Halbschwester ab und reetabliert die anglikanische Kirche. Politische und kulturelle Blütezeit: England beherrscht nach dem Sieg über die Spanische Armada vor Plymouth 1588 die Weltmeere, mit William Shakespeare wird 1564 einer der bedeutendsten Dramatiker der Weltliteratur geboren.

1603 Elizabeth I. stirbt, ohne einen direkten Erben zu hinterlassen. James VI. von Schottland aus dem Hause Stuart wird als James I. auch König von England.

1605 Gunpowder Plot: Katholische Verschwörer wollen mit einem Anschlag auf das Parlament die Macht erobern. Verantwortlich gemacht wird Guy Fawkes, der bis heute alljährlich am 5. November (Bonfire Night) symbolisch als Strohpuppe verbrannt wird.

1620 Die Pilgrim Fathers (Pilgerväter), strenggläubige, religiös verfolgte Puritaner, segeln auf der Mayflower von Southampton und Plymouth aus nach Amerika.

1642–49 Englischer Bürgerkrieg. Als das Parlament das absolutistische Gebaren Charles' I. nicht länger hinnehmen will, kommt es zum offenen Krieg zwischen den königstreuen ›Cavaliers‹ und den ›Roundheads‹, den Anhängern des Parlaments, die unter der Führung Oliver Cromwells triumphieren. Charles flüchtet sich zunächst auf die Isle of Wight, wird jedoch gefangen gesetzt und 1649 hingerichtet.

1653 Cromwell wird zum Lord Protector ernannt und regiert mit harter Hand.

1660 Restauration der Monarchie. Charles II. folgt seinem Vater auf dem englischen Thron.

1685 Der Duke of Monmouth, ältester und unehelicher Sohn Charles' II., rebelliert gegen seinen Onkel, der als James II. regiert und dem Katholizismus zu größerem Einfluss verhelfen möchte. Monmouth unterliegt in der Entscheidungsschlacht auf The King's Sedge Moor in Somerset, seine Anhänger werden grausam verfolgt.

1688 Glorious Revolution: Das Parlament und Teile des Adels tragen dem Protestanten William of Orange die englische Königswürde an. William triumphiert ohne Blutvergießen über den ungeliebten katholischen Regenten. Mit der im folgenden Jahr unterzeichneten Bill of Rights garantiert der neue König William III. eine parlamentarische Monarchie und schließt Katholiken für immer von der Thronfolge aus.

1714 Die letzte Herrscherin aus dem Hause Stuart, Queen Anne, hinterlässt keinen Erben. Die Königswürde fällt dem deutschen Haus Hannover zu. George I. wird König. Die strengen neoklassizistischen Bauwerke der nächsten 100 Jahre werden als ›Georgian‹ bezeichnet.

1721 Unter Sir Robert Walpole bildet sich das Amt des ›First and Prime Minister‹, also des Premierministers, heraus.

um 1750 Blütezeit der Englischen Gärten. Auf den Besitzungen des südenglischen Adels ersetzen weitläufige, wie unberührte Naturlandschaften wirkende Parks die formellen Gärten des 17. Jh. Zur Vollendung gelangt die englische Gartenbaukunst in den Anlagen von Lancelot ›Capability‹ Brown.

1803–15 Napoleonische Kriege. Lord Nelson besiegt 1805 eine französisch-spanische Flotte bei Trafalgar, kommt dabei aber ums Leben. 1815 schlägt der Duke of Wellington Napoleon entscheidend bei Waterloo.

1811 George III. wird für unzurechnungsfähig erklärt, die Prinzregentschaft des späteren Königs George IV. beginnt. ›Regency‹ bezeichnet jene Herrschaftsperiode und ihren Baustil.

1834 Aufstand von Landarbeitern in Dorset. Aus dem Dorf Tolpuddle werden sechs Männer, die ›Tolpuddle Martyrs‹, wegen Bildung einer illegalen Gewerkschaft nach Australien deportiert. Die Chartistenbewegung kämpft für eine angemessene Vertretung aller Bevölkerungsschichten im Parlament.

1837–1901 Unter der langen Regentschaft Königin Victorias erreicht das britische Empire den Gipfel seiner Macht. 1840 heiratet Victoria Prinz Albert von Sachsen-Coburg-Gotha; Osborne House auf der Isle of Wight wird zum bevorzugten Aufenthaltsort des Paa-

Ein König, der schwer an sich und seinem Schicksal zu tragen hatte – George IV.

Glückliche Tage in Osborne House: Königin Victoria und ihr Prinzgemahl Albert

res. Ein ganzes Zeitalter, seine Kunst und Architektur, tragen den Namen der Königin.

um 1850 Im Zuge der Industriellen Revolution wird der Süden Englands verkehrstechnisch erschlossen, das Eisenbahnnetz bis zu den Küstenorten Cornwalls erweitert. Der Chefingenieur der Great Western Railway, Isambard Kingdom Brunel, entwirft Brücken und Bahnhöfe wie die Clifton Suspension Bridge und die Temple Meads Station in Bristol.

1877 Gründung der Society for the Protection of Ancient Monuments, die 1882 ein Gesetz zum Schutz von zunächst 29 Kulturdenkmälern des Landes, u. a. Stonehenge, durchsetzt.

1917 Mehr als eine Million britischer Soldaten fällt auf den Schlachtfeldern des Ersten Weltkriegs. Das britische Königshaus legt seinen deutschen Namen Sachsen-Coburg-Gotha ab. Fortan nennt es sich nach seinem Schloss am Stadtrand von London Windsor.

1939–45 Zweiter Weltkrieg: Neben London werden auch zahlreiche Städte der Südküste durch die deutsche Luftwaffe verwüstet. Tausende sterben.

1949 Die National Parks Commission (später Countryside Commission) für die Ausweisung von Nationalparks wird ins Leben gerufen. Dartmoor und Exmoor gehören zu den ersten Schutzgebieten.

1952 Krönung Elizabeths II.

1979 Sieg der Konservativen bei den Unterhauswahlen. Mit Margaret Thatcher, der ›Eisernen Lady‹, wird erstmals eine Frau Premierminister.

1994 Einweihung des Eurotunnels unter dem Ärmelkanal zwischen Calais und Folkestone.

1997 Erdrutschsieg der Labour Party unter Tony Blair bei den Unterhauswahlen.

2002 In Brighton stürzt ein Teil des berühmten, aber baufälligen West Pier von 1866 bei einem Wintersturm ein.

Konservativ und eurokritisch: Premier David Cameron

2004 Im Februar werden Pläne für den Bau eines Straßentunnels zur Verkehrsentlastung vorgelegt, der unter der Kultstätte Stonehenge hindurchführen soll. – Schwere Stürme lassen den West Pier in Brighton einstürzen. – Boscastle in Cornwall wird nach heftigen Regenfällen von einer Flutwelle überschwemmt. Viele der Häuser können dem Druck nicht standhalten, aber unter den Bewohnern gibt es weder Tote noch Schwerverletzte.

2005 Die noch aus dem Ersten Weltkrieg stammenden rigiden Pub-Öffnungszeiten werden aufgehoben.

2006 Tonbridge in Kent ist der Schauplatz des größten Geldraubs der englischen Geschichte. Bei dem Überfall auf das Gelddepot einer Werttransportfirma erbeuten die Räuber 80 Mio. Euro.

2010 Bei den Unterhauswahlen wird die Conservative Party stärkste politische Kraft, David Cameron neuer Premierminister, der seitdem in einer Koalition mit den Liberal Democrats regiert. Es waren die ersten Wahlen seit 1974, bei denen keine Partei eine absolute Mehrheit erzielte.

2012 In London und Umgebung finden die Olympischen Sommerspiele statt.

2013 Am 8. April stirbt die frühere britische Premierministerin Margarete Thatcher in London. Zur Trauerfeier kommen 2300 geladene Gäste aus 170 Ländern.

Wie eine mittelalterliche Bühne erstrahlt heute bei Nacht die Westfassade der Kathedrale von Wells

Unterwegs

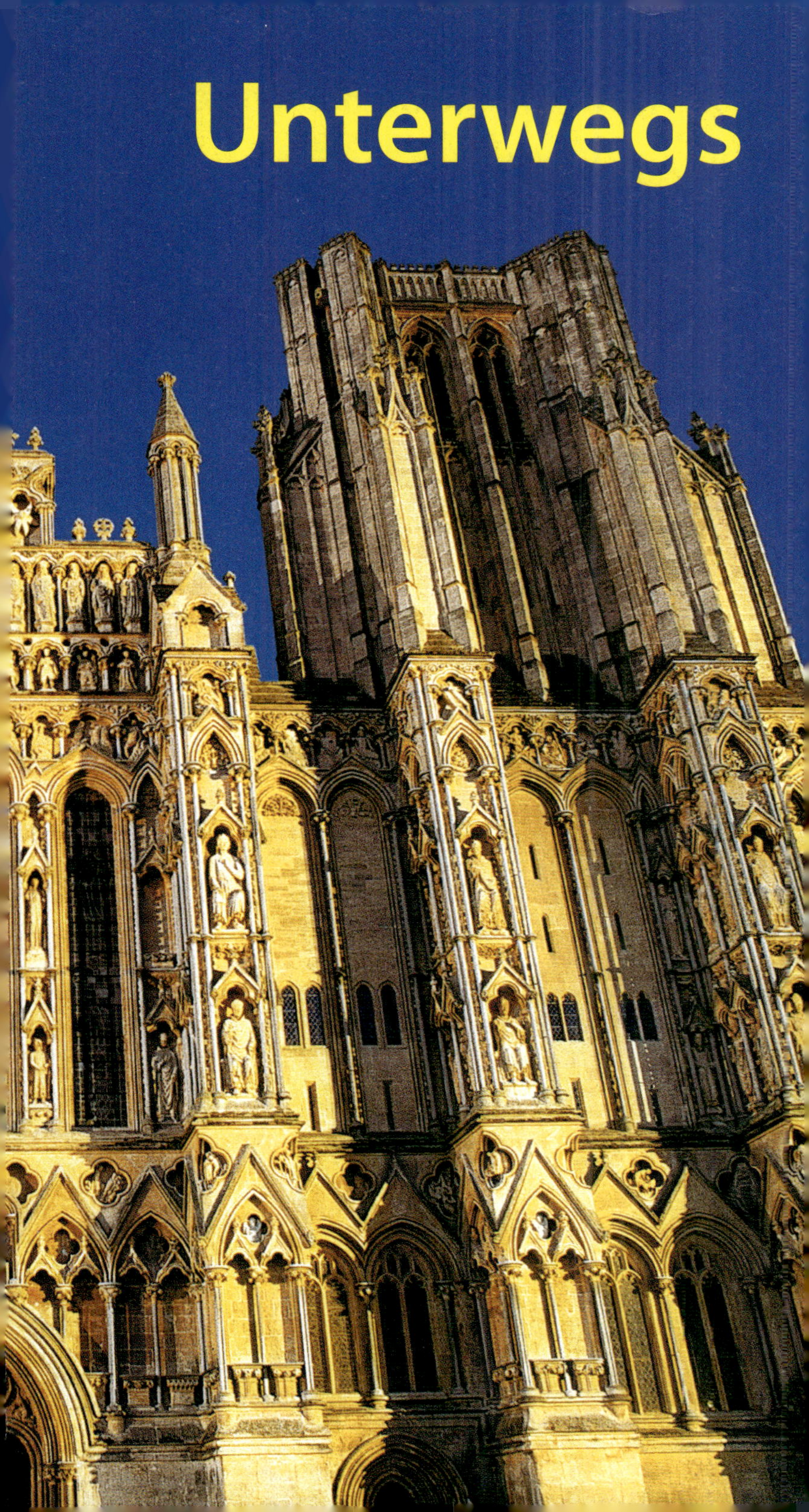

Kent – Obst- und Hopfengarten im Südosten

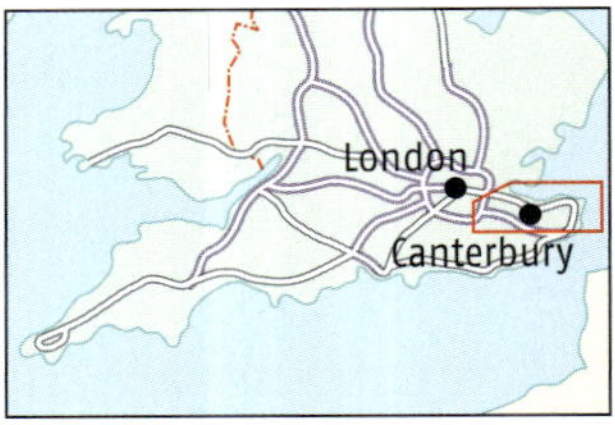

Für leibliche Genüsse und spirituelle Erbauung ist seit Jahrhunderten reichlich gesorgt in Englands südöstlicher Grafschaft. Die grünen Hügel des **Weald** sind das Zentrum des Hopfenanbaus, die gotische Kathedrale im mittelalterlichen **Canterbury** war Ziel der Pilger und wurde im 16. Jh. zum Sitz des Oberhaupts der anglikanischen Kirche. In **Rochester** und **Broadstairs** wandelt man auf den Spuren von *Charles Dickens*, in der Gloriette von **Leeds Castle** verbrachten englische Königinnen lustvolle Stunden, während die Porträtgalerie von **Hever Castle** eine der grausamen Liebesgeschichten um *Henry VIII.* erzählt. In Herrenhäusern wie **Sissinghurst** und **Groombridge**, beide umgeben von prachtvollen Gärten, lebte man von jeher ruhiger als im geschäftigen London – und mancher Landsitz diente nicht nur als Wohnstätte, sondern wurde, wie z. B. **Knole** mit seinen mehr als 350 Zimmern, zu einer regelrechten Wohnstadt ausgebaut.

1 Dover

Mächtige Burg über weißen Klippen.

Generationen von Englandreisenden haben an Deck eines Fährschiffs erlebt, wie sich der schmale Streifen der weißen Klippen nach und nach aus dem Grau von Himmel und Meer löst. Mit dem mächtigen Kreidezacken von **Shakespeare Cliff** westlich von Dover erreichen die Klippen ihre höchste Erhebung. Seinen Namen verdankt der Felsen zwei Szenen im IV. Akt von William Shakespeares *König Lear*, in denen der blinde Herzog von Gloucester auf eine Klippe gebracht werden möchte, »die furchtbar hinabschaut in die jähe Tiefe«. Von ihr will er sich zu Tode stürzen. Der Plan des Herzogs misslingt, denn sein Sohn Edgar führt ihn nicht an die gewünschte Stelle. Heute kann man sich mit eigenen Augen davon überzeugen, dass sich die Aussicht von der nachträglich zum Tragödienschauplatz erklärten Klippe den Versen Shakespeares als würdig erweist.

Hoffnungsschimmer zwischen Meer und Himmel – die berühmten White Cliffs of Dover

Von jeher war Dover die Schwelle zur Insel, sein Hafen ist auch nach der Eröffnung des *Eurotunnels*, der im etwa 10 km südwestlich liegenden *Folkestone* endet, der meistfrequentierte **Passagierhafen** der Welt geblieben. Im Zweiten Weltkrieg wurde die Stadt durch die Angriffe der deutschen Luftstreitkräfte stark zerstört – der Neuaufbau stand ganz im Zeichen der Erfordernisse des Hauptwirtschaftszweiges der Stadt, der Fährschiffahrt, sodass Dover recht nüchtern daherkommt.

TOP TIPP Die Bedeutung als Hafenstadt bezeugt auch **Dover Castle** (EH, April–Sept. tgl. 10–18, Okt. 10–17, Nov.–Jan. Do-Mo 10–16 Uhr). Mit ihren bis zu 6 m dicken Mauern erhebt sich die wegen ihrer strategischen Lage auch ›Key to England‹ (Schlüssel zu England) genannte Wehranlage weithin sichtbar über den weißen Klippen. Henry II. ließ im 12. Jh. den quadratischen Bergfried (*Keep bzw. Great Tower*) errichten, um den im 13. und 14. Jh. weitere Befestigungsmauern gezogen wurden. Dover Castle ist neben dem Tower of London die größte und besterhaltene mittelalterliche Burganlage – nicht nur des Inselreiches, sondern von ganz Europa.

Hinter den Mauern von Dover Castle haben auch zwei Gebäude aus viel früherer Zeit Schutz gefunden. Das eine ist die kleine, schlichte, noch in sächsischer Zeit (um das Jahr 1000) errichtete Kirche **St. Mary-in-Castro**, bei deren Bau römische Ziegel Verwendung fanden. Im 19. Jh. wurde sie restauriert und ist nun dem Andenken gefallener britischer Soldaten gewidmet. Auf einem kleinen Hügel neben der Kirche erhebt sich der Mitte des 1. Jh. von den Römern erbaute Leuchtturm, der **Pharos**, der im 15. Jh. St. Mary-in-Castro als Glockenturm diente. Ungehindert pfeift der Wind heute durch die Fensteröffnungen.

Ein bis zu einer Gesamtlänge von rund 6 km ausgebautes System von Tunneln und Wehrgängen durchzieht die Felsen unter Dover Castle. Der interessanteste Abschnitt der auf das 13. Jh. zurückgehenden Anlage sind die **Secret Wartime Tunnels**, Sir Winston Churchills Befehlszentrale im Zweiten Weltkrieg, von der aus der Rückzug der 300 000 Mann starken alliierten Truppen aus Dünkirchen im Mai 1940 und die Luftschlacht um England organisiert wurden. Die geheimen Tunnel mit Besprechungsräumen, Kommunikationsanlagen und Krankenhaus können heute im Rahmen von

Dover Castle, die Wehranlage Henrys II., beherrscht das Bild der Hafenstadt

Führungen (etwa alle 20 Min., im Eintrittspreis enthalten, doch vorherige Reservierung nötig) besichtigt werden.

Mit einer weiteren Attraktion wartet das im Zentrum gelegene **Dover Museum** (Market Square, Tel. 013 04/20 10 66, www.dovermuseum.co.uk, April–Sept. Mo–Sa 10–17.30, So 12–17, Okt.–März Mo–Sa 10–17.30 Uhr) auf. Glanzstück der archäologischen und stadtgeschichtlichen Sammlung ist das über 3600 Jahre alte *bronzezeitliche Boot*. Es wurde 1992 bei Straßenbauarbeiten in Dover entdeckt und gilt als das älteste seetüchtige Gefährt der Welt.

i Praktische Hinweise

Information

TIC, Dover Museum, Market Square, Dover, Tel. 013 04/20 10 66, www.whitecliffscountry.org.uk

Hotels

******Castle Guest House**, 10 Castle Hill Road, Dover, Tel. 013 04/20 16 56, www.castle-guesthouse.co.uk. Das kleine Gästehaus aus dem 19. Jh. liegt günstig am Fuße des Burghügels.

******East Lee Guest House**, 108 Maison Dieu Road, Dover, Tel. 013 04/21 01 76, www.eastlee.co.uk.

Liebevoll restauriertes viktorianisches Backsteinhaus mit familiärer, gepflegter Atmosphäre.

***__Best Western Dover Marina Hotel & Spa__, Waterloo Crescent, Dover, Tel. 013 04/20 36 33, www.bestwestern.com. Komfortable Zimmer und freundlicher Service erwarten den Gast in dem Haus an der Strandpromenade. Viele Zimmer haben einen Balkon mit Blick zum Meer.

Restaurant

The Old Lantern Inn, The Street, Martin, Tel. 013 04/85 22 76, www.theoldlanterninn.co.uk. Farmhaus aus dem 17. Jh. in einem kleinen Dorf abseits der A 258 auf halbem Weg zwischen Dover und Deal. Serviert wird vorzügliche traditionelle englische Küche. Bei schönem Wetter öffnet der Biergarten.

2 Canterbury

Heute pilgern vor allem Kunstbegeisterte zur Kathedrale des geistlichen Oberhaupts der anglikanischen Kirche.

Canterbury (35 000 Einw.), etwa 25 km nordwestlich von Dover am Ufer des Stour gelegen, ist eine der ältesten Siedlungen der Britischen Inseln. Bereits in der Eisenzeit, im 1. Jt. v. Chr., lebten Menschen an diesem Ort, den die Römer später *Durovernum Cantiacorum* nannten – nach dem im 1. Jh. n. Chr. in der Region ansässigen Stamm der *Cantii*, auf die der Name der heutigen Grafschaft Kent zurückgeht. Nach dem Abzug der Römer übernahmen die *Sachsen* Mitte des 5. Jh. die Ortschaft. Mit der Missionsreise des **Augustinus**, der, ausgesandt von Papst Gregor I., 597 in Britannien landete, begann der Aufstieg Canterburys zum be-

Als einziges von sieben mittelalterlichen Stadttoren erhalten: das Westgate von Canterbury

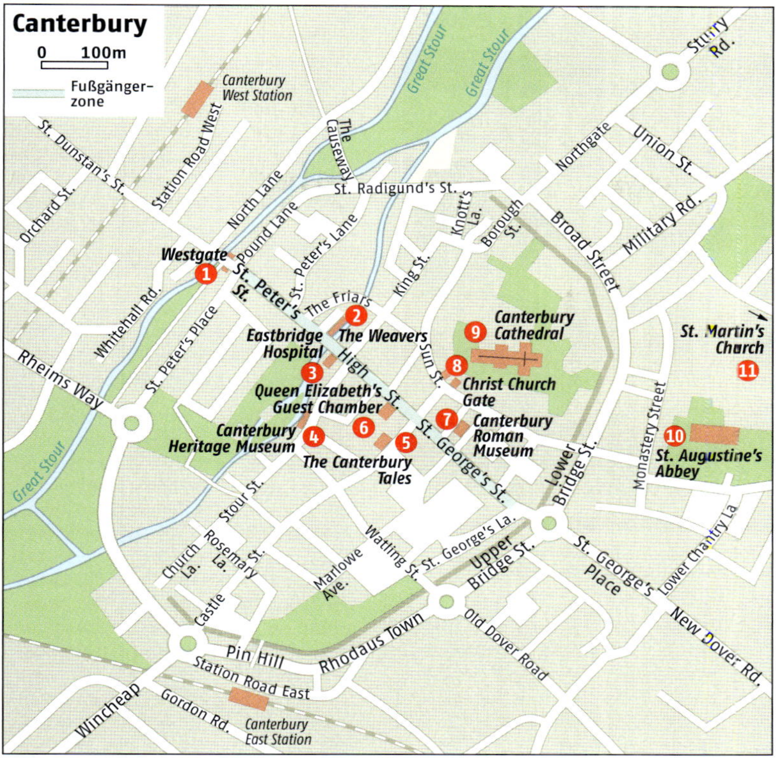

deutendsten religiösen Zentrum der Insel. Eine erste *Kathedrale* wurde errichtet, und der zum Christentum übergetretene Sachsenkönig Ethelbert von Kent ernannte Augustinus zum ersten *Erzbischof* von Canterbury.

Bis ins 16. Jh. stand die wirtschaftliche Bedeutung der Stadt in deutlichem Kontrast zur religiösen. Canterbury war noch ein kleines, verschlafenes Nest, als flämische und französische Hugenotten, den Verfolgungen auf dem europäischen Kontinent entronnen, das *Weberhandwerk* nach Südengland brachten. Die Atmosphäre jener Zeit lässt sich auch heute noch spüren, obwohl die Stadt 1942 durch deutsche Luftangriffe schwere Zerstörungen erlitt. Die *Altstadt* Canterburys wurde nach dem Krieg auf vorbildliche Weise wiederaufgebaut.

Stadtbesichtigung auf den Spuren der Pilger

Von Süden kommend umrundet man halb die Stadtmauer (11. Jh.) und betritt den ältesten Teil Canterburys durch das 1381 vollendete **Westgate** 1 (Mo–Sa 11–12.30 und 13.30–15.30 Uhr), das – inklusive Zugbrückenanlage und Fallgitter – einzig erhaltene der einst sieben mittelalterlichen Stadttore. In seinem Inneren ist ein kleines *Waffenmuseum* untergebracht. Der Blick schweift hinunter durch die breite, schnurgerade *Fußgängerzone* von St. Peter's Street und High Street – die Haupteinkaufsstraße mit einigen historischen Pubs und Cafés. Dort, wo die High Street den River Stour überquert, erblickt man linker Hand die dem Fluss zugewandten Fassaden von **The Weavers** 2, drei Tudorfachwerkhäusern aus dem Jahr 1500. Einst bewohnten sie hugenottische Weber, heute beherbergen sie Restaurants und Läden. Schräg gegenüber steht das **Eastbridge Hospital** 3 (High Street, Tel. 01227/471688, www.eastbridgehospital.org.uk, Mo–Sa 10–17 Uhr), ein um 1190 aus dem dunkelgrau schimmernden Feuerstein der Umgebung errichtetes und bis ins 17. Jh. mehrfach umgebautes Hospiz. Seit Jahrhunderten finden mittellose Pilger dort Unterkunft.

Links geht es in die Stour Street mit dem **Canterbury Heritage Museum** 4

Canterbury Cathedral: Wo himmlische Heerscharen die Besucher empfangen

(Tel. 01227/475202, www.canterbury.co.uk, tgl. 10–17 Uhr, letzter Einlass 16 Uhr) im mittelalterlichen *Poor Priests' Hospital*. Die Sammlung zur Stadtgeschichte von der Frühzeit bis ins 20. Jh. ist unterhaltsam und modern aufbereitet.

In der von der High Street abzweigenden St. Margaret's Street befindet sich **The Canterbury Tales** 5 (TOP TIPP) (Tel. 01227/479227, www.canterburytales.org.uk, Jan.–Feb. und Nov./Dez. 10–16.30, März–Juni und Sept./Okt. 10–17, Juli–Aug. 9.30–17 Uhr), ein nach Geoffrey Chaucers Erzählwerk benanntes Museum. Der etwa 45-minütige Rundgang ist ein Ausflug ins mittelalterliche Canterbury, komplett mit Häusernachbauten und hydraulisch bewegten Figuren in der Tracht jener Zeit. Als Kommentar zur damaligen Alltagswelt ertönen Chaucers Geschichten.

Zurück auf der High Street, wird man auf **Queen Elizabeth's Guest Chamber** 6 aufmerksam, ein Gebäude aus dem 16. Jh., dessen mit bunten Stuckarbeiten verziertes Obergeschoss in die Straße hineinragt. In der schmalen *Mercury Lane*, einer Verlängerung der St. Margaret's Street, berühren sich die Obergeschosse der einander gegenüberstehenden historischen Häuser sogar.

Wer sich über *Durovernum Cantiacorum*, das Canterbury der Römerzeit, informieren möchte, sollte das **Canterbury Roman Museum** 7 (Tel. 01227/785575, www.canterbury.co.uk, April–Dez. 10–17 Uhr, letzter Einlass 16.15 Uhr) in der Butchery Lane besuchen. Stufen führen hinab auf das Straßenniveau der alten Römerstadt. Dort sind die Überreste eines antiken Wohnhauses mit Fußbodenmosaiken zu bewundern. Überaus beeindruckend ist das nahe gelegene **Christ Church Gate** 8, der Einlass zur Domfreiheit, die im Mittelalter der städtischen Gerichtsbarkeit entzogen war. Das 1517 errichtete Tor ziert ein bunt bemalter Wap-

Canterburys berühmtester Erzähler

Geoffrey Chaucer wurde um das Jahr 1340 in **London** geboren. Von großbürgerlicher Herkunft, bekleidete er verschiedene öffentliche Ämter, u. a. die eines Zollinspektors und eines Friedensrichters – als Abgeordneter der Grafschaft Kent zog er 1386 ins Londoner Parlament ein. Am 25. Oktober 1400 starb Chaucer in der englischen Hauptstadt; sein Grab ist in der Poets' Corner von Westminster Abbey zu finden.

Doch nicht als treuer Diener englischer Könige ist Chaucer der Nachwelt in Erinnerung geblieben, sondern als Autor eines der bedeutendsten literarischen Werke des europäischen Mittelalters. In den **Canterbury Tales** (1387), einem Fragment gebliebenen Versepos, erzählen sich die Mitglieder einer bunt gemischten Pilgerschar Geschichten, um sich den langen Weg nach Canterbury und die Rückreise nach London zu verkürzen.

Diese Rahmenhandlung, die Einführung von Figuren aus unterschiedlichsten Gesellschaftsschichten, ermöglicht es Chaucer, ein äußerst lebendiges und umfassendes Bild der Lebensverhältnisse seiner Zeit zu entwerfen. Aristokratische und volkstümliche **Literaturgattungen** fanden Eingang in die Canterbury Tales: der höfische Ritterroman, Heiligenlegenden, Predigten, Fabeln und derbe Schwänke. In bislang ungekannter Plastizität wurden die Charaktere der einzelnen Erzähler herausgearbeitet – und so sind die Canterbury Tales bis auf den heutigen Tag ein amüsantes Panoptikum der englischen Gesellschaft des 14. Jh. geblieben.

penstein. Im Zentrum der Fassade ist eine kunstvolle, von Engelsfiguren flankierte Christusstatue zu sehen.

Die Kathedrale des hl. Thomas

TOP TIPP Eingebettet in ein gut gepflegtes Rasengrün, ist die Gesamtanlage von **Canterbury Cathedral** 9 (Tel. 01227/762862, www.canterbury-cathedral.org, Mo–Sa 9–17.30 Uhr, So 12.30-14-30, letzter Einlass 30 Min. vor Schließung) eine Welt für sich. Die mächtige Kirche beeindruckt schon durch ihre Ausmaße. Sie ist ein atemberaubendes Zeugnis gotischer Baukunst vom *Early English* des 11. Jh. bis zum *Perpendicular* des 15. Jh. [s. S. 62].

Ein normannischer Bau, mit dem 1070 begonnen wurde, ersetzte die drei Jahre zuvor abgebrannte sächsische Kirche. Aber auch dieser wurde ein Raub der Flammen – 100 Jahre später. Auf den Fundamenten errichtete man dann aus hellem *Caen-Stein* die Kathedrale in ihrer heutigen Form – ein gewaltiges Vorhaben, das erst 1841 mit dem Umbau des Nordwestturmes zum Abschluss kam.

Die Kathedrale von Canterbury ist Sitz des geistlichen Oberhaupts der anglikanischen Kirche

Als würden Pfauen ihr Rad hoch oben im Gewölbe schlagen: Vierungsturm Bell Harry

Der 75 m hohe Vierungsturm, wegen seiner Glocke **Bell Harry** [1] genannt (1494–1503), überragt die beiden Türme der Fassade um 28 m. Er ist die spätgotische Krönung eines Werks, das beim Wiederaufbau im 12. Jh. zunächst im Zeichen französischer Vorbilder stand. Auf der Insel fand die gotische Baukunst zu eigener stilistischer Ausprägung. Das *doppelte Querschiff*, das östliche Querschiff bereits 1130, das nord- bzw. südwestliche im 15. Jh. geweiht, steht für die Eigenständigkeit der Raumauffassung englischer Baumeister, die – ebenfalls im 15. Jh. – unter der Leitung von *Henry Yevele* das alte normannische Langhaus durch einen Perpendicular-Bau mit dem dafür typischen Fächergewölbe ersetzten.

Man betritt Canterbury Cathedral durch das **Südwestportal** [2]. Der Rundgang durch die Kathedrale ist eine Pilgerreise eigener Art, treppauf läuft man vom

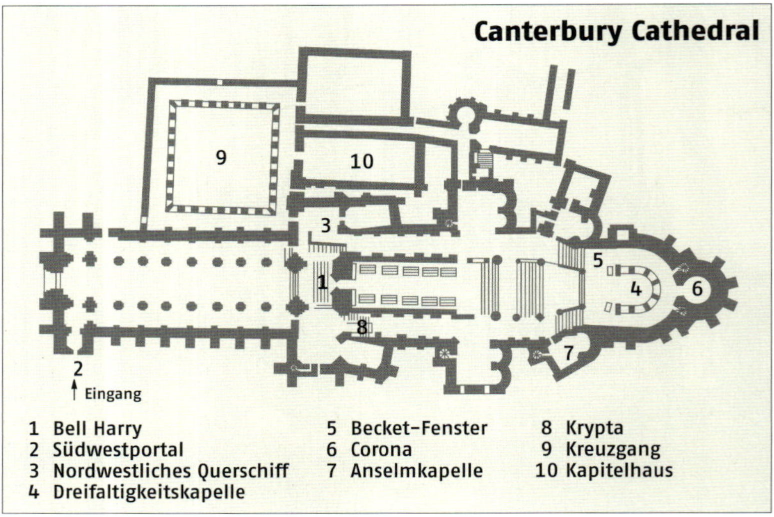

Hauptschiff in den Chor, am Altar vorbei in die Dreifaltigkeitskapelle, von dort treppab zur Anselmkapelle und an der Chorschranke vorbei – Einhalt gebietet der Blick nach oben ins **Fächergewölbe** des Vierungsturms. Bögen und Halbkreise verschiedener Größe berühren einander, werden durchschnitten von steinernen Strahlen, gekrönt von bunt bemalten Schlusssteinen, im Zentrum leuchtet eine Rosette. Von hier führen Treppen ins **nordwestliche Querschiff** [**3**] – und mitten hinein in die turbulente, von Hass und Gewalt geprägte Geschichte des Gotteshauses, wegen der es erst zum Ziel der mittelalterlichen Pilger wurde. Metallene Blitze, in die Wand eingelassen, weisen auf die Stelle, an der am 29. Dezember 1170 **Thomas Becket**, Erzbischof von Canterbury, von vier Baronen erschlagen wurde, die mit stillschweigender Duldung von König *Henry II.* handelten.

Thomas Becket, Sohn eines normannischen Kaufmanns aus Rouen, war 1154 zum Kanzler Henrys II. ernannt worden. Dem jungen König schon seit vielen Jahren freundschaftlich verbunden, vertrat Becket nun sehr bestimmt die Interessen der Englischen Krone im seit vielen Jahren schwelenden Konflikt mit dem *Papst* in Rom. Acht Jahre später ernannte Henry seinen ergebenen Freund zum Erzbischof von Canterbury. Der neue Kirchenfürst erwies sich nun als treuer Diener seines neuen Herrn, des Papstes, lehnte 1164 die *Konstitutionen von Clarendon* ab, mit denen Henry gegenüber der Kirche eigene Rechte durchsetzen wollte, und floh nach Frankreich. Erst nach langjährigen Verhandlungen zwischen König, Papst und Erzbischof kehrte dieser nach England zurück. Doch auch in der Folgezeit sah sich Becket in seinen Rechten übergangen, belegte seinen einstigen Freund mit dem *Bann* und ächtete ihn damit gesellschaftlich. Diese radikale Maßnahme war Beckets Verhängnis. Die Monstrosität eines Mordes in einem Sakralbau forcierte Beckets *Heiligsprechung* nur drei Jahre später. Canterbury wurde zu einem *der* Ziele mittelalterlicher Pilgerreisen. Scharen strömten zum **Grab des hl. Thomas**, einem prachtvollen goldenen Schrein, den man in der **Dreifaltigkeitskapelle** [**4**] im Osten der Kathedrale aufstellte – und der im 16. Jh., wie so viele andere kirchliche Besitztümer, von *Henry VIII.* konfisziert wurde. Der König, der seine eigene, die *anglikanische Kirche* gegründet hatte [s. S. 28], wollte von Rom, seinen Bischöfen und Heiligen nichts mehr wissen, ließ den Schrein zerlegen und in die königliche Schatzkammer des Tower of London bringen. So erinnert heute in der Dreifaltigkeitskapelle nur noch das **Becket-Fenster** [**5**] an den berühmten Erzbischof. Die Glasmalerei aus dem Jahre 1220 zeigt Becket traurig auf die Stelle blickend, an der sich einst der Schrein des Heiligen befand. Flankiert wurde er von zwei **Grabstätten**, die heute noch zu bewundern sind – die Mächtigen späterer Jahrhunderte suchten auch nach ihrem Tod noch die Nähe Beckets, in der Hoffnung, ein wenig von seiner Heiligkeit und der Bewunderung der Pilger möge für sie abfallen. So ließ sich zum einen *Henry IV.* mit seiner Frau *Johanna von Navarra* hier begraben – der Sarkophag mit den Alabasterliegefiguren wurde 1437 aufgestellt –, zum anderen fand *Edward, der Schwarze Prinz* (1330–76), seine letzte Ruhe in der Dreifaltigkeitskapelle. Die Bronzefigur auf dem Sarg zeigt den Sohn König Edwards III. in voller schwarzer Rüstung, der er seinen Beinamen verdankt. Die Insignien von Edwards Rittertum – Helm, Schild, Rock, Handschuhe, eigens für die Begräbniszeremonie angefertigt – sind in einer Vitrine schräg gegenüber zu bewundern. Die drei *Straußenfedern* aus Edwards Wappen zieren bis auf den heutigen Tag das Wappen des englischen Thronfolgers, des Prince of Wales.

In der runden **Corona** [**6**] am östlichen Ende der Kathedrale steht der weiße *Marmorthron*, auf dem seit dem 13. Jh. der neue Erzbischof zur Feier seiner Inthronisation Platz nimmt. Verlässt man die Dreifaltigkeitskapelle, gelangt man am Fuße der kleinen Treppe zur **Anselmkapelle** [**7**], Erzbischof Anselm von Canterbury (1033–1109) geweiht, einem der bedeutendsten Theologen und Philosophen seiner Zeit. Das 1888 in seiner ganzen Farbenpracht wieder freigelegte *Fresko* ›Paulus mit der Schlange auf Malta‹ stammt aus normannischer Zeit (um 1160).

Man verlässt die Anselmkapelle und gelangt auf der Südseite des Langhauses, das östliche Querschiff und den Chor passierend, zum Eingang der **Krypta** [**8**] (tgl. 10–17.30 Uhr, wie Kathedrale). An der Wende vom 11. zum 12. Jh. entstanden, war sie die bis dato größte in England und stellte in ihrer Weitläufigkeit eine eigene Unterkirche dar. Sie ist eine Kopie der Krypta von *St. Maria im Kapitol* in Köln. In den *Figurenkapitellen* der Säulen, in Ungeheuern und Fabelwesen, manifestieren sich Ängste und Fantasien des mittelalterlichen Menschen.

Mit einem Rundgang durch den gotischen **Kreuzgang** [9] (1226–36 erbaut, 1390–1411 umgestaltet) endet der Besuch von Canterbury Cathedral. Die Familien, die den Umbau finanzierten, sind mit ihren Wappen in den 825 bunt bemalten *Schlusssteinen* verewigt worden. Vom Kreuzgang aus ist auch das bereits 1075 begonnene und zu Beginn des 14. Jh. umgestaltete **Kapitelhaus** [10] mit seinem *Tonnengewölbe* aus irischer Mooreiche, dem zweitgrößten Englands, und den beiden siebenbahnigen *Buntglasfenstern* zu erreichen, die englische Könige zeigen.

Man verlässt die Domfreiheit wiederum durch das Christ Church Gate und wendet sich anschließend nach links. Die *Burgate* genannte Straße führt geradewegs auf das Gelände von **St. Augustine's Abbey** 10 (EH, 01227/767345, April–Sept. tgl. 10–18, Okt. Mi–So 10–17, Nov.–März Sa/So 10–16 Uhr) zu. 598 gründete Augustinus, Missionar der Angelsachsen, die Abtei, die bald zu einem der bedeutendsten *Benediktinerklöster* Europas avancierte. Ihr Niedergang setzte ein, als sich die Gläubigen im 12. Jh. beinahe ausschließlich der Kathedrale zuwandten. Der hl. Augustinus, ebenso wie die Könige von Kent auf dem Gelände seiner Abtei begraben, geriet angesichts des hl. Thomas in Vergessenheit. Von den frühmittelalterlichen Sakralbauten sind nur noch die zu Beginn des 20. Jh. freigelegten Grundmauern erhalten. Eine Ausstellung informiert darüber, wie die Anlage einst ausgesehen haben mag.

Bestens erhalten ist dagegen die nahe **St. Martin's Church** 11 (Tel. 01227/768072, www.martinpaul.org, April–Sept. Di/Do/Sa 11–16, Okt.–März Di/Do/Sa 11–15 Uhr, Gottesdienst: So 9 Uhr), die älteste Pfarrkirche Englands, die noch vor Augustinus' Zeiten im späten 6. Jh. auf dem St. Martin's Hill südöstlich von Canterbury errichtet wurde. Für den Chor wurden römische Ziegel verwendet, und das normannische *Taufbecken* (11. Jh.) mit den schlichten geometrischen Ornamenten ist der Spiegel einer Zeit, in der das Wirken des Augustinus bereits im Dunkel der Jahrhunderte lag.

Praktische Hinweise

Information

TIC, 18 High Street, Canterbury, Tel. 01227/378100, www.canterbury.co.uk

Hotels

******ABode Canterbury**, 30–33 High Street, Canterbury, Tel. 01227/766266, www.abodehotels.co.uk. Traditionshaus in der Fußgängerzone. Die Zimmer sind luxuriös in urbanem Stil eingerichtet. Das vorzügliche Restaurant bietet innovative britische Küche auf hohem Niveau – auch preislich. Günstiger ist das Lokal The Old Brewery Tavern im selben Gebäude.

*****Ebury**, 65–67 New Dover Road, Canterbury, Tel. 01227/768433, www.ebury-hotel.co.uk. Das elegante Gebäude aus viktorianischer Zeit mit 15 Zimmern und Restaurant befindet sich in einem großen Garten am Rande der Stadt, in dem auch ein Pool liegt.

*****Ersham Lodge Hotel**, 12 New Dover Road, Canterbury, Tel. 01227/463174, www.ersham-lodge.co.uk. Ein liebevoll eingerichtetes Bed-&-Breakfast-Haus im Tudor-Stil, in Spaziernähe zu den meisten Sehenswürdigkeiten in der City.

Ab St. Margaret's Bay gen Westen: Klippenspaziergänge vor blendend weißer Felskulisse

Cathedral Gate Hotel, 36 Burgate, Canterbury, Tel. 012 27/46 43 81, www.cathgate.co.uk. Hier haben schon viele Pilger übernachtet: Charmantes Hotel, nur ein paar Schritte entfernt von der Kathedrale. Die Zimmer sind klein, Dusche/WC teilweise auf dem Gang.

Restaurants

Café Rouge, 3/5 Longmarket, Canterbury, Tel. 012 27/78 49 84, www.caferouge.co.uk. Französisch geprägt ist die vielfältige Speisekarte des Café-Restaurants, das auch Sitzplätze im Freien bietet.

Deeson's Restaurant, 25–26 Sun Street, Canterbury, Tel. 012 27/76 78 54, www.deesonsrestaurant.co.uk. Familienfreundliches Restaurant mit britischer Küche aus frischen Zutaten der Region, gleich bei der Kathedrale gelegen.

Pitta and Dips Café, 19 St. Peter's Street, Canterbury, Tel. 012 27/78 89 77. Authentische griechische Spezialitäten, schmackhaft zubereitet (So geschl.) und nicht teuer. Mit Take-away.

Posillipo, 16 The Borough, Canterbury, Tel. 012 27/76 14 71, www.posillipo.co.uk. Erstklassige italienische Osteria; Menüs, auch Pizza, und Weine.

3 Deal Castle und Walmer Castle

Eine Rose und ein Kleeblatt: die Küstenfestungen Henrys VIII.

Die A 258 führt von Dover Richtung Nordwesten. Gut 3 km hinter der Stadtgrenze gelangt man über die B 2058, die sich kurvenreich durch den kleinen Ort *St. Margaret's-at-Cliffe* schlängelt, zur **St. Margaret's Bay**. Von der kleinen Kiesbucht aus kann man bei Ebbe kilometerweit am Fuße der weißen Klippen Richtung Westen spazieren.

Zurück auf der A 258, erreicht man wenige Kilometer nördlich der St. Margaret's Bay die kleine Ortschaft **Deal**. Julius Caesars Truppen betraten hier im Jahre 55 v. Chr. zum ersten Mal englischen Boden. Deal ist ein Küstenort ohne Hafen, denn die 16 km lange, vor der Küste verlaufende Sandbank der *Goodwin Sands* ließ eine seichte Reede entstehen, die nur von kleinen Ruderbooten befahren werden kann.

Zur Verteidigung der Küste ließ König *Henry VIII.* 1539 die imposante Artilleriebastion von **Deal Castle** errichten (EH, Tel. 013 04/37 27 62, April–Sept. tgl. 10–18, Okt. 10–17, Nov–März Sa/So 10–16 Uhr). Der König befürchtete Angriffe einer katho-

lischen Streitmacht, da er selbst fünf Jahre zuvor endgültig mit Rom gebrochen hatte. Trotz päpstlichen Verbots hatte Henry seine Ehe mit *Katharina von Aragon* für nichtig erklären lassen, weil sie ihm den ersehnten Thronfolger nicht gebar – der König hatte zu jener Zeit längst ein Verhältnis mit *Anne Boleyn* [s. S. 36], seiner späteren zweiten Frau, begonnen. Papst Clemens VII. exkommunizierte den englischen König, der sich daraufhin mit der *Suprematsakte* von 1535 zum Oberhaupt einer eigenen, von ihm selbst gegründeten Glaubensgemeinschaft, der *anglikanischen Kirche*, erklärte. Ab dem Jahr 1536 ließ Henry die Besitztümer der katholischen Kirche einziehen, löste ihre Klöster auf und finanzierte mit diesem Geld die Errichtung einer Kette von insgesamt 20 *Küstenbatterien* – von Hull in Yorkshire bis Pendennis Castle [s. S. 91] in Cornwall, um für den Ernstfall gewappnet zu sein. Der befürchtete Angriff der katholischen Allianz aber blieb aus.

Die Festung wurde in Form der stilisierten sechsblättrigen *Tudorrose* angelegt. Sechs halbrunde *Bastionen* bilden die Basis, auf der kleinere, ebenfalls halbrunde und versetzt angeordnete Bastionen den runden Mittelturm, den *Keep*, schützen. So beeindruckt das größte von Henrys Küstenforts heutzutage als steingewordenes Herrschaftsemblem. Es duckt sich in einen tiefen, ummauerten, als Schussfeld und nicht als Wasserbarriere konzipierten Graben, der die Konturen der Außenmauern aufnimmt. In der Burg informiert eine *Ausstellung* über Entstehung und Geschichte von Henrys Verteidigungsanlagen.

Ein schöner Spaziergang am Kiesstrand entlang führt von Deal aus zum 2 km südlich gelegenen Küstenfestung **Walmer Castle** (EH, Tel. 013 04/36 42 88, , April–Sept. tgl. 10–18, Okt. Mi–So 10–16, Nov.–März Sa/So 10–16 Uhr), die ein Jahr nach Deal Castle errichtet wurde. Seit 1708 ist das auf einem Grundriss in Form eines vierblättrigen Kleeblatts errichtete Kastell offizielle Residenz des *Lord Warden of the Cinque Ports*, des Gouverneurs der fünf Hafenstädte Sandwich, Dover, Romney, Hythe und Hastings, die dem König im Mittelalter ihre Flotten zur Kontrolle der Schifffahrt im Ärmelkanal zur Verfügung stellten und dafür Steuerprivilegien genossen.

Ab dem 18. Jh. wurde die Festung durch Umbauten wohnlicher gestaltet. Aus Schießscharten wurden große Fenster, aus Gefechtsstationen Schlaf- und Wohnräume. Und so kannte *Arthur Wellesley, Duke of Wellington* und Lord Warden, ›sein‹ Schloss, in dem er am 14. September 1852 starb. Seit jenem Tag ist das Sterbezimmer des Siegers von Waterloo unverändert geblieben.

Von Gärten umgeben ist das trutzige, von Henry VIII. im Jahr 1540 erbaute Walmer Castle

i Praktische Hinweise

Information

TIC, Landmark Centre, High Street, Deal, Tel. 013 04/36 95 76, www.whitecliffscountry.org.uk

Hotel

*****The White Cliffs Hotel**, High Street, St. Margaret's-at-Cliffe, Tel. 013 04/ 85 22 29, www.thewhitecliffs.com. Den Gast erwartet die behagliche Atmosphäre eines traditionellen Landgasthofs des 19. Jh. Das Restaurant wartet mit typischen Gerichten der Region auf.

Restaurant

Dunkerley's, 19 Beach Street, Deal, Tel. 013 04/37 50 16, www.dunkerleys.co.uk. Vor allem Fisch und Meeresfrüchte werden im Restaurant des gleichnamigen Hotels delikat zubereitet.

Pub

The Charity, The Street, Woodnesborough, Tel. 013 04/61 31 89, www.charityinn.co.uk. Gemütliches Dorf-Pub aus dem 16. Jh. nordwestlich von Deal. Es gibt gutes Essen, *Real Ale* und auch Gästezimmer.

4 Broadstairs

Wo David Copperfield das Licht der Welt erblickte.

Etwa 20 km nördlich von Deal, auf der *Isle of Thanet* genannten Halbinsel, liegt Broadstairs, das seiner sandigen Buchten wegen bereits im 19. Jh. bei Feriengästen sehr beliebt war. Aus dem beschaulichen Fischerdorf wurde so ein quirliger *Badeort*. In den engen Gassen mit ihren kleinen alten Häusern ist die Atmosphäre der viktorianischen Zeit noch gut zu spüren. Heute steht Broadstairs ganz im Zeichen seines berühmtesten Gastes, des Schriftstellers **Charles Dickens** (1812–1870). Er verbrachte ab 1837 in der Nordostecke Kents regelmäßig seine Ferien und nutzte die Aufenthalte am Meer für die ungestörte Arbeit an seinen Romanen und Erzählungen. So vollendete er hier die beiden Romane *Nicholas Nickleby* und *David Copperfield*.

In der zweiten Junihälfte treffen sich die Verehrer des Autors zum einwöchigen **Dickens Festival** (Tel. 018 43/ 86 18 27, www.broadstairsdickensfestival.co.uk). Man veranstaltet Lesungen, zeigt Filme und führt Theaterstücke auf, die sich mit Dickens' Leben und Werk auseinandersetzen. Höhepunkt des Festivals ist ein historischer Kostümzug durch die Straßen der kleinen Stadt – die Kleiderordnung wird dabei von Dickens' Figurenbeschreibungen diktiert.

Ein Besuch des **Dickens House Museum** (2 Victoria Parade, Tel 018 43/86 12 32, Ostern–Okt. tgl. 14–17 Uhr), in einem hübschen Häuschen direkt am Meer untergebracht, lohnt vor allem wegen der Sammlung von Briefen des Autors. Jenseits der Bucht beeindruckt das zinnenbewehrte, festungsartige **Bleak House**, das seit dem Jahr 1850 Dickens' Lieblingsdomizil war, durch die exponierte Lage auf den Klippen östlich der Stadt. Das Haus mit dem herrlichen Blick über die *Viking Bay* ist derzeit in Privatbesitz und kann leider nicht besichtigt werden.

Ein unschlagbar praktischer Imbiss

Gründet sich das Vorurteil, die traditionelle englische Küche habe wirklichen Feinschmeckern nichts Vernünftiges zu bieten, etwa darauf, dass sie schon im 18. Jh. für einen Imbiss berühmt wurde – und nicht etwa für eine aufwändige kulinarische Kreation?

John Montagu (1718–1792), der **4. Earl of Sandwich**, erster Lord der Admiralität und ab 1768 königlicher Postminister, war ein leidenschaftlicher Kartenspieler. Und um die Partien auch dann nicht unterbrechen zu müssen, wenn ihn der Hunger plagte, pflegte er Fleisch, Fisch und Käse zwischen zwei diagonal geschnittenen Weißbrotscheiben eingeklemmt zu verspeisen – und erfand damit die erste **Zwischenmahlzeit** der Geschichte, benannt nach seiner Familie und ihrem Heimatort, dem spätmittelalterlichen Städtchen auf halbem Weg zwischen Deal und Ramsgate

Heutzutage findet man in jeder englischen Stadt **Sandwich-Bars**, die für den kleinen Hunger und die große Neugier darauf, was aus der Erfindung des Earl geworden ist, verschiedenste Brotsorten mit allen nur erdenklichen Belägen und Dressings offerieren. Am besten schmecken frisch zubereitete Sandwichs.

Praktische Hinweise

Information

TIC, im Dickens House Museum, 2 Victoria Parade, Tel. 0870/264 6111, www.visitbroadstairs.co.uk

Hotels

******Bay Tree**, 12 Eastern Esplanade, Broadstairs, Tel. 018 43/86 25 02, www.baytreebroadstairs.co.uk. Schön über dem Meer gelegenes 10-Zimmer-Guesthouse.

5 Rochester

Charles Dickens' Arbeits- und Urlaubsort.

Bekannt ist das Städtchen am Medway vor allem als Schaffensort von Charles Dickens. Der setzte Rochester ein Denkmal, indem die Stadt gleich mehrfach zum Schauplatz in seinen Werken wurde. Dickens zu Ehren verwandelt sich Rochester deshalb einmal im Jahr in eine Stadt des viktorianischen Zeitalters: Beim dreitägigen **Dickens Festival** (www.rochesterdickensfestival.org.uk) im Sommer flanieren Menschen in originalgetreuen Kostümen durch die Straßen, es gibt Paraden, Aufführungen und Lesungen zu Ehren des Schriftstellers.

Wo man gerne zum Baden anlegt – am Strand von Broadstairs

Traumatische Kindheit, traumhafte Karriere

Schon in jungen Jahren erfuhr **Charles Dickens**, der später zum berühmtesten und populärsten englischen Schriftsteller seiner Zeit werden sollte, was es im 19. Jh. bedeutete, arm zu sein. 1822, als Charles gerade 10 Jahre alt war, zog die Familie von Chatham, einer Kleinstadt südöstlich von London, in die Hauptstadt um, denn sein Vater John hatte eine Anstellung bei der Marineverwaltung gefunden – eine Tätigkeit, deren dürftige Entlohnung der Familie jedoch das wirtschaftliche Auskommen nicht sichern konnte. So wurde der Vater 1823 im Schuldgefängnis inhaftiert und der Sohn ins **Arbeitshaus** gesteckt. Auch Charles' Mutter und die sieben Geschwister kamen ins Gefängnis.

Die eigenen Erfahrungen von Vereinsamung, Schutzlosigkeit und Willkür, die katastrophalen Lebens- und Arbeitsbedingungen der einfachen Menschen in den unkontrolliert wuchernden **Industriestädten** des 19. Jh. sollten zum zentralen Thema von Dickens' literarischem Schaffen werden. Vor allem in seinem 1849 und 1850 in Fortsetzungen erschienenen Roman **David Copperfield** verarbeitete der Autor die schrecklichen Erlebnisse seiner Kinderjahre – und wie ihr Erfinder entflieht die Romanfigur durch Fleiß, eiserne Disziplin und die Zuwendung liebevoller Menschen dem Elend. Wie Charles gelingt es David, sich vom Anwaltslehrling zum Parlamentsreporter und schließlich zu einem erfolgreichen Schriftsteller hochzuarbeiten.

Späte Genugtuung mag der **Begründer des Sozialromans** darin gefunden haben, dass ausgerechnet die Erfahrungen der härtesten Jahre seines Lebens zum Grundstock für seine Popularität in allen Gesellschaftsschichten wurden und ihm so zu beträchtlichem Wohlstand verhalfen. Und David Copperfield, dessen Charakterzeichnung so sehr an seinen Schöpfer gemahnt und der diesem durch seinen Erfolg so viel zurückgeben konnte, blieb nach Dickens' eigenem Bekunden zeitlebens sein Lieblingskind.

Gemächlich fließt der Medway vor Rochesters Kathedrale und der Burgruine dahin

Die eindrucksvolle Kulisse der Paraden bilden das **Rochester Castle** (EH, April–Sept. tgl. 10–18, Okt.–März 10–16 Uhr), von dem nur die Außenmauern des Wehrturms (1127) erhalten sind, und die **Rochester Cathedral** (016 34/84 33 66, www.rochestercathedral.org, So–Fr 7.30–18, Sa 7.30–17 Uhr), die sich gegenüber der Schlossruine an der High Street erhebt. Rochester ist nach Canterbury der zweitälteste Bischofssitz der Britischen Inseln. Bischof Justus gründete die Kathedrale im Jahr 604. Dieser Bau wurde im 11. Jh. durch einen schlichten normannischen Bau ersetzt, dessen strenge Fassadengliederung französischen Vorbildern folgt. Ebenfalls in der High Street befindet sich das **Guildhall Museum** (Tel. 016 34/84 87 17, Di–So 10–16.30 Uhr), das sich ausführlich mit Charles Dickens befasst. Auch auf die römische Geschichte Rochesters wird eingegangen und ein nachgebautes Wohnzimmer aus viktorianischer Zeit gezeigt.

Im **Historic Dockyard** (Tel. 016 34/82 38 00, www.thedockyard.co.uk, Feb./März tgl. 10–16, April–Okt. tgl. 10–18, Nov. Sa/So 10–16 Uhr) des Nachbarortes **Chatham** dokumentieren u. a. das *Museum of the Royal Dockyard* und historische Schiffe Geschichte und Arbeit der von 1613–1984 für die Royal Navy bedeutenden Werft. Eine Seilerei vermittelt den Besuchern, was eine *Reeperbahn* im eigentlichen Sinne ist. In der Nähe liegt der etwas grell aufgemachte Themenpark **Dickens World** (Chatham Maritime, Tel. 016 34/89 04 21, www.dickensworld.co.uk, Ostern–Sept. tgl. 10–16.30 Uhr).

Praktische Hinweise

Information

Medway Visitor Information Centre, 95 High Street, Rochester, Tel. 016 34/33 81 41, www.medway.gov.uk

Hotels

******Bridgewood Manor**, Walderslace Woods, Chatham, Tel. 016 34/20 13 33, www.qhotels.co.uk. Großes, sehr komfortables Hotel mit Restaurant außerhalb von Rochester. Wellness- und Sportbegeisterte dürfte das Spa-Angebot des Hauses mit Schwimmbad und Fitness gefallen.

Grayling House, 54 St. Margaret's Street, Rochester, Tel. 016 34/82 65 93. Preiswertes Bed & Breakfast in der zum Castle Hill führenden Straße.

Restaurant

Elizabeth's of Eastgate, 154 High Street, Rochester, Tel. 016 34/84 34 72, www.elizabethsofeastgate.co.uk. Traditionelle britische Küche, gegenüber vom *Eastgate House* gelegen (So Abend, Mo geschl.).

Früher war Leeds Castle ein Lustschloss – heute verbergen die Mauern ein Konferenzzentrum

6 Leeds Castle

Schwarze Schwäne, Hundehalsbänder und Schäferstündchen: eines der romantischsten Fleckchen Wasser in Südengland.

Knapp 10 km südlich von Rochester liegt Leeds Castle (Tel. 01622/765400, www.leeds-castle.com, April–Sept. tgl. 10–18, Okt.–März 10–17 Uhr, letzter Einlass 30 Min. vor Schließung), ein idyllisches *Lustschloss* auf zwei Inseln in einem künstlichen See. Wo sich vermutlich schon im 9. Jh. ein Landhaus der sächsischen Königsfamilie befunden hatte, ließ Edward I. 1280 die **Gloriette**, den d-förmigen Teil der Anlage, errichten, der durch eine bis auf Dachhöhe der Schlosstrakte hochgezogene *Brücke* mit dem **Hauptflügel** auf der größeren Insel verbunden ist. Dieser wurde 1822–24 als Block mit vier Ecktürmen komplett erneuert, im Einklang mit dem bestehenden Gebäudeteil.

Bis zum Jahr 1552 befand sich Leeds Castle, das von einem riesigen, 200 ha großen **Park** mit Golfplatz umgeben ist, im Besitz der Krone. Berühmtheit genoss das Schloss als Lieblingsresidenz englischer Königinnen. Margarete und Isabella von Frankreich, Anna von Böhmen, Johanna von Navarra und Katharina von Valois sollen auch nach dem Tod ihrer Gatten noch so manches lustvolle Jahr auf Leeds Castle verbracht haben.

Seine heutige **Inneneinrichtung** verdankt das Schloss im Wesentlichen der Angloamerikanerin Lady Baillie, die es 1924 erwarb und, da die Originalausstattung schon ein knappes Jahrhundert zuvor hatte versteigert werden müssen, Leeds Castle mit Antiquitäten aus ganz Europa ausstattete. Wandbehänge ließ man aus Brüssel kommen, Sessel aus Italien und das *Treppenhaus*, ein Originalbauwerk aus dem 16. Jh., wurde kurzerhand aus Frankreich importiert. Viele Einrichtungsstücke wurden zudem anhand von Originalvorlagen nachgebaut.

Heute befindet sich Leeds Castle im Besitz einer *Stiftung* und dient häufig als Konferenz- und Tagungszentrum. Die neuen Eigentümer erweisen sich im Hinblick auf die Vermarktung des Anwesens als äußerst einfallsreich. Auf dem Gelände des Schlosses finden mittelalterliche Turniere, Feuerwerke, Konzerte und Ballonwochenenden statt (Infos, Tickets: Tel. 01622/880008). Wer es lieber etwas gemächlicher mag, besucht das wohl einzigartige **Dog Collar Museum** (Museum für Hundehalsbänder) im Torhaus oder durchstreift den herrlichen Park. Besonders das *Aviarium* mit 100 exotischen Vogelarten und der *Irrgarten* aus hohen Eibenhecken lohnen einen Besuch. Und die schwarzen Schwäne, für die Leeds Castle seit Jahrhunderten berühmt ist, ziehen sowieso, von allem Trubel unberührt, auf dem See majestätisch ihre Bahn.

7 Knole

TOP TIPP *Endlose Zimmerfluchten, erfüllt vom Geist Orlandos.*

Mit seinen 365 Räumen – für jeden Tag des Jahres einen – ist Knole eines der größten Privathäuser Englands (NT, ca. 20 km westlich von Leeds Castle, Tel. 01732/450608, *Haus:* Mitte März–Okt. Mi–So 12–16 Uhr, *Besucherzentrum und Orangerie:* März–Dez. 10.30–15, April–Sept. auch Di 10.30–15 Uhr, *Garten:* Di 11–16 Uhr, *Park:* ganzjährig geöffnet). Wie grau schimmernde Felswände erheben sich die mächtigen Mauern, als seien mehrere Herrenhäuser gewohnter Größe zusammengewachsen.

Schon 1291 war an diesem Ort ein Haus auf dem Hügel (*Knoll*) bekannt; den Kern des erhaltenen Gebäudes ließ jedoch 1456 *Thomas Bourchier*, Erzbischof von Canterbury, errichten. 1538 fiel der Bischofspalast an die Krone, 1566 schenkte ihn Königin Elizabeth I. ihrem Vetter *Thomas Sackville*. Auf dessen Veranlassung wurde die Anlage beinahe bis zur gegenwärtigen Größe ausgebaut. Drei Innenhöfe umschließt sie, drei Galerien mit anschließenden Staatsgemächern durchziehen die Gebäudetrakte.

Bis 1946 blieb Knole im Besitz der Familie Sackville. Ihr bekanntester Spross in diesem Jahrhundert, die Schriftstellerin **Vita Sackville-West** (1892–1962), durfte sich nie Herrin von Knole nennen. Als Frau war sie von der Erbfolge ausgeschlossen. Vita, die vor allem durch den von ihr gestalteten Garten von *Sissinghurst* [s. S. 35] bis auf den heutigen Tag Berühmtheit genießt, kam oft mit ihrer Freundin *Virginia Woolf* [s. S. 45] nach Knole. Woolf diente das riesige Anwesen als Vorbild für das Herrenhaus ihrer Romanfigur *Orlando*, mit der sie Vita Sackville-West ein liebevolles literarisches Denkmal setzte.

Der Reichtum der **Ausstattung** der Gemächer von Knole mit ihren kunstvollen Schnitzarbeiten, den flämischen Tapisserien und stuckverzierten Decken überwältigt den Besucher – dabei ist der größte Teil des Hauses, in dem einst zur selben Zeit bis zu 111 Dienstboten beschäftigt waren, für die Öffentlichkeit gar nicht zugänglich. Die **Gemäldesammlung**, überwiegend Familien- oder Adelsporträts, ist wahrhaft museumsreif. Man besitzt allein 22 Bilder des berühmtesten englischen Porträtmalers seiner Zeit, *Sir Joshua Reynolds* (1723–1792). Besonders kostbar aber ist die Sammlung von Möbeln des 17. und 18. Jh., vor allem die einzigartige Kollektion der Silbermöbel.

8 Royal Tunbridge Wells

Ein gutes Pflaster für die Kurgäste vergangener Jahrhunderte.

Nur im offiziellen Sprachgebrauch findet sich noch das königliche Royal, doch in der Alltagspraxis heißt die Stadt an der westlichen Grenze von Kent zu East Sussex schlicht Tunbridge Wells. Sie liegt an den Hängen des **Weald**, der mit seinen sanften, bewaldeten Hügeln und Obstgärten von jeher eines der beliebtesten Naherholungsgebiete für die Bewohner der Hauptstadt London ist.

Seit dem 16. Jh. liegt hier das Zentrum des englischen *Hopfenanbaus*. Auf den Hügeln sieht man noch die Ziegelsteintürme der *Malzdarren*. Durch ihre drehbaren Windhauben zieht der Rauch der in ihnen brennenden Feuer ab, mit denen die Dolden getrocknet werden.

Flaniermeile des 17. Jh.: Der Glanz von The Pantiles ist bis auf den heutigen Tag erhalten

1606 entdeckte man in der Nähe von Tunbridge eisenhaltige Quellen (*wells*), deren Wasser sich als heilkräftig bei Nervenleiden und Verdauungsstörungen erwies. Nach einem ersten königlichen Besuch – Henrietta Maria, die Mutter des späteren Charles II., war 1630 angereist – blühte der *Kurbetrieb* auf. Die Stadt entwickelte sich zum **Modebad** der besseren Londoner Gesellschaft. *Royal Tunbridge Wells*, wie es seit 1909 hieß, als es von Edward VII. mit einem königlichen Namensattribut ausgezeichnet wurde, stand jedoch stets etwas im Schatten von Bath [s. S. 119], dem bedeutendsten englischen Kurort des 18. Jh.

Herzstück der Stadt ist die 200 m lange Flaniermeile **The Pantiles**, ein eleganter Laufsteg der besseren Gesellschaft, der 1698 mit holländischen Kacheln (*Pantiles*, ›Pfannenziegeln‹) gepflastert wurde und von kolonnadengeschmückten Häusern gesäumt wird, in denen kleine Läden und Cafés Einzug gehalten haben. Obwohl die kostbaren Kacheln mittlerweile durch einfache Steinplatten ersetzt worden sind, hat sich die Promenade das Flair des 17. Jh. erhalten. Und im ersten Stock des Hauses Nr. 43 ist noch die *Galerie* für das kleine Orchester zu sehen, das die vornehme Gesellschaft der Spaziergänger einst stilvoll unterhielt.

Am nördlichen Ende von The Pantiles befindet sich das **Bath House**, das Badehaus aus dem Jahre 1804 mit der *Chalybeate* genannten Heilquelle, die heute noch sprudelt.

Die Kirchenfenster in Tudeley: Das tiefe Blau ist typisch für die Kunst von Marc Chagall

Praktische Hinweise

Information

TIC, The Old Fish Market, The Pantiles, Royal Tunbridge Wells, Tel. 018 92/51 56 75, www.visittunbridgewells.com

Hotels

******Hotel du Vin**, Crescent Road, Royal Tunbridge Wells, Tel. 018 92/ 52 64 55, www.hotelduvin.com. Die 34 Zimmer des georgianischen Hauses in der Nähe des Stadtzentrums sind individuell zum Thema Wein eingerichtet. Das Bistro des Boutiquehotels ist bei Einheimischen und Besuchern gleichermaßen beliebt.

******Spa Hotel**, Mount Ephraim, Royal Tunbridge Wells, Tel. 018 92/52 03 31, www.spahotel.co.uk. Ein imposantes Stadthaus aus dem 18. Jh. in einem 6 ha großen Park, seit über 100 Jahren Hotel (70 Zi.). Exzellente Küche bietet das Restaurant *Chandelier*. Mit Wellness- und Beauty-Angeboten, Schwimmbad und Tennisplätzen.

Restaurants

TOP TIPP **Sankey's**, 39 Mount Ephraim, Royal Tunbridge Wells, Tel. 018 92/51 14 22, www.sankeys.co.uk. Fisch und Meeresfrüchte – frisch aus dem Fischernetz – werden hervorragend zubereitet. Weine aus aller Welt, auch in einer separaten Kellerbar zu genießen.

Signor Franco, 5 a High Street, Royal Tunbridge Wells, Tel. 018 92/54 91 99, www.signorfrancorestaurant.com. Außergewöhnlich gute italienische Küche (So geschl.).

9 Tudeley

Große Kunst mit trauriger Entstehungsgeschichte.

Die unscheinbare Dorfkirche **All Saints** (Sommer tgl. 9–18, Winter tgl. 9–16 Uhr, www.tudeley.org) am Ortsrand von Tudeley nordöstlich von Royal Tunbridge Wells überrascht den Besucher mit einem blauen Wunder ganz eigener Art: mit Kirchenfenstern von **Marc Chagall** (1887–1985). Es sind – abgesehen von denen in Chichester Cathedral [s. S. 46] – die einzigen *Glasmalereien* des großen russisch-französischen Künstlers in England.

Sir Henry d'Avigdor-Goldsmid, wohlhabender Grundbesitzer und Kunst-

Das Torhaus von Sissinghurst Castle bildet die Hintergrundkulisse für den White Garden

sammler, gab sie Mitte der 1960er-Jahre in Auftrag – aus traurigem Anlass, denn Sir Henrys Tochter Sarah Venetia, eine große Bewunderin von Chagalls Kunst, und zwei Freunde waren 1963 bei einem Segelunfall ums Leben gekommen. Die *zwölf Fenster* der kleinen Kirche sind somit ein posthumes Geschenk an die Ertrunkenen. Das große Fenster der **Ostwand** stellt in tiefen Blautönen dar, wie das Meer sich seine jugendlichen Opfer holt, die dann jedoch über eine Leiter zum gekreuzigten Christus aufsteigen. Die kleineren Fenster der Nord- und Südseite sind größtenteils abstrakt gehalten, farbkräftige Malereien als Zeugnisse einer Liebe, die den Tod überdauert.

10 Sissinghurst Castle and Gardens

Vita Sackville-Wests gartenpoetisches Meisterwerk.

Einsam ragt das *Torhaus* von Sissinghurst Castle (NT, Biddenden Road, Tel. 015 80/71 07 00, *Gärten:* Mitte März–Ende Okt. Mi/Di und Fr–So 10.30-15 Uhr, *Castle:* tgl. Sonnenauf- bis Sonnenuntergang) mit seinen achteckigen Seitentürmen aus der Landschaft empor. Große Teile des ursprünglichen Gebäudekomplexes wurden um 1800 abgerissen. Berühmt sind vor allem die Gärten um den Turm, die **Vita Sackville-West** nach dem Erwerb von Sissinghurst Castle ab dem Jahr 1930 schuf. Die erfolgreiche Autorin von Gesellschaftsromanen und Biografien verwandelte ihre Neuerwerbung zusammen mit ihrem Mann, dem Historiker und Diplomaten *Harold Nicolson* (1886–1968), in ein Anwesen, dessen Schönheit wahrhaft einer Königin würdig wäre. Tatsächlich gerierte sich die Sackville gelegentlich als eine solche, sie galt als schön, herrisch und vital, eine der faszinierendsten Erscheinungen in den intellektuellen und aristokratischen Kreisen ihrer Zeit.

TOP TIPP

In ihrer ebenso liebevollen wie professionellen Gestaltung sind die zehn **Gärten**, die das Ehepaar auf dem 2,5 ha großen Areal im Laufe der Jahre anlegte, für Hobbygärtner und Pflanzenkundler unserer Tage geradezu modellbildend geworden. Aus einer Synthese von Harolds landschaftsarchitektonischen Ideen und Vitas botanischem Wissen entstanden thematisch gestaltete Einzelgärten wie der *Rosengarten* mit zahlreichen alten Sorten, der *Obst-* und der *Gewürzgarten* und der berühmte **White Garden**, in dem tatsächlich rund 150 verschiedene Arten von weiß blühenden Blumen oder Pflanzen mit silbergrauen Blättern gedeihen.

Zufrieden mag Vita aus der Schreibstube des Turmes auf ihr Werk geblickt haben, als sie dort 1951 *In Your Garden* (›*Aus meinem Garten*‹, auf Deutsch in Auszügen erschienen bei Ullstein) verfasste, in dem sie poetisch ihre Gedanken zum Gartenbau niederschrieb. Der wunderbar vollgestopfte Raum lohnt den Besuch. Wer über die Schwelle tritt, glaubt, die Schriftstellerin habe ihr nostalgisches Arbeitszimmer eben erst verlassen.

11 Hever Castle

Ein amerikanischer Traum – und bittere englische Wirklichkeit.

Die schillernde Persönlichkeit *Henrys VIII.* bestimmte zunächst die Geschicke der Bewohner von Hever Castle (22 km nordwestlich von Royal Tunbridge Wells, Tel. 01732/865224, www.hevercastle.co.uk, *Gärten:* April–Okt. tgl. 10.30–18, März Mi–So 10.30–17, Nov./Dez. Mi–So 10.30–16 Uhr, *Castle:* jeweils ab 12 Uhr). Die Familie *Boleyn* ließ das äußerlich recht bescheiden wirkende, von einem Wassergraben umgebene Sandsteingebäude im 15. Jh. in ein **Tudor-Wohnhaus** umwandeln.

Henry VIII., verheiratet mit Katharina von Aragon, verliebte sich in *Anne*, die Tochter des Hauses, setzte alles daran, sie zu gewinnen, verstieß seine Frau, ließ sie bis zu ihrem Tod 1536 inhaftieren – und heiratete Anfang 1533 heimlich Anne, noch bevor er selbst die Annullierung seiner ersten Ehe verfügt hatte. Doch auch Anne gebar nicht den ersehnten Thronfolger – und nach nur 1000 Tagen wurde sie, des Hochverrats und Ehebruchs mit ihrem Bruder George willfährig für schuldig befunden, im Londoner Tower enthauptet.

Die **Porträts** der Akteure und Opfer jener dramatischen Jahre sind noch im Schloss zu bewundern. Henry VIII., vierschrötig und breitbeinig in der Kopie eines Holbein-Gemäldes, Anne Boleyn, zart und schön, eine rote Rose vor der Brust haltend – und Elizabeth I., ihrer beider Tochter, in deren Regierungszeit eine der ruhmreichsten Epochen in der Geschichte Englands fiel.

Die neuere Geschichte von Hever Castle ist die der Verwirklichung eines amerikanischen Traums. **William Waldorf Astor** kaufte 1903 Hever Castle – als standesgemäßes Statussymbol des Eigentümers der Waldorf-Astoria-Hotelkette. Astor ließ Hever Castle mit großem Aufwand restaurieren, die *Stuckdecken* von Hampton Court Palace bei London kopieren, die **Bibliothek** mit Schnitzereien im Stil der Renaissance verzieren – darüber hinaus sammelte der neue Besitzer Waffen, Möbel und Kunstgegenstände, ließ im 14 ha großen **Park** einen See, einen Irrgar-

Hier entstand auch ein Gartenbuch – Vita Sackville-Wests Arbeitszimmer in Sissinghurst

Wo die Leidenschaft des Königs alle Barrieren überwand – Hever Castle

ten, den Italienischen Garten mit antiken Skulpturen und ein ganzes *Dorf* im Stil der Tudor-Zeit anlegen. So entstand ein Gesamtkunstwerk aus englischer Geschichte und amerikanischem Reichtum.

Der amerikanische Traum von der europäischen Renaissance endete 1983, als der Unterhalt des Schlosses selbst den Astors zu teuer wurde. Eine Immobilienfirma erwarb Hever Castle, ein Teil seiner Innenausstattung wurde versteigert – doch selbst das, was noch übrig geblieben ist, lässt den Besucher einen versöhnlichen Blick auf William Waldorf Astors allzu romantische Vorstellungen von einer Zeit werfen, in der so manche Rose blutgetränkt war.

12 Groombridge Place Gardens

TOP TIPP *Die originellen und kunstvoll konzipierten Gärten machten Filmgeschichte.*

Groombridge Place (5 km westlich von Royal Tunbridge Wells) ist ein zweistöckiger, klassizistisch-schlichter **Backsteinbau** aus dem Jahr 1662. Das Haus befindet sich in Privatbesitz und ist für die Öffentlichkeit nicht zugänglich. Das macht allerdings nicht allzu viel – denn es sind seine **Gärten**, für die das Haus berühmt ist.

Der Gartentheoretiker *John Evelyn* übte auf deren Gestaltung maßgeblichen Einfluss aus – so entstand mit den **Groombridge Place Gardens** (Tel. 018 92/86 14 44, www.groombridge.co.uk, April–Okt. tgl. 9.30–17.30 Uhr, letzter Einlass 16 Uhr) eine der eigenwilligsten Grünanlagen eines Herrenhauses in der Restaurationszeit. Besonders eindrucksvoll ist der von Mauern umgebene formale Garten mit seinen originell konzipierten Einzelabteilungen. In *The Drunken Garden* z. B. sieht man sich von allerlei grünen Fantasiegebilden umgeben, zu denen Eiben und Wacholderbüsche kunstvoll gestutzt und geformt wurden. *The Knot Garden* zieren schwarze Tulpen und ein efeuumranktes Liebespaar, geformt aus Weidenzweigen.

Das verwunschene, von einem Wassergraben umgebene Haus dient immer wieder als Kulisse für Kinofilme. Berühmt wurde es als Drehort für Peter Greenaways Film *›Der Kontrakt des Zeichners‹* (1982), zuletzt wurde hier die Jane-Austen-Verfilmung *›Stolz und Vorurteil‹* (2005) abgedreht. Mit ihrer geheimnisvollen Atmosphäre ist die Anlage ein fantastischer Ort für Geschichten und Mythen, weshalb auch schon Sir Arthur Conan Doyle seinen Sherlock-Holmes-Roman *›Das Tal der Angst‹* hier ansiedelte.

Das Mysteriöse steht auch im Zentrum einer weiteren Attraktion von Groombridge Place. Gemächlich gelangt man per Boot in den **Enchanted Forest**, den Zauberwald, auf dessen Pfaden sich vor allem Kinder staunend auf die Suche nach Spinnweben aus Haselnusszweigen, Quellen, Labyrinthen und einem Zigeunerlager begeben.

For our time
is a very shadow
that passeth
away WISDOM II.V.

Von Rye bis Chichester – die östlichen Seebäder und ihre Küste

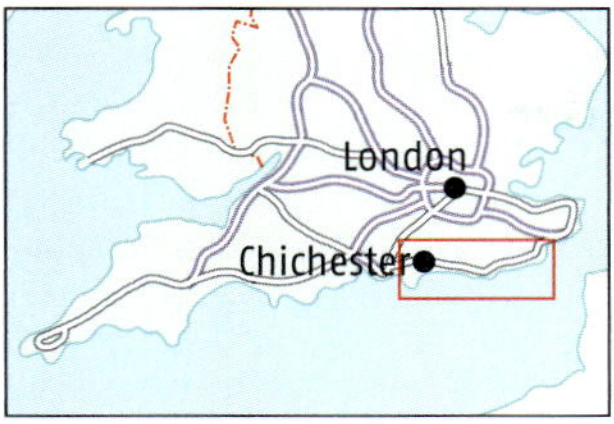

Zum Badezentrum der Insel wurde die Südostküste bereits im 18. Jh., als *Dr. Richard Russell* darauf hinwies, dass nicht nur das Trinken von Heilwasser der Gesundheit zuträglich sei, sondern auch die äußerliche Anwendung des bisweilen recht kühlen, salzigen Meerwassers. Seit jener Zeit kommt man schon nach **Brighton** – und gerade in unseren Tagen auch, um in der orientalischen Pracht des *Royal Pavilion* zu schwelgen, des extravaganten Refugiums von Prinzregent George, der an Britanniens Südostküste Regierungsgeschäften und Staatsräson zu entfliehen trachtete.

Mit den wunderbaren Mosaiken des *Fishbourne Roman Palace* bei **Chichester** brachten die Römer zahllose Stückchen mediterraner Kultur nach England. Im Landschaftspark von **Petworth House** entfaltete sich englische Gartenbaukunst zu voller Blüte. Und auf langen Spaziergängen mögen einem die Grashügel der **Downs**, die an mächtigen Klippen am Meer enden, mitunter wie tiefgrüne Wellen vorkommen, vom Wind gekräuselt.

13 Rye

Der Inbegriff südenglischer Kleinstadtromantik.

Mermaid Street heißt die berühmte kopfsteingepflasterte Straße von Rye, die sich vom Kai des alten Flusshafens steil in das Zentrum des Ortes hinaufzieht. Dort dümpeln heute nur noch ein paar Segelboote. Weil der Fluss Rother im 12. Jh. seinen Lauf veränderte und immer mehr Sand vor der Stadt ablagerte, trennen die einstige Hafenstadt heute etwa 3 km Marschland von der See. Mit vielen bestens erhaltenen Häusern aus dem 15.–18. Jh. ist Rye eine der malerischsten Kleinstädte Südenglands. Die engen, gewundenen **Gassen** werden von Antiquitätenläden, Cafés und Pubs gesäumt, das berühmteste ist das *Mermaid Inn*, ein über 500 Jahre alter, geduckter Fachwerkbau mit viel dunklem Holz, in dem einst die Schmuggler zechten.

In der Church Street im südöstlichen Teil der Stadt steht die normannische Pfarrkirche **St. Mary** mit einer der ältesten funktionstüchtigen *Uhren* Englands, sie wurde 1561 installiert.

Verkündet die Vergänglichkeit alles Irdischen: die Turmuhr von St. Mary

In **Lamb House** (NT, Tel. 015 80/76 23 34, April–Okt. Do/Sa 14–18 Uhr) am südlichen Ende der West Street im Zentrum wohnte von 1898 bis zu seinem Tod 1916 der amerikanische Schriftsteller *Henry James*, Autor von Erzählungen, die stets die unüberbrückbare Distanz zwischen den Lebenssphären der Alten und der Neuen Welt zum Thema haben.

Praktische Hinweise

Information

Rye Heritage Centre, Strand Quay, Rye, Tel. 017 97/22 66 96, www.ryeheritage.co.uk

Hotel

*****Mermaid Inn**, Mermaid Street, Rye, Tel. 017 97/22 30 65, www.mermaidinn.com. Das Pub hat neben einem der meistfotografierten Schilder Englands – abgebildet ist natürlich eine Meerjungfrau – auch 31 komfortable Zimmer und ein gutes Restaurant zu bieten.

Restaurant

Landgate Bistro, 5-6 Landgate, Tel. 017 97/22 28 29, www.landgatebistro.co.uk. Schlicht und modern eingerichtet, wird hier im Stadtzentrum beste britische Küche serviert. Frische regionale Produkte, sehr gute Fisch- und Dessertkarte (Mi–Sa nur Dinner, Sa/So Lunch).

14 Hastings und Battle

Schauplätze britannischer Zeitenwende.

15 km südwestlich von Rye liegt **Hastings**, jener Ort, der zumeist in einem Atemzug mit der Schlacht genannt wird, in der William, der Herzog der Normandie und spätere König Englands, das angelsächsische Heer besiegte. In den Ruinen von **Hastings Castle** (Ostern–Okt. tgl. 10–17 Uhr), der ersten Burg, die William auf englischem Boden errichten ließ (1096), erläutert eine audiovisuelle Show die Geschehnisse des Jahres 1066. Auf den Spuren einstiger Schmuggler wandeln man bei einem Besuch im **Smugglers Adventure** (Tel. 01424/422964, www.smugglersadventure.co.uk, März–Okt. tgl. 10–16 Uhr) in den St. Clements Caves.

Im 12. Jh. war Hastings der wichtigste Hafen der *Cinque Ports*. Diese Städte stellten die Schiffe, die England vor Invasionen schützen sollten. Doch als der König mit Ausbruch des Hundertjährigen Krieges gegen Frankreich seine eigene Flotte 1338 entscheidend verstärkte, verwandelte sich Hastings wieder in ein bescheidenes Fischerdorf. Schon im Mittelalter errichtete man die hoch aufragenden, zum Schutz gegen die salzigfeuchte Meerluft geteerten *Net Huts*, in denen die Fischer ihre Netze zum Trocknen aufhängten. Mehr als 40 jener Hütten, größtenteils Rekonstruktionen aus der jüngsten Vergangenheit, sind am Hafen von Hastings noch zu sehen.

Etwa 10 km nordwestlich liegt der Ort Battle mit dem ebenfalls schlicht **Battle** genannten *Schlachtfeld*, auf dem William der Eroberer am 14. Oktober 1066 die Streitmacht von König Harold II. besiegte. Auf dem Hügel, dessen befestigte Stellungen die angelsächsischen Truppen leichtsinniger aufgaben, um die normannischen Angreifer zu verfolgen, ließ der Normanne aus Dankbarkeit für seinen Sieg eine *Benediktinerabtei* errichten – die 1094 fertiggestellte **Battle Abbey** (EH, Tel. 01424/775705, April–Sept. tgl. 10–18, Okt. 10–17, Nov–März tgl. 10–16 Uhr).

In einem modernen Anbau informiert eine interaktive Multimedia-Ausstellung über das wohl berühmteste Ereignis der englischen Geschichte. Auch die Hintergründe des normannischen Angriffs werden hier aufgezeigt. Auf dem Schlachtfeld erläutern Schautafeln die Phasen des Kampfes, die per Audiokommentar aus der Sicht verschiedener Akteure, Soldaten und Truppenführer, Angelsachsen und Normannen, geschildert werden. Die normannische Abtei selbst ist zum Großteil verfallen, denn nach der Reformation vermachte sie Henry VIII. 1539 seinem Oberhofstallmeister Sir Anthony Browne, der die Kirche abreißen und den Wohnbereich der Abtei zu einem *Herrenhaus* umbauen ließ.

Über Hastings und den Kanal wandert der Blick an einem klaren Tag bis nach Frankreich

Aus Dankbarkeit für eine siegreiche Schlacht ließ William the Conqueror Battle Abbey erbauen

Praktische Hinweise

Information

TIC, Queens Square, Priory Meadow, Hastings, Tel. 014 24/45 11 11, www.visit1066country.com

TIC, Yesterday's World, High Street, Battle, Tel. 017 97/22 90 49

Hotels

******Tower House 1066**, 28 Tower Road West, St. Leonards-on-Sea, Tel. 014 24/ 42 72 17, www.towerhouse4066.co.uk. Blumentapeten und antike Möbel: Das kleine Hotel im Zentrum des Vororts von Hastings hat elf komfortable Zimmer zu vernünftigen Preisen – und den preisgekrönten Garten gibt es gratis dazu.

*****Bannatyne Spa Hotel**, Battle Road, 5 km außerhalb von Hastings, Tel. 014 24/85 12 22, www.bannatyne.co.uk. Das Wellnesshotel mit geschmackvoll gestalteten 38 Zimmern hat einiges zu bieten: eine Golfpartie auf dem hoteleigenen 18-Loch-Platz, ein Bad im Pool, Flaniermöglichkeiten im Park oder im formalen Garten, der so manchem Herrenhaus Ehre machen würde.

****Bryn-y-Mor**, 12 Godwin Road, Hastings, Tel. 014 24/72 27 44. Das romantische Bed & Breakfast (4 Zi.) liegt direkt am Meer und lädt zur Übernachtung im Himmelbett ein. Auch sonst ist das Haus sehr plüschig eingerichtet.

Restaurant

Whites Seafood & Steak Bar, 44–45 George Street, Tel. 014 24/71 98 46, www.whitesbar.co.uk. Muscheln oder Fisch, dazu Gegrilltes und Burger, alles frisch und fein serviert in diesem hübschen kleinen Restaurant in der Altstadt.

15 Beachy Head

TOP TIPP *Traumhafte Klippenspaziergänge entlang der großartigen Küste.*

In der knapp 20 km westlich von Hastings gelegenen *Pevensey Bay* betrat **William the Conqueror** am 28. September 1066 englischen Boden – und fiel, so will es die Legende, bei dieser Gelegenheit in Britannien zum ersten und vorerst letzten Mal auf die Nase.

Hat man selbst diese Bucht auf der küstennahen A 259 hinter sich gelassen, erreicht man nach einigen Minuten *Eastbourne*. Hier zweigt die B 2103 ab und führt direkt zu den Kalkklippen von Beachy Head. Mit einer Höhe von bis zu 170 m zieht sich die atemberaubende Klippenkette 10 km weit von Eastbourne nach Seaford hin. Senkrecht stürzen die Felsen in die Tiefe, scheinbar belustigt über die flügellose menschliche Gesellschaft kreischen Möwen, die nur eine Armlänge von den Spaziergängern entfernt über dem Abgrund schweben. Ein Trost: Diese groß-

Kalkweiß, Moosgrün und Himmelblau: das Panorama der Klippen von Seven Sisters

artige Küstenlandschaft lässt sich auch erwandern. Ausgewiesene Wege beginnen in Eastbourne und führen insgesamt 170 km lang über den *South Downs Way* [s. S. 69], der bei den Kalkklippen **Seven Sisters** nach Brighton ins Landesinnere abbiegt. Bleibt man am Meer, ist bald der Badeort *Seaford* erreicht – hier wirft man einen letzten Blick zurück auf die sieben strahlend schönen Schwestern.

Praktische Hinweise

Information

TIC, Cornfield Road, Eastbourne, Tel. 08 71/663 00 31, www.visiteastbourne.com

16 Brighton

Der Märchenpalast des Kronprinzen.

Vulgär und extravagant, eskapistisch und banal – all das ist Brighton. Mit der Einweihung der Eisenbahnlinie nach London im Jahre 1841 avancierte der Ort zum beliebtesten **Seebad** der Insel. Besonders hübsch ist die *The Lanes* genannte, verwinkelte Altstadt von Brighton mit ihren vielen hübschen Cafés, Restaurants und Antiquitätenläden.

Doch den Ruhm Brightons begründete seine Majestät der Prinzregent **George** (1762–1830). 1783 besuchte der lebenslustige Thronfolger zum ersten Mal das **Heilbad**, das sich zu jener Zeit bei all denen, die sich mondänes Leben und langwierige, nicht ganz ernst zu nehmende Leiden leisten konnten, bereits einen guten Ruf zur Linderung von Drüsenkrankheiten erworben hatte. Und George erkor die Stadt zum Mittelpunkt seines Lebens.

TOP TIPP Das Domizil des Prinzregenten war der **Royal Pavilion** (Tel. 030 00/29 09 00, www.royalpavilion.org.uk, April–Sept. tgl. 9.30–17.45 Uhr, Okt.–März 10–17.15 Uhr, letzter Einlass 45 Min. vor Schließung). Dessen Baugeschichte zeugt auch vom immer bizarrer werdenden Lebensstil des Prinzen. Denn entstanden ist das extravagante Bauwerk aus einem schlichten Bauernhaus, das George mit seiner heimlich angetrauten Geliebten *Maria Anne Fitzherbert* in den 1780er-Jahren bezog. Das ließ der kunstsinnige Thronfolger von seinem Architekten *Henry Holland* 1786/87 in den *Marine Pavilion* umbauen, der mit seiner Erkerfassade und den schmiedeeisernen Gittern der erste, modellbildende Bau des **Regency Style** war, jenes nach dem Prinzregenten benannten Baustils.

Während sein Vater König George III. allmählich der Geisteskrankheit verfiel, entdeckte sein Sohn, seit 1811 offiziell Regent, sein Faible für die Geheimnisse des Orients und Indiens sowie für Chinoiserien, kurzum für ein ganzes Weltreich an bizarren Fantasievorstellungen. Ihnen gemäß gestaltete *John Nash* den Marine Pavilion in jenes zuckersüße indische Märchenschloss aus Sahnebaiser um, das sich heute an der Straße Old Steine erhebt. Der Pavillon wartet mit Minaretten und Kuppeln, ägyptischen Palmensäulen und Bambusimitationen aus Mahagoni und Palisander auf. Drachen und krokodilsfüßige Sofas füllen die Räume. Keines der Stücke ist original, alles, was man sieht, sind Auswüchse der unerfüllbaren Sehnsucht des Erbauers, die eigene prosaische Wirklichkeit in einem Traum von orientalischer Pracht zu begraben. Denn schon 1795 hatte der unglückliche Prinz, von schier untilgbaren Schulden bedrückt, seine geliebte Maria verlassen und eine Ehe mit der ebenso begüterten wie reizlosen *Prinzessin Karoline von Braunschweig* eingehen müssen. 1820 wurde aus dem Prinzregenten *König George IV.*, ob seiner Verschwendungssucht im Volk äußerst unbeliebt, aufgedunsen und kränkelnd.

Ein weiteres extravagantes Bauwerk ist **Brighton Pier** (1891–99, 01273/609361, www.brightonpier.co.uk), ein Inbegriff britischen Ferienvergnügens. Besucher erwarten dort Läden und Restaurants, Fish 'n' Chips-Buden und Karussells.

An der Marine Parade, unweit des Piers, befindet sich **Sea Life Brighton** (Tel. 0871/4232110, www.visitsealife.com, Sommer tgl. 10–18 Uhr, Einlass bis 1 Stunde vorher, im Winter verkürzte Öffnungszeiten), ein viel besuchtes Meeresaquarium. In dem viktorianischen Gebäude befand sich schon im 19. Jh. das erste Aquarium Europas, der moderne Nachfolger entspricht natürlich in allen Belangen dem Standard des 21. Jh.

i Praktische Hinweise

Information

TIC, Royal Pavilion Shop, Pavilion Buildings, Brighton, Tel. 01273/290337, www.visitbrighton.co.uk

Hotels

*****Avalon**, 7 Upper Rock Gardens, Brighton, Tel. 01273/692344, www.avalonbrighton.co.uk. Freundliches Guesthouse mit sieben ansprechend eingerichteten Zimmern, das Frühstücksangebot ist sehr vielfältig.

******Brightonwave**, 10 Madeira Place, Brighton, Tel. 01273/676794, www.brightonwave.co.uk. Ein Haus aus dem 19. Jh., verwandelt in ein hippes und stylishes B & B: Das Brightonwave ist ein kleines Luxushotel in zentraler Lage mit acht stilvoll durchgestalteten Zimmern.

*****Urban House**, 20–21 New Steine, Brighton, Tel. 01273/688085, www.urbanhousebrighton.co.uk. Hinter der Regency-Fassade des an einem kleinen Platz unweit der Promenade gelegenen Hauses verbirgt sich ein modernes Hotel mit brandneuem Spabereich.

Restaurant

Havana, 32 Duke Street, Brighton, Tel. 01273/773388, www.havana.uk.com. Am Rande von The Lanes werden in tropisch angehauchter Atmosphäre Cocktails und internationale Gerichte serviert.

Der Royal Pavilion, Traum eines Maharadschas, der nur ein Prinzregent war

Gelungen inszeniert: eine Opernpause im Park des Festspielhauses von Glyndebourne

17 Glyndebourne

Festspiele und Festessen.

1934 verwirklichte sich *John Christie*, Besitzer des Landhauses von Glyndebourne etwa 15 km nordöstlich von Brighton, den lang gehegten Traum von Opernfestivals auf eigenem Grund und Boden. Der große Musikliebhaber, regelmäßiger Besucher der Festspiele von Bayreuth und Salzburg, ließ ein **Opernhaus** mit 300 Plätzen errichten, gewann den weltberühmten Dirigenten Fritz Busch als musikalischen Leiter – und am 28. Mai eröffnete man mit Mozarts ›*Die Hochzeit des Figaro*‹.

Das alte Opernhaus ist mittlerweile durch einen modernen, 1200 Besuchern Platz bietenden Neubau ersetzt worden. Der Ziegelbau besticht durch seine hervorragende Akustik. Die Aufführungen von Glyndebourne sind für ihren hohen künstlerischen Standard, ihr breites musikalisches Spektrum bis hin zu zeitgenössischen Werken ebenso berühmt wie für die traditionelle lange Pause. Beinahe eineinhalb Stunden haben die elegant gekleideten Damen und Herren Zeit für ein *Picknick* mit Champagner auf der Wiese oder in Zelten vor dem Festspielhaus. Von Ende Mai bis Ende August dauert die Saison für künstlerische und kulinarische Genüsse in Glyndebourne, postalische **Buchungen** werden ab Mitte März entgegengenommen, telefonische und Online-Buchungen ab Mitte April (Glyndebourne Box Office, PO Box 2624, Lewes, East Sussex BN8 5UU, Tel. 01273/81 38 13, www.glyndebourne.com).

18 Charleston Farmhouse und Monk's House

Die ländlichen Domizile der Londoner Künstlerbohème.

Mit den Häusern Charleston Farmhouse und Monk's House im Osten von Brighton verbinden sich die Namen von **Virginia Woolf** (1882–1941) und **Vanessa Bell** (1879–1961). Während Virginia als Schriftstellerin zu Weltruhm kam, avancierte Vanessa, ihre Schwester, zu einer der bedeutendsten englischen Malerinnen der ersten Hälfte des 20. Jh.

1916 zog Vanessa Bell in das einfache **Charleston Farmhouse** (Tel. 01323/81 12 65, www.charleston.org.uk, April–Okt. Mi–Sa 13–17, So 13–16.30, Juli/Aug. 12–18, Uhr, letzter Einlass jeweils 1 Stunde vorher; Mi–Sa nur mit Führung), etwa 5 km südöstlich von Glyndebourne. Begleitet wurde sie von ihrem Ehemann, dem Schriftsteller *Clive Bell*, und ihrem Geliebten, dem Maler *Duncan Grant*. Gemeinsam verwandelten die drei das Gebäude im Laufe der Jahre in ein Gesamtkunstwerk, umgeben von üppiger Natur, einem Garten mit Iris, Schwertlilien und Obstbäumen. Das Haus entwickelte sich bald zum ländlichen Treffpunkt jener avantgardistischen Künstler- und Intellektuellengruppe, die nach einem Londoner Stadtteil **Bloomsbury Group** genannt wurde. Zu ihr zählten neben Vanessa, Duncan, Clive und Virginia Woolf auch *Vita Sackville-West* [s. S. 33, 35], der Kunsttheoretiker *Roger Fry*, der Nationalökonom *John Maynard Keynes* und die Schriftsteller *E. M. Forster* und *Lytton Strachey*. Die Aufgeschlossenheit und Freizügigkeit, die Verspieltheit und die Lebensfreude, von denen die Diskussionen der Gruppe und die Lebens- und Liebesvorstellungen ihrer Mitglieder geprägt waren, fanden in Charleston Farmhouse ihre gestalterische Umsetzung. Jedes Fleckchen Wand, jedes Möbelstück wurde von Vanessa Bell und Duncan Grant mit expressionistischen Ornamenten und Figuren bemalt. Man entwarf die Einrichtungsgegenstände selbst, jeden Winkel durchdrang man mit gestalterischer Energie.

In der Nähe fand auch Vanessas Schwester Virginia mit ihrem Mann *Leonard Woolf* ein ländliches Refugium: **Monk's House** (NT, Tel. 01273/474760, April–Okt. Mi–Sa 14–17.30 Uhr), ein schlichtes Cottage, ca. 5 km westlich am Rande des Dorfes *Rodmell* gelegen. Ehe Virginias Werk Anerkennung und Erfolg fand, gab es hier lange Jahre keinen Luxus – weder Heizung noch Bad – doch alles, was die hochsensible Schriftstellerin für ihre Arbeit am nötigsten brauchte: den Wechsel zwischen Ungestörtheit und Gesellschaft, ein Gartenhäuschen als Schreibklause für den Vormittag und danach die häufigen Besuche der Bloomsbury-Freunde. Die Asche von Virginia Woolf, die sich am 28. März 1941 in der nahen *Ouse* ertränkte, weil sie den wiederkehrenden depressiven Schüben nicht mehr standhalten konnte, ist im Garten beigesetzt.

In der Blütenpracht von Charleston Farmhouse traf sich die Bloomsbury Group

19 Arundel Castle

Große Kunst im imposanten Schloss.

Unübersehbar, wie eine machtvolle Gebärde der Selbstbehauptung, thront Arundel Castle (Tel. 01903/882173, www.arundelcastle.org, April–Okt. Di–So 12–17, letzter Einlass 16 Uhr; Gartenführungen nach Voranmeldung) über der gleichnamigen Kleinstadt auf halbem Weg zwischen Worthing und Chichester. Nur Torhaus, Bergfried und Vorwerk des Schlosses der bedeutendsten katholischen Familie Englands, der *Herzöge von Norfolk* aus dem Geschlecht der Howards, stammen noch aus dem Mittelalter. Der Rest der im Bürgerkrieg Mitte des 17. Jh. fast gänzlich zerstörten Anlage wurde zusammen mit der benachbarten

Arundel Castle ist Stammsitz der bedeutendsten katholischen Familie Englands

(katholischen) *Cathedral of Our Lady and St. Philip Howard* (tgl. 9–18 Uhr) im 19. Jh. im neogotischen Stil gestaltet.

Thomas Howard, der 14. Earl of Arundel (1586–1646), war der erste bedeutende Kunstsammler Englands. Er legte den Grundstein für die Gemäldesammlung, nachfolgende Generationen führten das Werk fort, und so findet der Besucher in Arundel Castle nicht nur eine hervorragend bestückte **Gemäldegalerie** mit Werken von Rubens, van Dyck, Gainsborough, Reynolds u. a., sondern auch Sammlungen wertvoller Möbel, Tapisserien, Uhren und Kleidungsstücke. Auf den Familienporträts der *Long Gallery* blicken die Herren von Arundel vollständig vertreten auf die Besucher herab.

Im Rahmen des **Arundel Festival** (www.arundelfestival.co.uk) zieht Ende August die Pop- und Rockmusik der Gegenwart in den Park der Burg ein, für gesetztere Gäste gibt es Kammermusikaufführungen in ihrem Inneren. In die Literaturgeschichte ging die Familie übrigens auch ein, denn *Henry Howard* (1517–1547) führte den Blankvers in die englische Dichtkunst ein. Sein äußerst prosaisches Ende verdankt der Autor melodiöser Sonette einem anderen Henry, Henry Tudor dem VIII., König und Katholikenhasser, der seinen schöngeistigen Namensvetter auf Druck der Familie Seymour wegen Hochverrats anklagen und hinrichten ließ.

i Praktische Hinweise

Information

TIC, 1–3 Crown Yard Mews, River Road, Arundel, Tel. 019 03/88 22 68, www.sussexbythesea.com, www.arundel.org.uk

Hotels

TOP TIPP ****Amberley Castle**, Amberley, bei Arundel, Tel. 017 98/83 19 92, www.amberleycastle.co.uk. Hinter den meterdicken Burgmauern des 12. Jh. erwarten den Gast die Annehmlichkeiten eines luxuriös ausgestatteten Hotels (19 Zi.) mit sehr gutem Restaurant in herrlicher Umgebung. Auch ein 18-Loch-Golfplatz gehört zu dem Hotel.

****The Town House**, 65 High Street, Tel. 019 03/88 38 47, www.thetownhouse.co.uk. Paradehaus im Herzen der Stadt mit elegantem Interieur und hervorragender Küche. Das Restaurant ist allein wegen seiner Holzdecke aus der florentinischen Renaissance einen Besuch wert.

20 Chichester

2000 Jahre Kunstgeschichte von den Römern bis zu Chagall.

Wie ein Kreuz durchziehen North, South, East und West Street das historische Zentrum von Chichester im Ring seiner mittelalterlichen Stadtmauer. Die Straßen treffen sich am **Marktkreuz** von 1501, einem prachtvollen achteckigen Pavillon in Form einer kleinen Krone mit Mittelsäule und elegant geschwungenen Spitzbögen, an der Spitze eine steinerne Laterne. In jede Himmelsrichtung weist eine *Uhr*, und gleich neben dem Kreuz, jenseits der West Street, ragen die Türme von **Chichester Cathedral** (Tel. 012 43/78 25 95, www.chichestercathedral.org.uk, tgl. 7.15–18 Uhr) auf: die beiden massigen, das Langhaus an Höhe nicht übertreffenden Türme der Westfassade, der schlanke, 92 m hohe *Vierungsturm* und – als architektonische Besonderheit dieses Baus – der frei stehende *Glockenturm* des 15. Jh. Er ist das einzig erhaltene Gebäude seiner Art in England.

Chichester Cathedral, im letzten Drittel des 11. Jh. begonnen, nach Bränden 1184 und 1187 bis zum Beginn des 20. Jh. stetig umgebaut und restauriert, ist ein Schatzkästlein der Kunst, angefüllt mit Werken aus neun Jahrhunderten. Zwei romanische Sandsteinreliefs (vor 1150) in der südlichen Chorapsis zeigen ›*Die Erweckung des Lazarus*‹ und ›*Christus bei der Ankunft in Bethanien*‹. Im Chorraum hinter dem Hochaltar ist mit der ›*Dreifaltigkeit*‹ (1966), einem Wandbehang von John Piper, ein modernes, abstraktes Kunstwerk zum Thema Leben und massenhafter Tod, Schöpfung und Atomkatastrophe zu bewundern.

In der Südostkapelle zieht ›*Noli me tangere*‹ (1962), ein Altarbild von Graham Sutherland, alle Blicke auf sich, in der nördlichen Chorapsis leuchten die *Glasmalereien* (1978) von Marc Chagall in hellem Rot. Beide Werke verdankt die Kathedrale ihrem Dekan **Walter Hussey**, der 1955–77 amtierte. Mit sicherem Gespür und großer Begeisterung machte sich Hussey um den Dialog zwischen Kirche und Kunst verdient, förderte zeitgenössische Künstler und sammelte ihre Werke auch privat in großer Zahl.

Zu bewundern ist seine Sammlung, die von Tiepolo bis Henry Moore reicht, in der **Pallant House Gallery** (Tel. 012 43/77 45 57, www.pallant.org.uk, Di–Sa 10–17,

Do bis 20, So 11–17 Uhr), einem prachtvoll restaurierten Stadthaus aus dem frühen 18. Jh. in der North Pallant Street (der ersten Querstraße, die jenseits des Marktkreuzes in südlicher Richtung von der East Street abzweigt). Eine weitere wichtige Schenkung, die des Architekten der Londoner British Library, *Sir Colin St. John Wilson*, nahm die Gallery zum Anlass für den Bau eines neuen Flügels mit sechs zusätzlichen Sälen, in denen u. a. Wilsons Sammlung mit 600 Gemälden und Vorzeichnungen bedeutender britischer Künstler des 20. Jh. präsentiert wird.

Die Besichtigung des gut 2 km westlich vom Stadtzentrum gelegenen TOP TIPP **Fishbourne Roman Palace** (Salthill Road, Tel. 012 43/78 58 59, www.sussexpast.co.uk, März–Okt. tgl. 10–17, Feb./Nov.–Mitte Dez. tgl. 10-16, Mitte Dez. bis 16. Jan. Sa/So 10–16 Uhr) führt zurück in die erste Blütezeit von Architektur und Kunst, die die Stadt im 1. Jh. n. Chr. erlebte. Das bei einem Brand um 270 zerstörte Gebäude umfasste einst auf einer Fläche von 1500 m² rund 100 Räume und war damit die größte römische Wohnanlage in England. Hier residierte wohl *Tiberius Claudius Cogidubnus*, ein keltischer Fürst, der mit den Römern kooperierte und so zum Statthalter von *Noviomagus* aufstieg, wie Chichester ursprünglich hieß. Die *Fußbodenmosaike*, die man in beinahe jedem Raum fand, aus Millionen von Steinchen zusammengesetzt, sind die prachtvollsten, die aus jener Zeit in England erhalten sind. Auf Stegen wandert man von Bild zu Bild, schaut herab auf Drachen und Schimären und bewundert das berühmteste der Mosaike, in dem ein Jüngling seit 2000 Jahren auf einem Delfin reitet – fern der Gestade des Mittelmeers.

Steil dem Paradies entgegen strebt der 92 m hohe Vierungsturm von Chichester Cathedral

Praktische Hinweise

Information

TIC, 29 a South Street, Chichester, Tel. 012 43/77 58 88, www.visitchichester.org

Hotels

*****Crouchers Country Hotel**, Birdham Road, Chichester, Tel. 012 43/78 49 95, www.croucherscountryhotel.com. Kleineres (26 Zi.) Hotel am Stadtrand mit familiärer Atmosphäre. Das empfehlenswerte Restaurant wartet mit täglich wechselnden Menüs auf.

*****Millstream**, Bosham Lane, Bosham, Tel. 012 43/57 32 34, www.millstream-hotel.co.uk. Ein charmantes Hotel mit 35 Zimmern, einem schönen Garten in einem Dorf. Südwestlich von Chichester. Sehr gutes Restaurant.

******Woodacre B & B**, Arundel Road, Fontwell (10 km östlich von Chichester), Tel. 012 43/81 43 01, www.woodacre.co.uk. Willkommen zu Hause: Für gerade mal zehn Gäste ist Platz in diesem hübschen Haus mit weitläufiger Gartenanlage.

Restaurant

Comme Ça, 67 Broyle Road, Chichester, Tel. 012 43/78 87 24, www.commeca.co.uk. Sehr gutes französisches Restaurant mit gediegenem Interieur nördlich des Zentrums (Lunch Mi–So, Dinner Di–Sa).

Tea Rooms

The Buttery at the Crypt, 12 a South Street, Chichester, Tel. 012 43/53 70 33, www.organictearooms.co.uk. In einem Gewölbekeller, der einst zur Kathedrale gehörte, werden u. a. kleine Gerichte und *Cream Tea* serviert (kein Dinner).

St. Martin's Tea Rooms, 3 St. Martin's Street, Chichester, Tel. 012 43/78 67 15. Frisch zubereitete, vegetarische Gerichte in Bioqualität werden in dem hübschen mittelalterlichen Haus mit der Georgian-Style-Fassade serviert (So geschl.).

21 Petworth House

TOP TIPP *Zurück zur Natürlichkeit: der englische Garten.*

Petworth, ein Städtchen mit 2000 Einwohnern, liegt 25 km nordöstlich von Chichester in den Hügeln der *South Downs*. Die Kopfsteinpflasterstraßen werden von schönen Fachwerkhäusern, Backsteinbauten und Cottages gesäumt, viele von ihnen beherbergen Antiquitätengeschäfte.

Mitten im Ort erhebt sich Petworth House (NT, Tel. 01798/342207, Infoline: 01798/343929, Gebäude: Mitte März-Anfang Nov. Mo–Mi und Sa/So 11–17 Uhr; Park: ganzjährig bis Sonnenuntergang), einst Landsitz der Grafen von Northumberland und in seiner heutigen Form im Wesentlichen gegen Ende des 17. Jh. entstanden. Charles Seymour, Herzog von Somerset, ließ zu jener Zeit ein recht schlicht wirkendes, zweistöckiges Haus mit einer fast 100 m langen, von 42 hohen Fenstern gegliederten Fassade errichten. Im 18. Jh. gelangten dann die *Earls of Egremont* durch Heirat in den Besitz von Petworth House.

Auf ihre Veranlassung hin legte **Lancelot ›Capability‹ Brown** (1716–1783), der berühmteste Landschaftsgestalter seiner Zeit, einen 280 ha großen *Englischen Garten* par excellence an. Brown verdankte seinen Beinamen dem unvergleichlichen Talent, in bereits bestehenden Gärten ›great capabilities‹ zu erblicken, große Möglichkeiten der Umgestaltung. Er ersetzte die geometrische Strenge des ursprünglichen Barockgartens durch scheinbar unberührte, natürliche Landschaft mit Hügeln, Seen und Rotwildgehege. So meint man geradezu durch ein Gemälde von **William Turner** (1775–1851), dem großen englischen Künstler und Wegbereiter des Impressionismus, zu spazieren. Tatsächlich besaß Turner in Petworth House 1827–37 ein Atelier und malte hier unter der Protektion seines Mäzens, des *3. Earl of Egremont*, 20 Ölgemälde und etwa 100 Aquarelle, Interieurs und Landschaftsbilder, die in überwiegender Zahl nach wie vor am Ort ihrer Entstehung zu bewundern sind.

Neben der umfangreichsten Turner-Sammlung außerhalb eines Museums besitzt Petworth House noch weitere herausragende Kunstwerke: Miniaturen von Adam Elsheimer, Gemälde von Rogier van der Weyden, Tizian, Claude Lorrain und Thomas Gainsborough, je ein Dutzend Porträts von Anthonis van Dyck und Sir Joshua Reynolds, antike Skulpturen wie die Praxiteles zugeschriebene *Leconfield Aphrodite* und schließlich, als Höhepunkt der Illusionskunst, den **Carved Room**. 1692 verzierte *Grinling Gibbons* die Lindenholztäfelung des Zimmers mit meisterlichen Schnitzarbeiten. Da entdeckt man Blumen, Gräser, Früchte, Musikinstrumente, Putten, Vögel und Fische.

Delikate Schnitzkunst und kostbare Gemälde zieren den Carved Room in Petworth House

Der zentrale Süden – Häfen, Kathedralen und Inseln

Portsmouth und **Southampton** sind die großen Hafenstädte des zentralen Südens – berühmte Schiffe wie die *Mayflower* oder die *Titanic* brachen von hier nach Westen auf, um eine neue Welt zu entdecken oder den Tod in den eisigen Fluten des Nordatlantik zu finden. Nicht weniger berühmte, die **Mary Rose** und die **Victory**, Flaggschiffe Henrys VIII. und Lord Nelsons, kehrten für immer in den historischen Hafen von Portsmouth zurück. Wassersportler finden auf der **Isle of Wight**, der kleinen Insel vor der Insel, beste Bedingungen, Wanderer, Radfahrer und Pferdefreunde schätzen die Wald- und Heideflächen des **New Forest** – und im Park von **Longleat House** kann man sogar auf Safari gehen.

Gotische *Kathedralen* beherrschen das Stadtbild von **Salisbury** und **Winchester**, das früher die Hauptstadt von ganz England war. Und inmitten der weiten Ebene von *Salisbury Plain* erheben sich die Relikte einer noch ferneren Vergangenheit: Das Rätsel von **Stonehenge** ist bis heute ungelöst.

22 Portsmouth und Southampton

Ein Hafen als Heimat berühmter Schiffe.

Die Geschichte von Portsmouth, an der Wasserstraße namens *The Solent* gelegen, und von Southampton, das sich 30 km weiter nordwestlich am Zusammenfluss von *Test* und *Itchen* befindet, ist zugleich die Geschichte zweier bedeutender Häfen.

Seit dem 16. Jh., als unter Henry VIII. in **Portsmouth** (204 000 Einw.) die erste königliche Werft entstand, ist die Stadt der wichtigste Stützpunkt der englischen Kriegsmarine. Von Portsmouth lief am 14. September 1805 die **Victory** zur siegreichen Seeschlacht gegen Napoleon bei Trafalgar aus – heute kann die hervorragend erhaltene Victory im **Portsmouth Historic Dockyard** (Tel. 023 92/72 80 60, www.historicdockyard.co.uk, April–Okt. tgl. 10–18, Nov.–März 10–17.30 Uhr, Tickets nur bis 16.30 bzw. 16 Uhr) besichtigt werden. Ein weiteres, bedeutendes Stück Schifffahrtshistorie ist die ebenfalls in Portsmouth gebaute *Mary Rose*, das Flaggschiff Heinrichs VIII. Sie war eines der ersten Kriegsschiffe des 16. Jh., das schwere Kanonen trug. In einem Seegefecht 1545 gegen die Franzosen versank die Mary Rose, mehrere hundert Menschen gingen mit ihr unter. Ende des 20. Jh. wurde das Wrack geborgen und nach Portsmouth überführt. Hier ist es seit kurzem in einem neuen Museum zu besichtigen: Im Mai 2013 eröffnete das **Mary Rose Museum** (Tel. 023/92 81 29 31, www.maryrose.org) auf dem Gelände des Portsmouth Historic Dockyard. Die Ausstellung rund um das Wrack dokumentiert, wie es an Bord der Mary Rose zum Zeitpunkt der Schlacht und des Untergangs ausgesehen hat.

TOP TIPP

Emblem einer triumphalen Vergangenheit …

Ferner sind im historischen Hafen noch die *Warrior*, ein eisenbewehrtes Schlachtschiff des 19. Jh., und das *Royal Naval Museum* zu besichtigen, das zahlreiche Exponate aus der bewegten 800-jährigen Geschichte der englischen Marine versammelt, darunter Seekarten, Uniformen, Galionsfiguren und Schiffsmodelle.

Im Zweiten Weltkrieg wurde Portsmouth von der deutschen Luftwaffe schwer bombardiert. Das nüchterne Stadtbild, von nach Kriegsende in aller Schnelle errichteten Bauten bestimmt, gemahnt an jene schreckliche Zeit.

Die Krise der Werftindustrie ging auch an Portsmouth nicht spurlos vorüber, doch der Hafen selbst hat sich inzwischen zu einer wichtigen Anlaufstation für den Fährverkehr entwickelt. Und auch *Badegästen* hat Portsmouth einiges zu bieten. Mit seinen Piers und Pensionen, Grünanlagen und viktorianischen Häusern ist der südwestliche Stadtteil **Southsea** ein charmanter Ferienort.

Als einziger historischer Sakralbau überstand in **Southampton** (230 000 Einw.) die *St. Michael's Church* (11. Jh.) in der French Street die Angriffe der deutschen Luftwaffe. Mit seinen bunt bemalten Möbeln und farbkräftigen Wandbespannungen lockt in derselben Straße das restaurierte **Medieval Merchant's House** (EH, Tel. 023/80 22 15 03, April–Sept. So 12–18 Uhr) aus dem 13. Jh. Unweit davon, in der Bugle Street, präsentiert das **Tudor House Museum** (Tel. 023/80 63 59 04, Bugle Street, Tel. 023/80 83 42 42, www.tudorhouseandgarden.com, tgl. 10–17 Uhr) in einem Gebäude des 16. Jh. seine Ausstellung zur Geschichte der Stadt. Ein Erlebnis für sich ist der weitläufige Garten.

... die lange zurückliegt: Lord Nelsons ›Victory‹ im Hafen von Portsmouth

Die Namen dreier berühmter Schiffe verbinden sich mit Southampton. Von hier aus brachen die *Pilgrim Fathers* an Bord der *Mayflower* 1620 nach Nordamerika auf, mussten allerdings in Plymouth einen Zwischenstopp einlegen, da Schäden am Schiff aufgetreten waren. Am 10. April 1912 stach in Southampton die *Titanic* zu ihrer unglückseligen Jungfernfahrt nach New York in See. Heute ist Southampton Heimat der Reederei *Cunard* (www.cunardline.com), zu deren Flotte das drittgrößte Passagierschiff der Welt, die *Queen Mary 2 (QM2)*, gehört, die im Januar 2004 ihre Jungfernfahrt antrat.

Das **SeaCity Museum** (Havelock Road, Tel. 023/80 83 30 07, tgl. 10–17 Uhr, letzter Einlass 16 Uhr) dokumentiert das Schicksal der Titanic, die Geschichte der Stadt und ihres Hafens sowie seiner anderen berühmten Schiffe, wie der *Queen Elizabeth 2* der Cunard Line.

i Praktische Hinweise

Information

Portsmouth Visitor Information Service, Clarence Esplanade, 023/92 82 67 22 www.visitportsmouth.co.uk

Southampton Visitor Information Service, nur online: www.visit-southampton.co.uk

Hotels

Seacrest, 12 South Parade, Southsea, Portsmouth, Tel. 023/92 73 31 92, www.seacresthotel.co.uk. Elegantes mittelgroßes Hotel (28 Zi.) in hübscher Aussichtslage. Vernünftige Preise.

***Woodlands Lodge Hotel**, Bartley Road, Southampton, Tel. 023/80 29 22 57, www.woodlands-lodge.co.uk. Luxuriöses Hotel im Landhausstil (16 individuell eingerichtete Zimmer) mit Restaurant am Waldrand.

Restaurants

Bistro Montparnasse, 103 Palmerston Road, Tel. 023/92 81 67 54, bistromontparnasse.co.uk. Eines der besten Restaurants von Portsmouth bietet gehobene Gerichte von jenseits des Kanals: charmantes Bistro mit französischer Küche und viel Flair.

Number 5, im De Vere Grand Harbour Hotel, West Quay Road, Southampton, Tel. 023/80 63 30 33, www.devere.co.uk. Spitzenrestaurant mit klassisch britischer Küche in zeitgemäßem Gewand.

23 Isle of Wight

TOP TIPP *Einst königliches Refugium und eine schöne Urlaubsinsel.*

Ein mildes Klima, in dem subtropische Pflanzen gedeihen, viele sandige Badebuchten und ein dichtes Netz von Rad- und Wanderwegen – kein Wunder, dass die Isle of Wight bei Feriengästen äußerst beliebt ist. In der ersten Augustwoche leuchten im Solent, der Meerenge zwischen Insel und Festland, rund um die Kleinstadt *Cowes* an der Nordspitze der Insel die weißen weißen Segel der Jachten, die an den alljährlich Ende Juli/Anfang August stattfindenden Regatten der **Cowes Week** (www.cowesweek.co.uk) teilnehmen. In **Cowes Castle** 1, einer zum Clubhaus umgebauten Küstenfestung Henrys VIII. an der Victoria Parade, ist die 1812 gegründete *Royal Yacht Squadron*, Veranstalterin der Regatten, standesgemäß untergebracht.

Beliebtes Fotomotiv: die Kalkklippen The Needles an der Westspitze der Isle of Wight

In **Osborne House** 2 (EH, Tel. 019 83/20 00 22, April–Sept. tgl. 10–18, Okt. tgl. 10–17, Nov.–März Sa/So 10-16 Uhr), gut 1 km südöstlich von Cowes jenseits des Flusses Medina gelegen, residierten –

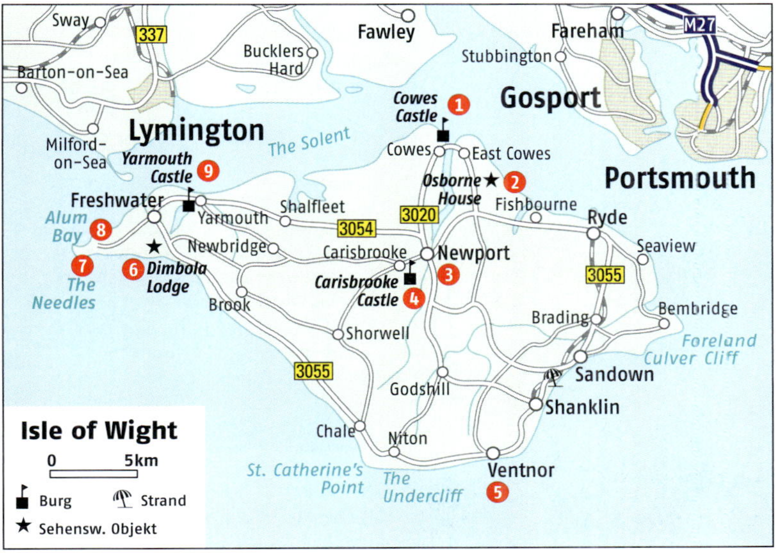

Für Charles I. öffneten sich die Tore von Carisbrooke Castle nur zweimal

ganz privat und wenn es die Regierungsgeschäfte zuließen – Queen Victoria und ihr Gemahl Albert von Sachsen-Coburg-Gotha. Beim Blick auf den Solent hatte sich der deutsche Prinz an den Golf von Neapel erinnert gefühlt, und so entwarf er zusammen mit dem Londoner Architekten Thomas Cubitt eine *Villa* mit Loggia und doppeltem Campanile, umgeben von Terrassengärten. 1851 wurde Osborne House fertiggestellt, nur zehn Jahre später starb der Prinzgemahl. In den Folgejahren verbrachte Victoria mehr und mehr Zeit auf der Isle of Wight, in Erinnerung an den geliebten Gatten schwelgend, dessen Zimmer in Osborne House nach seinem Tod unverändert blieben, überbordend von Möbeln, Bildern, Figuren und Skulpturen wie die übrigen Räume des Hauses. **Victorian Style** herrscht mit düsterem, plüschigem Regiment an einem Ort, der ebenso zur Wallfahrtsstätte der Bewunderer eines Stils und einer Person geworden ist wie der *Royal Pavilion* in Brighton [s. S. 42], der Victoria und Albert übrigens als Domizil zu frivol gewesen war. Am 22. Januar 1901, nach 63 Jahren Regentschaft, der längsten in der Geschichte der britischen Monarchie, starb Queen Victoria im Alter von 81 Jahren in Osborne House.

Folgt man dem Lauf des Medina landeinwärts, erreicht man 8 km südlich von Cowes **Newport** ❸, die Hauptstadt der Isle of Wight. In der Guildhall aus dem Jahre 1816 ist neben der Tourist Information auch das *Museum of Island History* (Tel. 019 83/82 33 66, Mo–Sa 10–17, So 11–15.30 Uhr) untergebracht, das über die bewegte geologische und politische Geschichte der Insel informiert. Bis vor etwa 8000 Jahren war sie noch Teil der Hauptinsel und der Solent nur ein Fluss.

2,5 km südwestlich von Newport steht **Carisbrooke Castle** ❹ (EH, Tel. 019 83/52 31 12, www.carisbrookecastlemuseum.org.uk, April–Sept. 10–16.45, Okt. 10–15.45, Nov.–März Sa/So 10.30–15.45 Uhr). Die Burg ist normannischen Ursprungs und

Erinnert an eine neapolitanische Villa: Osborne House auf der Isle of Wight

Freshwater Bay: Nur einen Spaziergang entfernt liegt die Westspitze der Isle of Wight

Amtssitz des Inselgouverneurs. Berühmt wurde sie als Gefängnis von **Charles I.**, der sich, vom Parlament abgesetzt, 1647 auf die Isle of Wight geflüchtet hatte. Zunächst durfte er sich mit Zustimmung des Gouverneurs auf der Insel frei bewegen, nach einem gescheiterten Fluchtversuch wurde er aber in der Burg gefangen gesetzt. Dabei mag er sich manchmal wie einer der Esel gefühlt haben, die schon damals ›frei‹ auf dem Gelände von Carisbrooke Castle herumliefen. Auf Zuruf hatten die Tiere die **Tretmühle** des Brunnens zu betätigen, eine Attraktion, die auch heutigen Besuchern noch vorgeführt wird. Charles I. verließ Carisbrooke Castle ein Jahr später in Richtung London, wo seine Hinrichtung stattfand.

Fährt man von Carisbrooke Castle nach Osten, erreicht man zwischen **Sandown** und **Shanklin** wieder die Küste. Hier erstreckt sich einer der längsten *Sandstrände* der Isle of Wight. Ihn begleiten zahlreiche Imbissbuden und Amüsierbetriebe. Weiter südlich geht es ruhiger zu, denn hier wird die Küste steiler. An das romantische Dörfchen **Bonchurch** mit dem verwilderten Friedhof der Kirche *St. Boniface* aus dem 13. Jh. schließt sich die Stadt **Ventnor** 5 an, auf einem Plateau über der Badebucht gelegen und durch Kalkhügel gegen kalte Nordwinde geschützt. Da hier das bei weitem mildeste Klima auf der Insel herrscht, kann der *Ventnor Botanic Garden* (Tel. 019 83/85 53 97, www.botanic.co.uk, der Garten selbst ist frei zugänglich, *Visitor Centre:* März–Okt. tgl. 10–17 Uhr, im Winter wechselnde Öffnungszeiten) die ganze Pracht der subtropischen Inselvegetation präsentieren. Pflanzen des Mittelmeers und aus Amerika gedeihen hier Seite an Seite.

Ventnor bietet sich als Ausgangspunkt für die Erkundung der *Südwestküste* mit ihren Kreideklippen, Höhlen und versteckten Badebuchten an – seit dem Mittelalter war sie eine Schmuggler-Hochburg. Streifzüge entlang der Küste regen auf jeden Fall die Fantasie an!

Wenige Kilometer vor der Westspitze der Insel erreicht man die *Freshwater Bay*. Auf einem Hügel über der Bucht steht **Dimbola Lodge** 6 (Tel. 019 83/75 68 14, www.dimbola.co.uk, April–Okt. tgl. 10–17, Nov.–März Di–So 10–16 Uhr, letzter Einlass jeweils 30 Min. vor Schließung), das Haus von *Julia Margaret Cameron* (1815–1879), der herausragenden Fotografin des viktorianischen Zeitalters und Großtante Virginia Woolfs. Cameron illustrierte Alfred Lord Tennysons ›*Idylls of the King*‹, das vom Geist des Sagenkönigs Artus inspirierte Werk ihres Dichterfreunds, der

nur wenige hundert Meter entfernt im Landhaus von *Farringford* lebte. Als Meisterin der *Soft-Focus-Technik*, des Wechselspiels von Schärfe und Unschärfe beim Herausarbeiten der Charakteristika eines Gesichts, hinterließ Cameron einzigartige Porträtaufnahmen. Neben ihren Bildern sind in Dimbola Lodge *Wechselausstellungen* internationaler Fotografen sowie eine Sammlung historischer Kameras zu sehen.

Von der Freshwater Bay ist die Westspitze der Isle of Wight auf einem schönen Fußweg zu erreichen. Wie der Rückenpanzer eines von der Sonne der Jahrmillionen ausgeblichenen Stegosaurus ragen dort die Kalkklippen **The Needles** 7 aus dem Meer – und Saurierknochen hat man auf der Isle of Wight übrigens tatsächlich gefunden.

In 22 Farben leuchten die Sandklippen der im Norden der Needles gelegenen **Alum Bay** 8, ein buntes Kaleidoskop der Erdgeschichte. Von den Mauern des **Yarmouth Castle** 9 (EH, Tel. 019 83/ 76 06 78, April–Okt. Mi–So 10–16 Uhr), eines Küstenforts Henrys VIII., schweift der Blick schon hinüber in die grüne Weite des *New Forest* jenseits des Solent.

Die Sandklippen bewundern oder doch lieber baden: Beides ist möglich an der Alum Bay

Praktische Hinweise

Information

Newport Visitor Information Point, Bus Station, Newport

Ryde Visitor Information Point, Bus Station, Ryde Esplanade,

Yarmouth Visitor Information Point – Bus Terminal, The Quay, Yarmouth

Seasons, 8-10 High Street, Ventnor

Isle of Wight Council's Call Centre, Tel. 019 83/81 38 13, www.islandbreaks.co.uk

Fähren

Hovertravel, Quay Road, Ryde, Tel. 084 34/87 88 87, www.hovertravel.co.uk. Zwischen Portsmouth/Southsea und Ryde verkehren in der Saison etwa alle 30 Min. Hovercrafts.

Red Funnel Services, 12 Bugle Street, Southampton, Tel. 08 44/844 99 88 (im Land), Tel. 08 45/155 24 42 (vom Ausland), www.redfunnel.co.uk. Verbindung

Southampton–Cowes mit Personen- und Autofähren.

Wightlink, Portsmouth, Tel. 08 71/376 10 00 (im Land), Tel. 023/92 85 52 30 (vom Ausland), www.wightlink.co.uk. Autofähren Portsmouth–Fishbourne und Lymington–Yarmouth sowie Personenfähren Portsmouth–Ryde.

Hotels

*****Farringford**, Bedbury Lane, Freshwater Bay, Tel. 019 83/75 25 00, www.farringford.co.uk. Im einstigen Landhaus Alfred Lord Tennysons kann man heute gepflegt nächtigen, mit ausgezeichnetem Restaurant (im Winter geschlossen).

******The Royal**, Belgrave Road, Ventnor, Tel. 019 83/85 21 86, www.royalhoteliow.co.uk. Dieses noble Hotel mit sehr gutem Restaurant diente schon Queen Victoria als Gästehaus.

*****Seaview**, The High Street, Seaview, Tel. 019 83/61 27 11, www.seaviewhotel.co.uk. 28-Zimmer-Hotel in dem ruhigen Örtchen Seaview nahe am Meer. Sehr gutes Restaurant und modernes Bistro.

Restaurants und Pubs

The Chequers Inn, Rookley, Tel. 019 83/84 03 14, www.chequersinn-iow.co.uk. *Das* Traditionspub im Zentrum der Insel. Umfangreiche Speisekarte.

Fox's, High Street, Bembridge, Tel. 019 83/87 26 26. Wohletabliertes Restaurant an der Ostspitze der Insel, das besonders auf seine Lammgerichte und Meeresfrüchte wie Krabben und Hummer stolz ist (Mo geschl.).

The Spyglass Inn, Esplanade, Ventnor, Tel. 019 83/85 53 38, www.thespyglass.com. Charaktervolles Pub mit außergewöhnlicher Speisekarte, auf der auch Krebse und Hummer zu finden sind.

The Wight Mouse Inn, Chale, Tel. 019 83/73 04 31, wightmouse.co.uk. Das Landgasthaus aus dem 17. Jh. bietet viel Atmosphäre und allabendliche Livemusik. Ferner gibt es sechs *Real Ales* und über 300 Sorten Whisky.

24 New Forest

TOP TIPP

Idyllisches Gebiet für Wanderer, Radler und Reiter.

Es war William der Eroberer, der das 375 km^2 große Gebiet des New Forest, zwischen dem Fluss Avon und Southampton gelegen, zum Jagdgebiet des Königs erklärte. Mit dem Begriff *Forest* bezeichnete man damals noch Jagdreservate der Krone und nicht Waldgebiete. Auch heute trifft die Bezeichnung Wald nur in eingeschränktem Maße auf den New Forest zu, denn sein Baumbestand wurde seit dem Mittelalter arg dezimiert. Für den Bau von Häusern, Burgen und Schiffen benötigte man Holz in großer Menge. Die ausgedehnten Heide- und Weideflächen, die so entstanden, werden nun vor allem von Schafen und den berühmten *New Forest Ponies* bevölkert, in den abgelegeneren Regionen sind Rotwild und Wildschweine zu finden.

Filmstar im National Motor Museum – für einen James-Bond-Streifen kreiertes Sondermodell

Der New Forest ist eines der großen **Wandergebiete** Südenglands, auch Radler und Pferdefreunde kommen hier natürlich auf ihre Kosten. Verwaltungszentrum ist die Kleinstadt **Lyndhurst** im nördlichen Teil. Im *Visitor Centre* des Ortes kann man sich mit dem nötigen Kartenmaterial versorgen. Ausgangspunkt besonders schöner Touren sind das südlich von Lyndhurst an der A 337 gelegene *Brockenhurst* sowie **Bucklers Hard** in der Südostecke des New Forest. In den Ziegelreihenhäusern dieses Städtchens lebten einst die Arbeiter, die hier zur großen Zeit des Segelschiffbaus vom ersten Drittel des 18. Jh. bis Mitte des 19. Jh. auf einer der bedeutendsten Werften des Landes beschäftigt waren.

Entlang des Beaulieu River kann man 4 km weit durch Eichenwälder bis zur Ortschaft **Beaulieu** spazieren: Hier ist der Forest auch tatsächlich ein Wald im üblichen Sinn. Am ›schönen Ort‹ gründeten Zisterziensermönche im Hochmittelalter (1204) eine Abtei, die jedoch die Wirren der Reformation nicht überstand. Und bis heute sind Ruhe und Besinnlichkeit noch nicht wieder eingekehrt. Denn wo Henry VIII. die Kirchenmauern abreißen ließ, gründete Lord Montagu 1951 das **National Motor Museum** (Tel. 015 90/61 23 45, www.beaulieu.co.uk, Juni–Sept. tgl. 10–18, Okt.–Mai tgl. 10–17 Uhr), eine der 20 touristischen Hauptattraktionen Großbritanniens – wenn man die Besucherzahlen zum Maßstab nimmt. Mehr als 250 Oldtimer, Rennwagen, berühmte Filmautos, Motorräder und Lastwagen sind hier ausgestellt und locken Jahr für Jahr etwa 400 000 Menschen nach Beaulieu.

Schlicht und ergreifend schön – auf den Wiesen der Domfreiheit

Praktische Hinweise

Information

Lyndhurst Visitor Information Centre, Main Car Park, Lyndhurst, Tel. 023/80 28 22 69, www.thenewforest.co.uk

Hotels

****The Pig**, Beaulieu Road, Brockenhurst, Tel. 015 90/62 23 54, www.thepighotel.co.uk. Landleben, wie es schöner nicht sein könnte: 26 gemütliche Zimmer mit Kamin und Waldblick, das Restaurant serviert feinste Regionalküche, das Hotel arrangiert u. a. Events wie Wanderreiten und Fliegenfischen.

Cloud, Meerut Road, Brockenhurst, Tel. 015 90/62 21 65, www.cloudhotel.co.uk. Man braucht nur einen Fuß vor die Tür des leuchtend weißen Hauses (16 Zi.) zu setzen, schon befindet man sich auf dem Wanderpfad.

Reepham House, 12 Romsey Road, Lyndhurst, Tel. 023 80/28 30 91, www.reephamhouse.co.uk. Vier große Zimmer in einem hübschen viktorianischen Haus am Rand des Ortes.

Restaurant

California Wine Country Restaurant, 174 Woodlands Road, Netley Marsh, New Forest, Tel. 023 80/29 37 84, www.hotelterravina.co.uk. Mit dem Hotelrestaurant hat sich Spitzensommelier Gérard Basset einen Traum erfüllt: ein vorzüglicher Weinkeller und beste (Bio-)Küche in einer herrlichen Naturlandschaft.

The Mill at Gordleton, Silver Street, Hordle, Tel. 015 90/68 22 19, www.themillatgordleton.co.uk. In einer ehemaligen Mühle aus dem 17. Jh. mit prachtvollem Garten 5,5 km nordwestlich von Lymington ist ein vorzügliches Restaurant mit kleinem Hotel (7 Zi.) zu finden. Provenzalische Küche auf höchstem Niveau.

Auf beinahe 170 m Länge fächert sich das Gewölbe der Kathedrale von Winchester auf

Pub

The Green Dragon, Brook, Tel. 023 80/81 33 59. Strohgedecktes Pub aus dem 15. Jh. mit Gästezimmern und Garten in einem kleinen Ort an der B 3079 im Nordteil des New Forest.

25 Winchester

Die Kathedrale in König Alfreds Hauptstadt.

Winchester, die Hauptstadt der Grafschaft Hampshire, war vom 9.–13. Jh. Kapitale von ganz England. Ihre Blütezeit erlebte die Stadt unter *Alfred dem Großen*, König der Angelsachsen, der 871–899 herrschte. Mit der normannischen Herrschaft über England begann der Niedergang Winchesters. Als im 13. Jh. die Münze an die Themse verlegt wurde, hatte das größere London der alten Hauptstadt endgültig den Rang abgelaufen.

TOP TIPP Auf den Wiesen der parkähnlichen Domfreiheit im Zentrum der Stadt erhebt sich **Winchester Cathedral** 1 (Tel. 019 62/85 72 00, www.winchester-cathedral.org.uk, Besichtigung: Mo–Sa 9.30–17, So 12.30–15 Uhr). Im Vergleich zu den großen Gotteshäusern von Can-terbury oder Wells wirkt die **Westfassade** [1] (zweite Hälfte 14. Jh.) der Kathedrale mit dem neunbahnigen Fenster und den achteckigen Türmchen zu beiden Seiten des Hauptschiffs eher schlicht.

Der hl. Nikolaus stand Pate für das Taufbecken von Winchester Cathedral

Der **Vierungsturm** [2] ist niedrig und stumpf. Die Kathedrale in ihrer heutigen Form wurde ab dem Jahr 1079 auf kreuzförmigem Grundriss errichtet. Der Bau, der erst in der zweiten Hälfte des 15. Jh. abgeschlossen wurde, betont die Horizontale. Der feuchte Untergrund ließ die Errichtung hoher Türme oder Kirchenschiffe ohnehin nicht zu. Zu Beginn des 20. Jh. musste Winchester Cathedral sogar durch ein neues Fundament aus Beton und Ziegeln abgestützt werden.

So kunstlos Winchester Cathedral auf den ersten Blick erscheint, so sehr wird der Besucher von der Wirkung des **Innenraums** ergriffen. Wie das Rückgrat eines riesigen Fisches zieht sich das **Perpendicular-Gewölbe** über zwölf Joche durch das Langhaus – mit ihren 170 m ist die Kathedrale die längste mittelalterliche Kirche in Europa. Im **nördlichen Seitenschiff** [3] befinden sich Grab und Gedenkfenster *Jane Austens* (1775–1817), der Autorin so berühmter Romane wie ›*Emma*‹, ›*Sinn und Sinnlichkeit*‹ oder ›*Stolz und Vorurteil*‹, die in Winchester starb. Südlich des sechsten Jochs der Nordwand ist eine Kostbarkeit hochmittelalterlicher Steinmetzkunst zu bewundern. Das **Taufbecken** [4] aus schwarzem Tournai-Marmor zeigt Szenen aus dem Leben des hl. Nikolaus. Am **Chor** [5] entlang geht es ins **nördliche Querschiff** [6], mit seinen Rundbögen und Würfelkapitellen ebenso wie das südliche noch aus frühnormannischer Zeit stammend. Die Fenster der **Dreikönigskapelle** [7] wurden 1909 vom Maler und Architekten William Morris gestaltet. Die Wandmalereien (um 1230) der **Kapelle des hl. Grabes** [8] zeigen u. a. die *Verkündigung Mariä*, *Christi Geburt* und *Grablegung*. Zeugnis von der Holzschnitzkunst vergangener Jahrhunderte legen das prachtvolle *Fächergewölbe* des Vierungsturms (1635–40, Entwurf von Inigo Jones) und die *Miserikordien* des Chorgestühls (ca. 1308) ab, die Stützen an der Unterseite der Klappsitze.

In bunt bemalten Holzsarkophagen auf dem **Lettner** [9] im Chor ruhen die Gebeine sächsischer Monarchen, der Könige von Wessex, deren Grablege ab dem 7. Jh. zwei Vorgängerbauten der heutigen Kathedrale waren, die nördlich des heu-

Winchester Cathedral

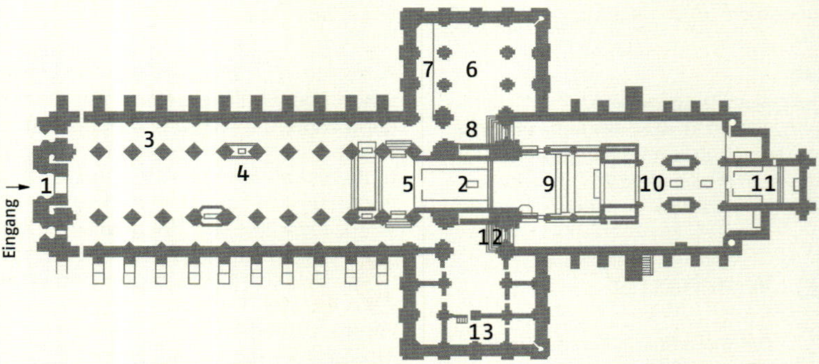

1 Westfassade
2 Vierungsturm
3 Nördl. Seitenschiff
4 Taufbecken
5 Chor
6 Nördl. Querschiff
7 Dreikönigskapelle
8 Kapelle des hl. Grabes
9 Lettner
10 Retrochor
11 Marienkapelle
12 Krypta
13 Dombibliothek

In Winchesters Zentrum steht die 1871 in neugotischer Formensprache errichtete Guildhall

tigen Langhauses standen. Im **Retrochor** [10], ebenso wie die **Marienkapelle** [11] vom Ende des 12. bis zur Mitte des 13. Jh. im Early English Style errichtet, ist die größte erhaltene Fläche mittelalterlicher *Fußbodenkacheln* zu sehen.

Trotz aller Bemühungen wird die **Krypta** [12] auch heute noch von Wassereinbrüchen heimgesucht. Das hinderte den Bildhauer Antony Gormley 1986 aber nicht daran, in dem normannischen Gewölbe die lebensgroße Bleifigur *Sound II* aufzustellen. Sie verleiht dem stillen Ort eine besondere Würde.

Im Mittelalter war Winchester eines der Zentren der europäischen *Buchmalerei* – und mit der Bibel, deren Gestaltung Bischof Henry of Blois um die Mitte des 12. Jh. in Auftrag gab, erreichte diese Kunst ihren Höhepunkt. In Pflanzenfarben und Blattgold erstrahlen die Initialen der **Winchester Bible** in der **Dombibliothek** [13] mit ihren 3000 wertvollen Büchern im südlichen Querschiff.

Die College Street trennt die Domfreiheit vom südlichen **Winchester College** 2 (Tel. 019 62/62 12 09, www.winchestercollege.org, Führungen: Mo/Mi/Fr/Sa 10.45, 12, 14.15, 15.30, Di/Do 10.45, 12, So 14.15 und 15.30 Uhr). Das Gelände ist von einer hohen Feuersteinmauer umgeben. Diese *Public School* ist die älteste Privatschule Englands, sie wurde 1382 von Bischof William of Wykeham gestiftet. Die meisten Gebäude auf dem Campus sind jedoch jüngeren Datums, der Komplex wurde z. B. ab Ende des 19. Jh. nach Süden hin erweitert. Bis auf den heutigen Tag ist Winchester College eine der prestigeträchtigsten Bildungseinrichtungen des Landes geblieben – und erhalten hat sich auch die Sitte der Schüler, ihre Namen in die Säulen des *Kreuzganges* zu ritzen.

In östlicher Richtung führt die College Street an den Ruinen von **Wolvesey Palace & Castle** 3 (EH, Tel. 023 92/37 82 91, April–Okt. tgl. 10–17 Uhr) vorbei, den Überresten zweier befestigter Bischofsresidenzen des 12. bzw. 17. Jh. Wolvesey Palace wurde von *Christopher Wren* aus den Steinen des benachbarten mittelalterlichen Castle errichtet – und im 19. Jh., nachdem der Bischofssitz nach Farnham südwestlich von London verlegt worden war, weitgehend abgerissen.

Die Straße überquert den *Itchen*, an dem entlang ein schöner Spazierweg zum etwa 1 km südlich gelegenen **Hospital St. Cross** 4 (Tel. 019 62/85 13 75, stcrosshospital.co.uk, April–Okt. Mo–Sa 9.30–17, So 13–17, Nov.–März Mo–Sa

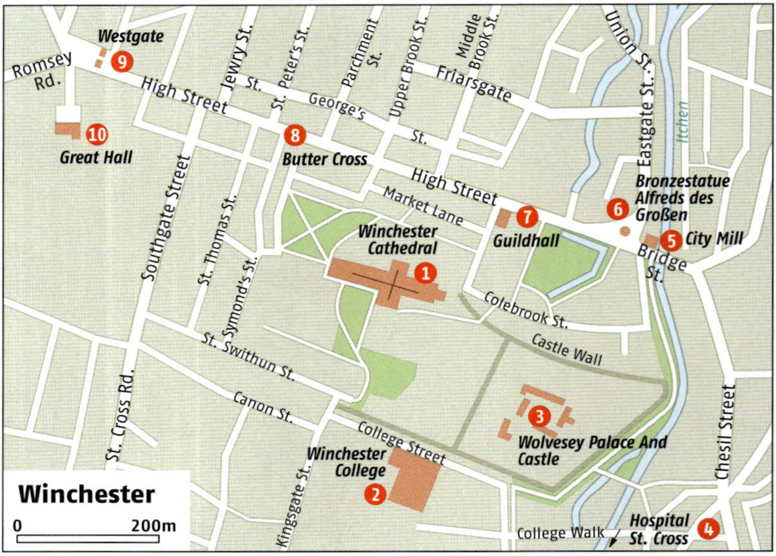

10.30–15.30 Uhr) führt. Bischof Henry of Blois gründete dieses älteste Armenhaus Englands 1136. 1446 wurde die Einrichtung um den *Order of Noble Poverty* erweitert, einen Orden für verarmte Adlige, dem damals 25 Mitglieder beitraten. Den mittellosen Aristokraten oblag die Speisung der Ärmsten der Armen, die an der Tür des Hospitals um ›a horn of beer and a crust of bread‹ ersuchen konnten, ein Almosen, das auch heutigen Besuchern von *Kirche* (zweite Hälfte des 12. Jh.) und *Speisesaal* zusteht. Der Wohntrakt der Ordensbrüder, heutzutage Altersheim, ist nicht zugänglich.

Auf gleichem Weg geht es in die Stadt zurück, ein Stück weiter am Fluss entlang bis zur City Bridge. Hier überspannt die **City Mill** 5 (NT, Tel. 019 62/87 00 57, tgl. 10–17) den Itchen. An dieser Stelle ist bereits im 11. Jh. eine Mühle des Benediktinerinnenklosters Wherwell erwähnt. Heute drehen sich die Räder ihres Nachfolgers von 1743 im Wasser. Eine interessante Ausstellung informiert sowohl über Geschichte und Technik der Mühle als auch über den Fluss. Bevor es weitergeht, kann man sich im Garten auf der Flussinsel etwas ausruhen.

Neben der Mühle steht seit 1901 die **Bronzestatue Alfreds des Großen** 6. In würdevoller Pose und mit erhobenem Schwert, eine Hand auf dem Schild, schaut er die Broadway und High Street hinauf. Vorbei an der viktorianischen **Guildhall** 7, dem früheren Rathaus, in dessen Erdgeschoss sich nun die Touristeninformation befindet, gelangt man zum **Butter Cross** 8, einem gotischen Marktkreuz aus dem 15. Jh., zu dessen Figurenprogramm u. a. Bischof Wykeham und König Alfred gehören. Ein Stück weiter die High Street hinauf kommt schon das **Westgate** 9 (Tel. 019 62/86 98 64, April–Okt. Sa 10–17, So 12–17 Uhr) in Sicht, ein Stadttor aus dem 13. Jh., das im 17. Jh. als Schuldturm diente und heute ein kleines Museum zum Thema *Maße und Gewichte* beherbergt.

Hier wendet man sich nach links. Wo heute die modernen Bauten der Grafschaftsverwaltung stehen, befand sich einst *Winchester Castle*, eine Burg, die Henry III. im 13. Jh. errichten und Oliver Cromwell nach dem Bürgerkrieg zerstören ließ, da sie der Belagerung der von ihm geführten Parlamentstruppen für seinen Geschmack zu lange standgehalten hatte. Verschont blieb nur die **Great Hall** 10 (Tel. 019 62/84 64 76, www.hants.gov.uk/greathall, tgl. 10–17 Uhr), ein *Double Cube Room* (55 Fuß breit, 55 Fuß hoch und 110 Fuß lang), der nun wieder dem Andenken eines Königs gewidmet ist. An der westlichen Stirnwand hängt *King Arthur's Round Table*, angeblich der Tisch der Ritter der Tafelrunde, doch wissenschaftliche Analysen haben ergeben, dass er höchstens 600 Jahre alt ist. *Queen Eleanor's Garden*, ein 1986 nach mittelalterlichen Vorbildern angelegter stimmungsvoller Kräutergarten, schließt sich im Süden an.

Praktische Hinweise

Information

TIC, Guildhall, High Street, Winchester, Tel. 019 62/84 05 00, www.visitwinchester.co.uk

Hotels

*****St. John´s Croft**, St. John´s Street, Tel. 019 62/8 59 976, www.st-johns-croft.co.uk. Schönes Queen-Anne-Haus mit drei großen Zimmern und Garten, eingerichtet im gemütlichen Shabby-Chic-Style.

*****Winchester Royal**, St. Peter Street, Winchester, Tel. 019 62/84 08 40, www.thewinchesterroyalhotel.co.uk. Die ehemalige Bischofsresidenz ist seit fast 150 Jahren Hotel (75 Zi.). Wenige Schritte von High Street und Kathedrale entfernt, in ruhiger Seitenstraße. Das exzellente Restaurant serviert britische Küche mit französischem Touch.

*****The Wykeham Arms**, 75 Kingsgate Street, Winchester, Tel. 019 62/85 38 34., www.fullershotels.com. Kleines (14 Zi.) traditionelles *Inn* aus dem 18. Jh., ganz im Stil jener Zeit ausgestattet. Mit schönem Garten und sehr gutem Restaurant.

Restaurants

Hotel du Vin & Bistro, 14 Southgate Street, Winchester, Tel. 08 44 74/892 67, www.hotelduvin.com. Beliebtes, stimmungsvolles Weinbistro, hervorragende Gerichte; mit Hotel.

La Place Bistro & Froggies Bar, 9 Great Minster Street, Winchester, Tel. 019 62/86 40 04, www.laplacebistro.co.uk. Im Erdgeschoss gibt es eine Bar, im ersten Stock ein Bistro mit britischer und internationaler Küche (tgl. ab 11 Uhr).

26 Salisbury

Die zum Himmel strebende Kathedrale.

Die Keimzelle der Besiedlung der weiten Ebene, Salisbury Plain, bildete ursprünglich nicht Salisbury selbst, sondern das 3 km nordwestlich der heutigen Hauptstadt von Wiltshire gelegene **Old Sarum Castle** (EH, Tel. 017 22/33 53 98, April–Juni/ Sept. tgl. 10–17, Juli/Aug. tgl. 9–18, Okt. – März tgl. 10–16 Uhr), eine eisenzeitliche Hügelfestung. In späteren Jahrhunderten nutzten sie Römer und Sachsen. 1003 widerstand sie einem Wikingerangriff. Als die Normannen 1069 Old Sarum übernahmen, errichteten sie innerhalb des doppelten Erdwalls eine Burg und 1078 eine Kathedrale. Die eine ist heute eine Ruine, die andere noch in ihren Fundamenten zu sehen. Als es in der alten Siedlung immer enger, die Wasserversorgung der Bewohner immer schwieriger und das Verhältnis zwischen geistlichen Herren und Garnisonskommandanten immer schlechter wurde, befahl Bischof Richard Poore 1220 schließlich, eine neue Stadt am Fuß des Hügels zu errichten.

Salisburys schachbrettartiger Grundriss des 13. Jh. ist vor allem östlich des großen **Marktplatzes** noch gut erhalten,

Hotels und Cafés säumen den großzügigen Marktplatz von Salisbury

Early English in Vollendung: im Langhaus von Salisbury Cathedral

Eroberung der Vertikalen

Die normannische Eroberung des Jahres 1066 bedeutete für England auch einen gewaltigen kulturellen Umbruch. Den Soldaten folgte der Klerus, und die normannischen Bischöfe ließen angelsächsische Kirchen abreißen und von ihren eigenen Baumeistern neue errichten. Was in England als **Norman Style** bezeichnet wird, entspricht also größtenteils dem romanischen Baustil des Kontinents.

Die Machtverhältnisse stabilisierten sich im Laufe der nächsten Jahrzehnte, Architektur brauchte nicht mehr als Ausdruck von Differenz und Überlegenheit herzuhalten. Man riss nicht mehr ab, sondern baute an und aus, sodass die meisten gotischen Kathedralen Englands normannische Reste bewahren.

Mit der Verbesserung der Steinbearbeitungstechnik sah man sich zu Beginn des 12. Jh. in der Lage, die althergebrachten Elemente des **Norman** zu variieren. Die großen Rundbögen wurden gebrochen, liefen spitz zu, und Strebebögen nahmen den nun schlankeren Säulen das Gewicht der in die Höhe strebenden Gewölbe ab. Diese frühe Epoche der Gotik nennt man **Early English**.

Vor allem die Stabilität des dunklen, glänzenden Purbeck-Marmors [s. S. 68] kam der Linienführung der Gotik entgegen. Man konstruierte kunstvolle Scheitelgewölbe, deren Rippen an Zahl immer mehr zunahmen. Die Kapitelle der Säulen wurden von den Steinmetzen mit besonderer Sorgfalt gestaltet und häufig mit üppigen Pflanzenornamenten verziert. Dementsprechend wird die zweite Phase der Gotik **Decorated Style** (um 1300–1350) genannt. In jener Epoche wurden an die meisten Kathedralen im Osten Marienkapellen angebaut, die Kirchenschiffe zweigeschossig aufgeführt, mit größeren Fenstern auch in den Obergaden, wodurch die wunderschön bemalten Schlusssteine der Gewölbe gut zur Wirkung kamen.

Die Stilepoche des **Perpendicular** ist als Reaktion auf die Verspieltheit des **Decorated** zu verstehen. Klare senkrechte Linien herrschen jetzt vor, Säulenbündel ragen auf und setzen sich in Fächergewölben fort. In den Seitenschiffen entstehen große rechteckige Kapellen. Dieser Stil lässt sich in Reinform vor allem in den Pfarrkirchen des späten 14. Jh. erkennen, die von wohlhabenden Kaufleuten und Händlern finanziert wurden, so etwa in den zahlreichen **Wool Churches** des Südens. Üppige Verzierungen finden sich meist an Bänken und Chorgestühl.

Diese große Blütezeit des englischen Kathedralenbaus sollte im ersten Drittel des 16. Jh. zu Ende gehen.

den zahlreiche Geschäfte und Cafés säumen. Einige Schritte von seiner Südostecke entfernt steht das gotische **Poultry Cross**, das einzig erhaltene der ursprünglich vier Marktkreuze, an dem früher Geflügel verkauft wurde. Auch heute noch ziehen die traditionsreichen *Wochenmärkte* Salisburys, das durch Tuch- und Wollhandel zu Wohlstand kam, jeden Dienstag und Samstag viele Besucher an.

Durch die High Street gelangt man zu dem im Perpendicular Style errichteten **North Gate**, dem wichtigsten der vier Tore zum *Cathedral Close*, der größten Domfreiheit Englands.

Ein Rechteck aus Häusern des 14.–18. Jh. umgibt in angemessenem Abstand **Salisbury Cathedral** (Tel. 01722/555120, www.salisburycathedral.co.uk, Mo–Sa 9–17, So 12–16 Uhr). Aus hellem Chilmark-Kalkstein in nur 60 Jahren errichtet, ist der Bau mit seiner skulpturengeschmückten Westfassade Zeugnis des *Early English Style*. Nur der Vierungsturm, mit 123 m der höchste Kirchturm Englands, kam 1330 hinzu. Im Inneren – das Hauptschiff ist mit 25 m ebenso hoch wie breit – herrschen frühgotische Harmonie und eine einzigartige Einheit von Raum und Zeit: 8760 schlanke Säulen aus schwarzem Purbeck-Marmor, für jede Stunde des Jahres eine, ragen auf. Eine der ältesten Uhren Europas, 1386 im Glockenturm installiert, zeigt, da der Turm 1790 abgerissen wurde, nun im nördlichen Seitenschiff die Zeit an, funktionstüchtig wie eh und je.

Der an der Südwestseite der Kathedrale anschließende **Kreuzgang** wurde ebenso wie das benachbarte **Kapitelhaus** (April–Okt. Mo–Sa 9.30–16.30, So 12.45–15.45, Nov.–März Mo–Sa 10–16.30, So 12.45–15.45 Uhr) nach dem Vorbild von Westminster Abbey in London gestaltet. Im Kapitelhaus wird eines der vier Originale der *Magna Charta* aufbewahrt, des Vertrags, mit dem König John 1215 Adelsprivilegien schriftlich garantierte. Mit seinen vierbahnigen Fenstern, der Mittelsäule und der Rosette des Fächergewölbes wirkt das achteckige Gebäude wie ein steinernes Juwel, der kostbarste Ausdruck des großen Gedankens, der Salisbury Cathedral zugrunde liegt.

Eine palladianische Brücke über einem englischen Flüsschen: im Park von Wilton House

Praktische Hinweise

Information

TIC, Fish Row, Salisbury, Tel. 01722/34286, www.visitsalisbury.com

Hotels

***__Best Western Red Lion Hotel__, Milford Street, Salisbury, Tel. 01722/323334, www.the-redlion.co.uk. Seit dem 13. Jh. wohnen hier im Zentrum von Salisbury Gäste – im ältesten als Hotel (51 Zi.) gebauten Haus des Landes.

***__Howard's House Country Hotel__, Teffont Evias, Teffont, Tel. 01722/716392, www.howardshousehotel.com. Ruhiges, über 300 Jahre altes Hotel (9 Zi.) in einem Dorf 17 km westlich von Salisbury. Der Garten und das ausgezeichnete Restaurant (außer So nur *Dinner*) lohnen den Umweg.

***__Old Mill__, Town Path, Harnham, Tel. 01722/327517, www.simonandsteve.com. Die Mühle (11 Zi.) aus dem 12. Jh. liegt in idyllischer Umgebung am Fluss Nadder 2 km südwestlich von Salisbury und bietet ihren Gästen ein Restaurant und ein eigenes Angelrevier.

Restaurants

Squires Restaurant, 1 St. John Street, Tel. 01722/327476, www.mercure.com. Das Restaurant des Mercure White Hart Hotels serviert britische Küche auf hohem Niveau in stilvollem Rahmen.

The Refectory Restaurant, Salisbury Cathedral, Tel. 01722/555175,

www.salisburycathedral.co.uk. Vom Frühstück bis zur *Teatime* kann man im einstigen Refektorium den fantastischen Blick durch das Glasdach auf die Kathedrale genießen, dazu frische Speisen und Kuchen (Mo–Sa 9.30–17.30, So bis 17 Uhr).

Pub

The Market Inn, Butcher Row, Salisbury, Tel. 01722/327923, www.market-inn.co.uk. Traditioneller Pub am Marktplatz mit Restaurant im ersten Stock. Im Sommer Tische im Freien.

27 Wilton House

Große Kunst in prachtvollem barockem Rahmen.

Mitte des 17. Jh. errichtete Inigo Jones für seinen Auftraggeber, den 4. Earl of Pembroke, Wilton House (Tel. 01722/746720, www.wiltonhouse.com, Mai–Aug. So–Do 11.30–16.30, Gärten: 23. März–7. April und 4. Mai–15. Sept. tgl. 11–17.30 Uhr). Es steht 5 km westlich von Salisbury auf den Fundamenten eines Tudor-Hauses, das einem Brand zum Opfer gefallen war. Hinter der recht schlichten Fassade des Hauses erwartet den Besucher die Verbindung von barocker Üppigkeit der Ausstattung mit geradezu exemplarisch vorexerziertem Gespür für Maß und Zahl, Raum und Proportion. So schmücken Gemälde von *Anthonis van Dyck* (1599–1641) die weißlackierten, fichtenholzgetäfelten Wände des **Double Cube Room** (30 Fuß hoch und breit, 60 Fuß lang). Blattgold schimmert auf Möbeln und den Früchte- und Blumengirlanden, die sich bis unter die Decke mit ihren mythologischen Gemälden ranken – ein barockes Arkadien, bestehend aus sieben Staatsgemächern. Zum Idealbild einer Zeit schaut man im **Single Cube Room** (30 Fuß lang) auf. Das Deckengemälde zeigt Szenen aus Sir Philip Sidneys Romanze ›*Arcadia*‹, 1580 im Tudor-Haus von Wilton begonnen, in dem die größten *Dichter* ihrer Zeit ein und aus gingen: Ben Jonson, John Donne und vermutlich auch Shakespeare, dessen erste Folio-Werkausgabe William und Philip, den Söhnen des Earl of Pembroke, gewidmet ist.

Die Familie wurde nicht nur mit literarischen Werken bedacht, sie sammelte auch **Gemälde**. So sind in Wilton House

u.a. Bilder von Rembrandt, Frans Hals, Rubens und Sir Joshua Reynolds zu sehen sowie die 55 Gouachen der Pferde der Spanischen Hofreitschule, 1755 vom Reitlehrer Kaiser Franz' I., Baron Reis von Eisenberg, gemalt. Doch auch die Pembrokes selbst haben der Nachwelt ein Kunstwerk hinterlassen, eine **Brücke** im palladianischen Stil, 1737 vom 9. Earl entworfen. Klassizistisch-wohlproportioniert überspannt sie den Fluss Nadder im Park von Wilton House.

28 Stonehenge

TOP TIPP

Der berühmteste Steinkreis der Welt.

Spekulationen und Sagen ranken sich um Stonehenge (EH, Tel. 0870/3331181 und 01722/343830, www.stonehengevisitorcentre.org, Mitte März–Mai und Sept.–Mitte Okt. 9.30–18, Juni–Aug. 9–19, Mitte Okt.–Mitte März 9.30–16), die rund 5000 Jahre alte *neolithische Kultstätte* unweit der A303 nördlich von Salisbury. Über ihre Geschichte konnten die Wissenschaftler inzwischen einiges in Erfahrung bringen, die Bedeutung der Monolithen bleibt aber umstritten.

In einer ersten Bauphase vor rund 5000 Jahren wurde ein äußerer Wall aufgeschüttet, dahinter ein Graben ausgehoben und im Inneren der Anlage ein Kreis

Wolkenverhangen: Die Geschichte von Stonehenge liegt größtenteils im Dunklen

von 56 Löchern angelegt. Die Archäologen fanden hier Holzreste und menschliche Asche. Vor den nordöstlichen Zugang des Walles wurde der **Heel Stone**, der Sonnenstein (griech. *helios*), gesetzt. Vor etwa 4500 Jahren begann man innerhalb des Walls mit der Aufstellung einer Doppelreihe von etwa 2 m hohen und 4 t schweren **Bluestones**, Basaltsteinen, die man vermutlich auf Schlitten aus den 350 km entfernten walisischen *Prescelli Hills* herbeischaffte. An der englischen Küste entlang und dann den Avon hinauf wurden die Steine transportiert.

Etwa 200 bis 300 Jahre später richtete man – vermutlich mithilfe langer Stangen – die 30 (heute stehen noch 17) im Schnitt 4 m aufragenden und 25 t schweren **Sarsens** des äußeren Rings auf, Sandsteinfindlinge aus den *Marlborough Downs*, 30 km nördlich von Stonehenge. 7 t schwere **Hanging Stones**, Decksteine, denen Stonehenge seinen Namen verdankt und die man mithilfe von Holzgerüsten zentimeterweise in die Höhe wuchtete, platzierte man auf den Sarsen.

Im Inneren der beiden Steinkreise sind in Hufeisenform fünf **Trilithen** angeordnet, jeweils zwei stehende Steine mit einem Deckstein. Im Zentrum der Anlage befindet sich schließlich ein großer **Altarstein**.

Von Nordosten führt der sog. **Prozessionsweg** in den Kreis, ursprünglich durch den Heel Stone sowie drei Portalsteine markiert, von denen nur noch einer, der **Slaughter Stone**, Opferstein, erhalten ist.

Außerhalb des Walles fand man über 300 Hügelgräber aus der Mitte des 2. Jt. v. Chr., deren erhaltene Beigaben darauf schließen lassen, dass Stonehenge zu jener Zeit die Grabstätte der Fürsten der sogenannten Wessex-Kultur war.

Am Morgen des **21. Juni** geht die Sonne, vom Altarstein aus gesehen, genau über dem Heel Stone auf. Der Prozessionsweg folgt dieser Achse. Die Position des Sonnenaufgangs zur Wintersonnwende wird vom zentralen Trilithen markiert – Stonehenge diente also wohl als präziser astronomischer Kalender und war wahrscheinlich Zentrum eines Sonnenkultes. Alles andere sind Spekulationen, die freilich auch 3600 Jahre nach dem Niedergang der Stätte um die Steine wallen und wabern wie die Gewänder verzückter New-Age-Druiden, deren keltische Vorgänger mit diesem Ort ganz sicher nichts zu tun hatten.

Wegen rigoroser Absperrungen können Besucher (es sind etwa 800 000 im Jahr) den Steinkreis nur noch aus der Ferne betrachten bzw. mit Abstand umrunden. Ein direkter Zugang ist nicht möglich. Seit Jahrzehnten wird darüber gestritten, wie eine Umgestaltung aussehen könnte, um der Würde des Ortes

Ein Sandstrand wie am Mittelmeer. In Bournemouth ist er sogar mehrere Kilometer lang

besser gerecht zu werden. Derzeit brandet südlich der Fernverkehr auf der A303 vorbei, nördlich grenzt unmittelbar die A344 an. Eine Umverlegung der Straßen wird seit Jahren ebenso diskutiert wie ein neues Besucherzentrum, das die Anlage entlasten und die Forschungsergebnisse präsentieren soll.

29 Wimborne Minster

Eine diebstahlsichere Bibliothek.

So stolz waren die Bewohner der hübschen Kleinstadt nordwestlich von Bournemouth auf ihre Kirche, dass sie sich nach ihr benannten. Über vier Jahrhunderte, vom frühen 12. bis ins späte 15. Jh., und vier Stilepochen erstreckt sich die Baugeschichte des **Wimborne Minster** (Tel. 01202/884753, www.wimborneminster.org.uk, Mo–Sa 9.30–17.30, So 14.30–17.30 Uhr). Das Hauptschiff wird von normannischen Säulen getragen, die Fenster des Chores entstanden im Early English Style, Seitenschiffe und Krypta im Decorated Style, Obergaden und Westturm schließlich im Perpendicular.

Oberhalb der Sakristei befindet sich die *Chained Library* (Sommer meist 10.30–12.30 und 14–16, Winter Sa 10–12.30 Uhr), deren 450 Bände in Vitrinen oder mithilfe der Ketten, denen die Bibliothek ihren Namen verdankt, gegen allzu forsche Ausleiher geschützt sind. Zu den herausragenden Stücken der Sammlung gehören zum Beispiel ein Exemplar von Sir Walter Raleighs *Weltgeschichte*, wertvolle *Bibelausgaben* sowie griechische und römische Klassiker.

30 Christchurch, Bournemouth und Poole

Typisch britische Badevergnügungen am kilometerlangen Sandstrand.

Mit Bournemouth, der größten Stadt Dorsets, ist das 390 000 Ew. zählende **Christchurch** schon fast zusammengewachsen. Die Pfarrkirche **Christchurch Priory** (Tel. 01202/485804, www.christchurchpriory.org, Mo–Sa 9.30–17 und So 14.15–17.30 Uhr), 1094 begonnen, verfügt über kathedralenähnliche Ausmaße. Wie auf einer riesigen Schautafel lässt sich vor allem in den kunstvollen Verzierungen der *nördlichen Seitenfassade* normannische Baukunst studieren. Im Kircheninneren erwartet den Besucher mit dem großen *Altarretabel* eines der schönsten Bildwerke des *Decorated Style*, einer typisch englischen Ausprägung der Gotik vom Ende des 13. Jh.

Bournemouth, erst 1810 gegründet, liegt an einer auf beinahe 5 km Länge von Sandstrand gesäumten Bucht und ist daher seit Langem eine Hochburg sommerlichen Badevergnügens. Für Zerstreuung sorgen Spielhallen, Imbissbuden, Souvenirläden und die abendlichen Musik- und Comedy-Shows. Die Straßen dieses urbritischen Urlaubsorts bevölkern junge Leute aus aller Herren Länder, denn Bournemouth ist eines der *Sprachschulzentren* des Landes. Am Stadtrand der Nachbarstadt **Poole** liegen die Gärten von **Compton Acres** (Tel. 012 02/70 07 78, www.comptonacres.co.uk, (Karfreitag–Okt. tgl. 10–18, Nov.–März tgl. 10–16 Uhr, letzter Einlass jeweils 1 Stunde früher), die aus unterschiedlich gestalteten Einzelgärten bestehen, von denen niemals zwei zur gleichen Zeit eingesehen werden können. Der *Italienische Garten* besticht durch seine elegante Symmetrie, der *Fels- und Wassergarten* durch rustikale Brücken und Seerosenteiche, der *Japanische Garten* durch kleine Bachläufe und ein Teehaus.

Wer dem Ferientrubel entgehen will, sollte **Brownsea Island** (NT, Tel. 012 02/70 77 44, Boote von Poole Quay, Bournemouth Pier und Sandbanks April–Okt. tgl. 10–17 Uhr, Mitte Feb.–Ende März nur von Sandbanks Sa/So 10–16 Uhr) im großen Naturhafen von Poole aufsuchen. Die Insel wird vom National Trust verwaltet, der auch Exkursionen durch den unter Naturschutz stehenden Teil anbietet. Die Insel dient Seevögeln als Lebensraum und Brutgebiet. Hier traf sich 1907 die erste Pfadfindergruppe Englands.

In der Dorfkirche von Wareham wurde Lawrence von Arabien ein Grabdenkmal gesetzt

Praktische Hinweise

Information

TIC, 29 High Street, Wimborne, Tel. 012 02/88 61 16

TIC, Westover Road, Bournemouth, Tel. 08 45/051 17 00, www.bournemouth.co.uk

Christchurch Information Centre, 49 High Street, Christchurch, Tel. 012 02/47 17 80, www.visitchristchurch.info

Poole Welcome Centre, The Quay, Poole, Tel. 08 45/234 55 60, www.pooletourism.com

Hotels

*****Langtry Manor**, 26 Derby Road, East Cliff, Bournemouth, Tel. 012 02/55 38 87, www.langtrymanor.com. Das elegante Traditionshaus mit Garten bietet luxuriöse Zimmer und hervorragendes Essen.

*****The Connaught**, West Hill Road, West Cliff, Bournemouth, Tel. 012 02/29 80 20, www.theconnaught.co.uk. Mittelgroßes (56 Zi.), in Qualität und Preis gleichermaßen empfehlenswertes Best-Western-Hotel mit verschiedenen Wellness- und Fitnessangeboten.

*****Viewpoint**, 11 Constitution Hill Road, Poole, Tel. 012 02/73 35 86, www.viewpoint-gh.co.uk. Sehr hübsches kleines Gästehaus.

Restaurants

Bistro On The Beach, Solent Promenade, Southbourne Coast Road, Bournemouth, Tel. 012 02/43 14 73, www.bistroonthebeach.co.uk. Stilvolles Café in schöner

Ein Tor für Wind und Meer: Durdle Door auf der Isle of Purbeck

Lage am Wasser, das sich abends in ein preisgekröntes Bistro verwandelt.

Bournemouth Tandoori, 8 Holdenhurst Road, Bournemouth, Tel. 012 02/29 62 04. Ausgezeichnetes, alteingesessenes indisches Restaurant, dessen Spezialitäten, darunter die cremigen, milden Curries, sehr zu empfehlen sind.

Harry Ramsden's, East Beach, Undercliff Drive, Bournemouth, Tel. 012 02/29 58 18, www.harryramsdens.co.uk. Köstliche Fish 'n' Chips, gute Vorspeisen und verführerische Desserts – alles mit Meeresblick – bietet dieses beliebte Lokal.

Hotel du Vin Bistro, 5–11 Thames Street, Poole, Tel. 08 44 74/892 65, www.hoteldu vin.com. Klassische europäische Küche mit frischen regionalen Zutaten und gute Weine machen das Hotel-Restaurant im Bistro-Stil zu einem Genusserlebnis.

31 Isle of Purbeck

Fruchtbares Land und die Heimat eines Wüstenhelden.

Der Beiname ›Insel‹ bezieht sich nicht auf die geografischen Gegebenheiten der vor allem für die Weidewirtschaft genutzten Landschaft jenseits der Bucht von Poole, sondern auf die politischen Verhältnisse, die auf der Isle of Purbeck zur Zeit des mittelalterlichen Kathedralenbaus herrschten.

Der muscheldurchsetzte Kalkstein der Gegend wurde damals durch Polieren in den dunklen **Purbeck-Marmor** verwandelt, aus dem etwa die Säulen von Salisbury Cathedral [s. S. 61] bestehen. Und die begehrten Steinbrüche waren nur über eine einzige Straße zu erreichen, die durch *Corfe Castle* führte, wo beim Burgkommandanten Wegezoll für das Betreten der Insel abzuliefern war.

Heute zieht es vor allem Wanderer, Radfahrer und Badeurlauber auf die abwechslungsreiche (Halb-)Insel, deren sanfte Hügel, von Wald, Heide und üppigen Wiesen bedeckt, an Kreideklippen und Sandstränden enden.

Die kleine Marktgemeinde von **Wareham** im Nordwesten der Isle of Purbeck steht ganz im Zeichen von **Thomas Edward Lawrence** (1888–1935), besser bekannt als *Lawrence von Arabien*. Der studierte Archäologe und Orientalist avancierte im Ersten Weltkrieg zum berühmtesten Agenten des Britischen Geheimdienstes. Lawrence gelang es, die bis dahin heillos zerstrittenen Araberstämme

Wie ein Steinbruch thront die Ruine von Corfe Castle über dem gleichnamigen Ort

Wanderlust

Ein Netz gut ausgeschilderter **Fernwanderwege**, in gut zu bewältigende Tagesetappen von 15 bis 35 km aufgeteilt, durchzieht die Grafschaften Südenglands. Zwischen Poole, Bournemouth und Lyme Regis liegt mit der **Jurassic Coast** (Tel. 013 05/22 41 32, www.jurassiccoast.com) einer der spektakulärsten Küstenstriche Südenglands. Das UNESCO-Naturerbe besticht mit weißen Kalksteinfelsen, bizarren Felsformationen und stillen Buchten. Die Buslinie Coastlinx 53 verbindet im Sommer (Mai–Okt.) die Orte und Sehenswürdigkeiten der Jurassic Coast miteinander. Auch Somerset, Dorset, Cornwall und Devon bieten sich für einen Wanderurlaub an, denn an ihren Küsten verläuft auf 962 km Länge von Minehead am Rande des Exmoor über Land's End im äußersten Südwesten bis nach Poole westlich von Bournemouth der **South West Coast Path** (South West Coast Path Association, Tel. 017 52/89 62 37, www.southwestcoastpath.org.uk). Der bekannteste Fernwanderweg des zentralen Südens ist der 170 km lange **South Downs Way** von Winchester zu den Klippen von Beachy Head bei Eastbourne. Der **Exe Valley Walk**, durch ein beschauliches Flusstal verlaufend, verbindet Exeter mit dem 72 km nördlich gelegenen Hawkridge. Die *Tourist Information Centres* von Winchester [s. S. 61] und Exeter [s. S. 80] halten Kartenmaterial zu den jeweiligen Routen bereit und helfen bei der Unterkunftsuche. Verschiedene alte Wanderwege verbindet der **Tarka Trail** (www.devon.com/tarkatrail) in Devon. Die nördliche Schleife des 290 km langen Weges führt von Barnstaple über Ilfracombe und Lynton zurück nach Barnstaple. In südlicher Richtung geht es über Bideford und Okehampton nach Eggesford. Hier nimmt man dann den Zug zurück nach Barnstaple. Ein ca. 55 km langer Abschnitt des Tarka Trail ist auch als Radwanderweg sehr beliebt, und entlang der Route können Räder gemietet werden. Infos gibt es auch beim *Tourist Information Centre* in Barnstaple (The Square, Tel. 012 71/37 50 00, www.staynorthdevon.co.uk).

Wanderer sollten einige Grundregeln beachten: Der **Country Code** schreibt z. B. vor, kein Feuer zu entzünden, alle Gatter nach dem Durchqueren wieder zu schließen, Hunde an der Leine zu führen, auf den Wegen zu bleiben und sich von weidenden Tieren fernzuhalten, Zäune und Hecken nur an den Übersteigen zu passieren und Abfälle mit nach Hause zu nehmen.

für den Kampf gegen die türkischen Besatzer zu einen. Die Türken waren damals Verbündete des Deutschen Reiches und Kriegsgegner Englands. In der schlichten Dorfkirche **St. Martin** mit ihren Wandmalereien aus dem 12. Jh. findet man Lawrences Büste mit einer Liegefigur in arabischem Gewand, den Kopf auf einen Kamelsattel gebettet – das Denkmal wurde 1935 von Eric Kennington geschaffen. Beerdigt ist er in Moreton (s. u.).

In *Anglebury House* (Tel. 019 29/40 80 94, www.angleburyhouse.co.uk), einem kleinen Hotel in der North Street, grüßt den Besucher ein Skelett aus dem Parterrefenster. Im Coffeeshop steht immer noch der Tisch, an dem Lawrence im Sommer 1923 oft an ›*The Seven Pillars of Wisdom*‹ schrieb, dem ebenso spannenden wie literarisch reizvollen Bericht der Ereignisse der Kriegsjahre im Nahen Osten.

Lawrences Grab findet man auf dem Friedhof von **Moreton**, einem Dorf 15 km westlich von Wareham. Nach dem Ersten Weltkrieg diente der Colonel als einfacher Soldat in der Royal Air Force, der er 1923–35 angehörte. Dies war sein eigener Wunsch gewesen, denn er war enttäuscht von der britischen Hegemonialpolitik, der es nur insoweit um die Selbstbestimmung der Araber ging, als sie den Interessen des Empire dienlich war. Wann immer es ihm möglich war, fuhr er nach **Clouds Hill** (NT, Tel. 019 29/40 56 16, Mitte März–Okt. Mi–So 11–17 Uhr), einem spartanisch eingerichteten Cottage einige Kilometer nördlich. Er liebte die Abgeschiedenheit und innere Emigration, ein britischer Beduine in den grünen Hügeln der Isle of Purbeck. Am 13. Mai 1935 verunglückte er tödlich mit seinem Motorrad in der Nähe von Clouds Hill.

8 km südöstlich von Wareham befindet sich die Burgruine von **Corfe Castle** (NT, Tel. 019 29/48 12 94, April–Sept. tgl. 10–18, März/Okt. tgl. 10–17, Nov.–Febr. tgl. 10–16 Uhr). Die Bauarbeiten an der großen normannischen Befestigungsanlage be-

gannen schon kurz nach der Schlacht von Hastings 1066. Während des Bürgerkriegs wurde die Burg belagert, 1645 fiel sie durch Verrat. Anschließend wurde sie gesprengt. Mit ihren schiefergrauen Dächern ducken sich die Häuser des gleichnamigen Ortes der Steinbrucharbeiter und Steinmetzen am Fuße des Hügels von Corfe Castle. Lange Zeit wegen Einsturzgefahr gesperrt, sind die oberen Ruinen jetzt wieder zu besichtigen.

Der beliebte Badeort **Swanage**, mit rund 8000 Einwohnern die größte Gemeinde der Region, bietet sich als Ausgangspunkt für Wanderungen durch die Heide- und Dünenlandschaft von *Studland Heath* im Osten der Isle of Purbeck an. In der anderen Richtung, etwa 15 km südwestlich von Swanage, erreicht man die – leider von militärischem Sperrgebiet umgebene – Bucht von **Lulworth Cove**. Wie auf der Freiluftgalerie eines botanischen Museums ist hier mitten in den Klippen der **Fossil Forest** zu bewundern, ein versteinerter Wald tropischer Pflanzen, die vor Millionen von Jahren hier wuchsen. Etwa 1 km westlich davon ragt am sandigen Badestrand das Kreidefelsentor **Durdle Door** aus dem Meer.

i Praktische Hinweise

Information

TIC, The Town Hall, High Street, Swanage, Tel. 019 29/42 36 36, www.swanage.gov.uk

Hotels

****Cromwell House**, Lulworth Cove, Tel. 020 87/32 12 50, www.lulworthcove.co.uk. Kleines Hotel an der Bucht. Mit Garten, Pool und Restaurant, in dem man frischen Fisch, Hummer und Krebse sowie traditionellen *Dorset Cream Tea* genießt. Nebenan befindet sich das Rose Cottage, mit dem das Hotel sich Pool und Garten teilt (Tel. 019 29/40 07 02).

*****Mortons House**, 45 East Street, Corfe Castle, Tel. 019 29/48 09 88, www.mortonshouse.co.uk. Prachtvolles, 400 Jahre altes Haus (16 Zi.), zu Ehren Elizabeths I. in E-Form gebaut. Gehobene einheimische Küche. Service und Atmosphäre sind im besten englischen Sinne *formal*.

*****Purbeck House**, 91 High Street, Swanage, Tel. 019 29/42 28 72, www.purbeckhousehotel.co.uk. Ehemaliges Konvent (38 Zi.) nur ein paar Schritte vom Meer entfernt mit großem Garten und zwei Restaurants.

Tea Room

Brook Tea Rooms, 15 The Parade, Swanage, Tel. 019 29/42 20 61. Auf der Speisekarte des kleinen Restaurants findet man neben *Cream Tea* verschiedene Seafood-Gerichte, am Sonntag auch den traditionellen *Sunday Roast*.

32 Dorchester

Im Thomas Hardy Country.

Dorchester (16 000 Einw.), die kleine Hauptstadt der Grafschaft Dorset, und seine Umgebung sind Thomas Hardy (1840–1928) Country. Unter dem Namen *Casterbridge* verhalf er Dorchester gar zu literarischem Weltruhm. Hier verbrachte Hardy, einer der bedeutendsten englischen Schriftsteller des 19. und frühen 20. Jh., den größten Teil seines Lebens. Viele seiner Romane spielen in dieser Region. Gelassen, als alter Mann, die Beine übereinandergeschlagen, blickt Hardys **Bronzefigur** die High West Street hinab. Im Alter hatte sich Hardy ganz der Lyrik zugewandt – vorbei waren die Jahre, in denen Romane wie ›*The Mayor of Casterbridge*‹, ›*Jude the Obscure*‹ und ›*Tess of the D'Urbervilles*‹ entstanden, deren Hauptfiguren in ihrem leidenschaftlichen Kampf gegen ein unbarmherziges, übermächtiges Schicksal so typisch sind für Hardys Weltsicht und Werk.

Ebenfalls in der High West Street vermittelt das der Naturwissenschaft und Archäologie zugewandte **Dorset County Museum** (Tel. 013 05/26 27 35, www.dorsetcountymuseum.org, April–Okt. Mo–Sa 10–17, Nov.–März Mo–Sa 10–16 Uhr) einen Überblick über die Geschichte der Grafschaft seit der Jungsteinzeit. Dem berühmtesten Sohn der Stadt widmet es eine eigene Abteilung mit Manuskripten des Autors und einem Arbeitszimmer, in dem das Originalmobiliar so arrangiert ist, wie Thomas Hardy es zurückließ.

Mit Ausnahme einiger Jahre in London und Weymouth verbrachte Hardy sein ganzes Leben in Dorchester und Umgebung. In Higher Bockhampton, 2,5 km nordöstlich von Dorchester gelegen, ist **Hardy Cottage** (NT, Tel. 013 05/26 23 66, April–Okt. So–Do 11–17 Uhr) zu besichtigen, ein strohgedecktes Häuschen am Waldrand, in dem der Autor geboren wurde und bis zu seinem 34. Lebensjahr wohnte. Möbel aus jener Zeit sind erhalten, und im verwilderten Garten fühlt

Weist Schiffen den Weg – der Portland-Bill-Leuchtturm auf der Isle of Portland

man sich mitten in Hardys halb realem, halb traumhaftem *Wessex*, zu dem Dorset in seinen Romanen wurde.

Den Backsteinbau in der Alington Avenue am südöstlichen Stadtrand von Dorchester, **Max Gate** (NT, Tel. 013 05/26 25 38, April–Sept. So/Mo/Mi 14–17 Uhr), bezog Thomas Hardy mit 45 Jahren. Er entwarf das Gebäude 1885 selbst, die Befähigung dazu hatte er bei seiner Architekturausbildung erworben. Einer testamentarischen Verfügung von Hardys Witwe zufolge ist das Haus weiterhin vermietet, sodass nur Ess- und Wohnzimmer zu sehen sind – mit wenigen persönlichen Gegenständen des Dichters. In der Heimaterde des Gartens ist übrigens Hardys bissiger Terrier *Wessex* begraben.

Die Asche des Dichters befindet sich heute in der *Poets' Corner* der Londoner Westminster Abbey, sein Herz jedoch wurde auf dem Friedhof von **Stinsford** zwischen Dorchester und Higher Bockhampton beigesetzt.

»Bedeckt mit einem dünnen grünen Tuch«, wie Hardy schrieb, erstreckt sich südlich von Dorchester die ca. 5000 Jahre alte Hügelfestung von **Maiden Castle**. Die bis zu 27 m hohen, einst palisadenbewehrten Erdwälle der 800 m langen und knapp 400 m breiten Anlage hielten der römischen Militärmaschinerie nicht stand.

Etwa 20 km nordwestlich von Dorchester (über die A 31 und A 356) liegen in einem sanften Tal die **Mapperton Gardens** (Tel. 013 08/86 26 45, www.mapperton.com, Gärten: April–Okt. So–Fr 11–17 Uhr, Haus: Juli–Mitte Aug. Sa/So–Fr 14–16.30 Uhr). Den italienischen Garten in unmittelbarer Nähe des Hauses zieren Statuetten, Grotten und ein Teich. Akkurat zugeschnittene Büsche und Hecken prägen den formalen Bereich.

Praktische Hinweise

Information

TIC, Antelope Walk, Dorchester, Tel. 013 05/26 79 92, www.westdorset.com

Hotels

******The Casterbridge**, 49 High East Street, Dorchester, Tel. 013 05/26 40 43, www.casterbridgehotel.co.uk. Georgianisches Stadthaus mit 14 individuell eingerichteten Zimmern, Bibliothek und Wintergarten.

*****Yalbury Cottage**, Lower Bockhampton, Dorchester, Tel. 013 05/26 23 82, www.yalburycottage.com. Reetgedecktes Hotel (8 Zi.) aus dem 17. Jh. in ruhiger Umgebung. Sehr gutes Restaurant.

Restaurants

Rajpoot, 43 High West Street, Dorchester, Tel. 013 05/25 74 92, www.rajpootrestaurant.com. Im Herzen von Dorchester werden in angenehmem Rahmen superbe indische Gerichte kredenzt

Sladers Yard, West Bay, Dorchester, Tel. 013 08/45 95 11, www.sladersyard.co.uk. Das Café-Restaurant logiert in einem kleinen Steinhaus, das eines der letzten

Überbleibsel des alten Werftgeländes von Dorchester ist. Entspannte maritime Atmosphäre, frische Regionalküche und Bioprodukte. Vor dem Essen kann man durch die zwei Obergeschosse wandern und die dort ausgestellte Kunst genießen (tgl. 10-17 Uhr).

33 Isle of Portland

Steinexport in die ganze Welt.

Südlich des kleinen Seebads *Weymouth*, das durch die Urlaubsaufenthalte Georges III. Ende des 18. Jh. ähnlich populär wurde wie Brighton zwei Jahrzehnte später durch die Besuche seines Sohnes, ragt die Isle of Portland ins Meer hinaus. Die 9 km lange und bis zu 3 km breite **Halbinsel** ist seit Beginn des 17. Jh. ein einziger gewaltiger *Steinbruch*, in dem der silbrigweiße **Portland-Kalkstein** für St. Paul's Cathedral und Banqueting House in London gewonnen wurde. Auch die Fassadenverkleidung des New Yorker UN-Gebäudes stammt von der englischen Südküste.

Nordwestlich der Isle of Portland erstreckt sich auf einer Länge von fast 30 km **Chesil Beach**, kein Badestrand, wie der Name vermuten lässt, sondern eine gewaltige Kiesbank. Donnernd brandet das Meer an die 9 m hohe und bis zu 200 m breite steinerne Barriere, seufzend ziehen die Wellen wieder ab.

i Praktische Hinweise

Information

TIC, The Lighthouse, Portland, Tel. 013 05/86 12 33, www.visit-dorset.com

tourist information website, Tel. 013 05/78 57 47, www.visitweymouth.co.uk

Hotels

******Linton Cottage**, Abbotsbury, Tel. 013 05/87 13 39, www.lintoncottage.co.uk. Gemütliches Gästehaus in ruhigem Dorf auf halbem Weg zwischen Weymouth und Bridport. Zum Frühstück gibt's selbst gemachten Honig.

*****Rex**, 29/30 The Esplanade, Weymouth, Tel. 013 05/76 04 00, www.kingshotels.co.uk. Mittelgroßes Hotel (31 Zi.) mit günstigem Restaurant im Zentrum der Stadt (in der Nachweihnachtswoche geschl.).

Bayview Hotel, 35 The Esplanade, Weymouth, Tel. 013 05/78 20 83, www.bayviewweymouth.co.uk. Gemütliches, beliebtes B&B mit hübschen Zimmern, von denen viele Meerblick haben.

Restaurant

Riverside, West Bay, Bridport, Tel. 013 08/42 20 11, www.thefishrestaurant-westbay.co.uk. Ebenso berühmt für seine malerische Lage wie für die gute Küche: Fisch, Meeresfrüchte und vegetarische Speisen. Reservierung erforderlich (So abend und Mo geschl.).

Der kopfsteingepflasterte Gold Hill: Abendstimmung in Shaftesbury

34 Shaftesbury

Den goldenen Hügel hinan.

Der kleine Marktflecken kurz vor der nordwestlichen Grenze Dorsets zu Wiltshire war ab 888 Heimat einer Benediktinerinnenabtei, deren Grundbesitz einer der größten des ganzen Landes war. Alfred der Große hatte sie gegründet und seine Tochter Elviga als erste Äbtissin eingesetzt. Von **Shaftesbury Abbey** sind nur noch einige Ruinen inmitten eines Kräutergartens erhalten. Nach der Schließung des Ordens im 16. Jh. verfiel die Anlage. Erhalten blieb die Klosterkirche, in der heute das **Shaftesbury Abbey Museum** (Tel. 01747/852910, www.shaftesbury heritage.org.uk, April–Okt. tgl. 10–17 Uhr) die Geschichte der Abtei dokumentiert. Auch von den zwölf mittelalterlichen Kirchen des Ortes ist nur eine einzige übrig geblieben – *St. Peter*, im Perpendicular-Stil erbaut. Neben ihr beginnt die kopfsteingepflasterte Straße namens **Gold Hill**, ein typisches Beispiel südenglischer Dorfromantik. Grün leuchten die Wiesen des *Blackmoor Vale* über die Dächer der alten Steinhäuser, die sich am steilen Hügel aneinanderlehnen. Gold Hill verdankt nicht dem Edelmetall seinen Namen – der ursprüngliche, *Guildhall Hill*, Rathaushügel, brach einfach zu viele Zungen. Auf dem Hügel zeigt das **Gold Hill Museum** (Tel. 01747/852157, www.shaftesburyheri tage.org, April–Okt. 10.30–16.30 Uhr, Mi geschl.) das Landleben früherer Tage anhand von Gerätschaften, Trachten, Artefakten und Fotografien.

i Praktische Hinweise

Information

TIC, 8 Bell Street, Shaftesbury, Tel. 01747/853514, www.shaftesburydorset.com

Hotel

*****Coppleridge Inn**, Motcombe, Shaftesbury, Tel. 01747/851980, www.coppleridge.com. 2 km nördlich von Shaftesbury. Schöne Zimmer auf einem umgebauten Bauernhof aus dem 17. Jh.

Restaurant

La Fleur de Lys, Bleke Street, Shaftesbury, Tel. 01747/853717, www.lafleurdelys.co.uk. Traditionelle englische Küche in Vollendung (So Abend geschl., Lunch auf Vorbestellung Mi–So ab 12 Uhr). Auch einige liebevoll gestaltete Gästezimmer.

Im Landschaftspark von Longleat House trifft man …

35 Longleat House and Safari Park

TOP TIPP *Löwen und Elefanten jenseits von Afrika.*

Mit 118 Zimmern ist **Longleat House** (Tel. 01985/844400, www.longleat.co.uk, Mitte Feb.–Anfang Nov. tgl. 10–17 Uhr), das sich etwa 20 km nordwestlich von Shaftesbury erhebt, einer der größten Landsitze aus der frühelisabethanischen Zeit aus der zweiten Hälfte des 16. Jh. Aufgrund seiner Schönheit und gewaltigen Aus-

… so manchen exotischen Bewohner des früheren Empire

maße zählt es zu den berühmtesten und meistbesuchten Adelssitzen in ganz Großbritannien. Die Fassade des dreistöckigen Hauses aus hellem Bath-Stein, das zwei Innenhöfe umschließt, ist durch horizontale Bänder, große Fenster und dezent hervorstehende Erker klar und streng gegliedert. Mit Ausnahme der *Great Hall* wurden alle Räume im 19. Jh. einer umfassenden Renovierung unterzogen. Neben französischen Möbeln des 18. Jh. sind flämische Gobelins zu sehen sowie Gemälde etwa von *Jacopo Tintoretto* und *Jacob van Ruisdael*.

Das Anwesen ist seit 400 Jahren im Besitz der Familie Thynne. Henry Thynne, Marquis von Bath, machte das Haus 1946 dem Publikum zugänglich. An einem Dutzend Terminen im Jahr gibt es auch geführte Touren durch private Räume der Familie (Information und Buchung Tel. 01985/845420). Den zweiten Schritt Richtung Öffentlichkeit unternahm der Marquis 1966: Damals präsentierte er dem staunenden Publikum den ersten und größten **Safaripark** Europas (Mitte Feb–Nov. tgl. 10–16, sonst Sa/So 10–15 Uhr). Mit dem eigenen Auto geht es vorbei an Affen und Tigern, Elefanten und Giraffen, Wasserbüffeln, Antilopen und Wölfen. Für die Kleinen gibt es einen Streichelzoo. Jedes Jahr werden neue Attraktionen eröffnet, etwa ein neuer Irrgarten oder ein Spielplatz, und Ballonfahrten veranstaltet: Longleat ist ein Ausflugsziel für die ganze Familie.

36 Stourhead

TOP TIPP *Ein Landschaftsgarten als Ergebnis einer Bildungsreise.*

Engländer, die etwas auf sich hielten und es sich leisten konnten, unternahmen im 18. Jh. eine ausgedehnte Bildungsreise auf den Kontinent, eine *Grand Tour*, um die klassischen Kulturstätten im Herzen Europas kennen zu lernen. So auch der Londoner Bankier *Henry Hoare II.*, der von seinem Vater das Anwesen von Stourhead etwa 10 km südwestlich von Longleat House übernommen hatte. Das Herrenhaus (NT, Tel. 01747/841152, Jan.–Mitte März, Nov. Sa/So 11–15 , Mitte März–Okt., Dez. tgl. 11–16.30 Uhr) war 1721 als länd-

Klassizistische Landschaftsgestaltung, zu bewundern im Park von Stourhead

Ein steinerner Himmel auf Erden – das Fächergewölbe von Sherborne Abbey

liches Refugium errichtet worden – inspiriert von den Villen, die der italienische Architekt *Andrea Palladio* (1508–1580), antiken Vorbildern folgend, in der Umgebung Venedigs erbaut hatte. **King Alfred's Tower** (März–Okt. Sa/So 10–16 Uhr), ein 1772 von Henry Flitcroftroter errichteter, 50 m hoher Backsteinturm, gewährt eine herrliche Aussicht über den Besitz.

Mit dem **Landschaftspark** (Jan.–März und Okt.–Dez. tgl. 9–17, April–Sept. 9-19 Uhr) von Stourhead gestaltete Henry Hoare II. ab 1741 ein Kunstwerk, das seiner vollendeten Komposition wegen selbst zum Klassiker geworden ist. Bevor er richtig zur Tat schreiten konnte, machte Henry Hoare II. erst einmal *Tabula rasa*. Das halbe Dorf Stourton musste einem großen See weichen, um den Grotten angelegt und neoklassizistische Tempel errichtet wurden. Ein Zitat aus Vergils *Aeneis* prangt über dem **Tempel der Flora**: »Be gone you who are uninitiated! be gone« – nur die alte Dorfkirche durfte bleiben, ein gotisches *Marktkreuz* wurde aus Bristol herbeigeschafft, stilvolle Versatzstücke, dem künstlerischen Konzept Hoares würdig, der die Landschaftsmalerei des 17. Jh., Ideen und Werke von *Claude Lorrain* und *Nicolas Poussin*, gartenarchitektonisch umsetzte. Zarte, blasse Blüten, sanfte Farbabstufungen bestimmten ursprünglich die Szenerie, die heute von den kräftigen Farben des *Rhododendron* beherrscht wird, dessen Büsche Ende des 19. Jh. in großer Zahl gepflanzt wurden, expressionistische Tupfer vor klassischer Kulisse.

37 Sherborne

Ein architektonischer Meilenstein und ein idyllischer Park.

Die geschäftige kleine Marktstadt 28 km nördlich von Dorchester war in angelsächsischer Zeit Hauptstadt der Diözese von Wessex. 1075 wurde der Bischofssitz nach *Old Sarum* [s. S. 61] verlegt, doch **Sherborne Abbey** (Tel. 01935/812452, www.sherborneabbey.com, Mo–Sa 9–18 Uhr), im warmen Gelbbraun des im benachbarten Somerset gebrochenen *Ham-Hill-Steins* leuchtend, ist auch heute noch Zeugnis der großen mittelalterlichen Vergangenheit des Ortes. Noch um die Mitte des 15. Jh. stattete man die in säch-

Steinerne Zeitzeugen am Brunnen vor dem Tore der Abteikirche von Sherborne

sischer Zeit begonnene und in den Jahren der Normannenherrschaft ausgebaute Abteikirche mit dem größten und prachtvollsten *Fächergewölbe* seiner Zeit aus. Wie ein kostbar geknüpfter, hauchzarter Baldachin spannt es sich an der Scheitelrippe entlang durchs Kirchenschiff, gekrönt von rund 100, teilweise heraldischen Schlusssteinen.

Auf einem Hügel westlich der Stadt ließ Bischof Roger von Salisbury, der Lordkanzler Henrys I., 1109–39 **Sherborne Old Castle** bauen (EH, Tel. 01935/812730, April–Juni, Sept–Okt. tgl. 10–17, Juli/Aug. tgl. 10–18). Henry VIII. konfiszierte den kirchlichen Besitz, seine Tochter Elizabeth I. schenkte ihn später großherzig ihrem damaligen Favoriten, dem Entdeckungsreisenden und Schriftsteller *Sir Walter Raleigh* (1552–1618).

Raleigh fand das alte Gebäude zu unbequem und ließ auf den dazugehörigen Ländereien jenseits des Flüsschens Yeo 1594 ein neues Schloss bauen: **Sherborne Castle** (Tel. 01935/812072, www.sherbornecastle.com, April–Okt. Di–Do, Sa/So 11–16.30 Uhr, jeweils letzter Einlass). 1603 fiel Sir Walter bei der Königin in Ungnade und verlor sein Haus. James I. sprach es im Jahr 1617 schließlich seinem Botschafter in Spanien, Sir John Digby, zu. Der neue Besitzer erweiterte das Gebäude, das zu Raleighs Zeiten noch ein *Lodge House*, ein kleines Wochenendschloss gewesen war, zu einer stattlichen Residenz auf H-förmigem Grundriss – wohl zu Ehren von James' Sohn, Prinz Henry.

Mit der Gestaltung des neuen **Landschaftsgartens** stellte im 18. Jh. Lancelot ›Capability‹ Brown seine Fähigkeiten – und vor allem Behutsamkeit – unter Beweis. Er staute den Yeo zu einem künstlichen See, einem Spiegel der Vergangenheit zu Füßen der romantischen Ruine des Old Castle, das im Bürgerkrieg stark zerstört worden war – und der Zedern, die noch ein halbes Jahrhundert davor der glückliche Sir Walter gepflanzt hatte.

Kleines Städtchen, große Beschaulichkeit – im Hafen von Lyme Regis

Praktische Hinweise

Information

TIC, 3 Tilton Court, Digby Road, Sherborne, Tel. 01935/815341, www.westdorset.com, www.sherbornetown.co.uk

Hotel

*****Bridleways**, Oborne Road, Sherborne, Tel. 01935/814716, www.bridleways.biz. Preisgünstiges B & B am Ortsrand mit Blick auf die Schlösser.

Café

The Three Wishes, 78 Cheap Street, Sherborne, Tel. 01935/817777, www.thethreewishes.co.uk. Bäckerei und Café, für ausgezeichneten Kuchen und *Cream Tea* bekannt, mittags auch einfache ländliche Küche (Mo–Sa bis 17, So bis 15 Uhr).

38 Lyme Regis und Beer

Fischer, Fossilien und Steinbruch.

In großer Zahl kommen Badegäste jeden Sommer nach Lyme Regis. Dennoch hat sich die westlichste Stadt Dorsets mit ihren 3500 Einwohnern den Charme eines Fischerdorfes bewahrt. Im Schutz der Hafenmole **The Cobb** ankern seit dem 13. Jh. die Boote, zu jener Zeit setzte man auch schon Wellenbrecher aus Eichenholz in die Bucht.

Lyme Regis ist ein friedliches Städtchen, Schauplatz epischer Gefühlswallungen nur in zwei berühmten Romanen, die es zur Kulisse haben: Jane Austens ›*Überredung*‹ (1818) und John Fowles' ›*Die*

Geliebte des Französischen Leutnants‹ (1969). Letzterer wurde 1981 mit Meryl Streep und Jeremy Irons in den Hauptrollen auch an den Originalschauplätzen der Stadt verfilmt.

Schon im 18. Jh. kamen Feriengäste an die Grenze zur Grafschaft Devon – der eindrucksvollen Küstenlandschaft wegen mit der 191 m hohen Klippe von **Golden Cape** (10 km östlich von Lyme Regis), der höchsten am englischen Kanal, und schließlich seit Beginn des 19. Jh. auch wegen einer geologischen Besonderheit der Region. Der häufig abrutschende, knapp 200 Mio. Jahre alte Mergel und Kalkstein der Steilküste bewahrt die Abdrücke prähistorischer Tiere. Den bis dato spektakulärsten Fund machte 1811 die zwölfjährige *Mary Anning*, später eine der renommiertesten Paläontologinnen des Landes: Sie fand die Versteinerung des Fischsauriers *Ichthyosaurus* (heute zu sehen im British Museum, London). Den Fossilien und der jüngeren Ortsgeschichte widmet sich das **Lyme Regis Museum** (Bridge Street, Tel. 012 97/44 33 70, www.lymeregismuseum.co.uk, April–Okt. Mo–Sa 10–17, So 11–17, Nov.–März Mi–So 11–16 Uhr), nach seinem Architekten auch *Philpot Museum* genannt. Die gesamte *Jurassic Coast*, die bis heute Fossilien freigibt, steht auf der Naturerbeliste der UNESCO [s. S. 69].

Eines der hübschesten und dabei am wenigsten bekannten Küstenstädtchen der Region ist **Beer**, wenige Kilometer östlich in Devon gelegen. Mit dem Getränk hat der Ortsname nichts zu tun, er leitet sich wahrscheinlich vom altenglischen *Bearu* (Wäldchen) ab. Zu Bedeutung verhalfen Beer die Römer, die den Sandstein seiner Klippen zum Festungsbau verwendeten. Auch Sachsen und Normannen und später die Erbauer von *Windsor Castle* wussten die Qualität des südenglischen Baumaterials zu schätzen. Die kathedralengroßen Aushöhlungen in der Klippenlandschaft, die **Beer Quarry Caves** (Tel. 012 97/68 02 82, www.beerquarrycaves.co.uk, Führungen April–Sept. tgl. 10–17, Okt. tgl. 11–16 Uhr), sind 2 km westlich des Ortes zu besichtigen.

Beer selbst ist ein gemütliches, zum Meer hin abfallendes Städtchen, auf dessen Kieselstrand Fischerboote liegen. Es riecht nach Arbeit, wenn die Männer ihre Netze und Körbe flicken – und nach Fisch und Krebsen, wenn sie die Kisten mit ihrem Fang durch die steilen Treppengassen schleppen.

Urzeit zu verkaufen – in vielen Läden der Stadt sind Fossilien erhältlich

Praktische Hinweise

Information

TIC, Church Street, Lyme Regis, Tel. 012 97/44 21 38, www.westdorset.com, www.lymeregis.org

Charmouth Heritage Coast Centre, Lower Sea Lane, Charmouth, Tel. 012 97/56 07 72, www.charmouth.org. Größtes Informationszentrum der Region, Wissenswertes zur Geologie sowie zur Planung von Wanderungen (Nov.–März Mo/Di geschl.).

Hotels

******Alexandra**, Pound Street, Lyme Regis, Tel. 012 97/44 20 10, www.hotelalexandra.co.uk. Das 1735 errichtete Haus wurde Anfang des 20. Jh. zum Hotel (26 Zi.) umgebaut. Mit Wintergarten und gutem Restaurant.

*****Ilex Cottage & Ilex Apartments**, View Road, Lyme Regis, Tel. 012 97/44 53 62, www.lymeregis.org/ilex. Gemütliche, ruhige Unterkunft in Strandnähe.

Restaurants

Hix Oyster & Fish House, Cobb Road, Lyme Regis, Tel. 012 97/44 69 10, www.hixoysterandfishhouse.co.uk. Das kleine Restaurant (reservieren!) in traumhafter Lage über dem Hafen ist Spezialist u.a. für Austern. Was hier auf den Tisch kommt, ist aus nachhaltiger Fischerei. .

The Mariners, Silver Street, Lyme Regis, Tel. 012 97/44 27 53, www.hotellymeregis.co.uk. Das Hotelrestaurant im alten Fachwerkhaus bietet englische und kontinental-europäische Küche.

Süd-Devon – das ›tropische‹ Britannien und seine Heide

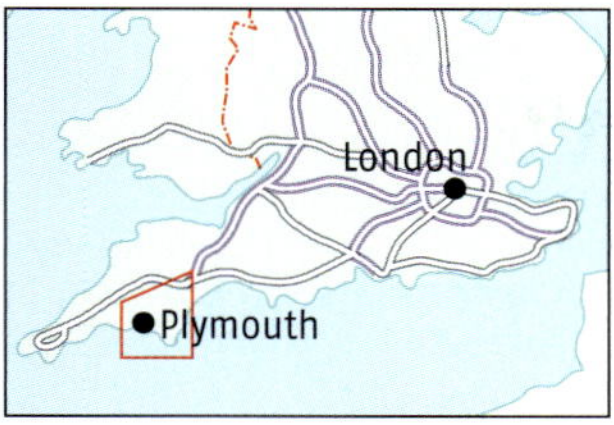

Zwei Städte sind die Zentren der Region: **Exeter** mit seiner gotischen Kathedrale und das an einer wunderschönen Bucht gelegene **Plymouth** ist die Heimathafen Sir Francis Drakes, des berühmten Seehelden. Einsamkeit und Ruhe findet man auf den weiten Heide- und Moorflächen des **Dartmoor National Park**, einer rauen Landschaft, in deren Nachbarschaft man alles andere vermuten würde als die *Englische Riviera*, wie die **Torbay**, die Bucht mit den Seebädern **Torquay**, **Paignton** und **Brixham**, ihres milden Klimas und der tropischen Vegetation wegen auch genannt wird.

39 Exeter

Ein Höhepunkt der gotischen Architektur.

Exeter (111 000 Einw.), die Hauptstadt der Grafschaft Devon, ist eine Gründung der Römer, die um das Jahr 200 ihr *Isca Dumnoniorum* mit einer Mauer umgaben, deren Reste noch im Osten der Stadt, um Southernhay West und East Street, zu sehen sind. Vom mittelalterlichen Gebäudebestand der wohlhabenden Handelsmetropole des 13. Jh. sind nach den deutschen Luftangriffen des 5. Mai 1942 nur mehr Reste erhalten.

Mehr oder minder behutsam wurde Anfang des 21. Jh. das riesige Einkaufszentrum *Princesshay Quarter* in die Innenstadt von Exeter eingefügt. Hier in der Paris Street befindet sich der neue Eingang zu den **Exeter Underground Passages** (Tel. 013 92/66 58 87, Juni–Sept. Mo–Sa 9.30–17.30, So 10.30–16, Okt.–Mai Di–Fr 11.30–17.30, Sa 9.30–17.30, So 11.30–16 Uhr), die gemauerten Tunnel der unterirdischen Wasserleitung. In der High Street lohnt vor allem die **Guildhall** (Tel. 013 92/66 55 00, Öffnungszeiten auf Anfrage) aus dem Jahre 1468 einen Besuch, mit deren prachtvoller Ausstattung die Kaufmannsgilden der Stadt ihren Reichtum zur Schau stellten. Das Gebäude dient bis heute als Zentrum der Bürgerschaft und Verwaltung Exeters – ist deshalb auch nicht immer zu besichtigen.

Seefahrerstolz – von The Hoe in Plymouth blickt Sir Francis Drake über das Meer

Eine Wunderkammer ist das seit Mitte des 19. Jhs bestehende **Royal Albert Memorial Museum** (Tel. 013 92/26 58 58, rammuseum.org.uk, Di–Sa 10–17 Uhr): In 16 Abteilungen werden 1 Mio. Objekte aus Archäologie und Botanik, Stadt- und Regionalgeschichte, Kunst und Geologie unterhaltsam präsentiert.

Weitgehend unbeschadet überstand auch die dem hl. Peter geweihte **Exeter Cathedral** (Tel. 013 92/28 59 83, www.exeter-cathedral.org.uk, Mo–Sa 9–16.45, Führungen Mo–Sa 11, 12.30 und 14.30 Uhr) die Kriegszeiten. So wie Salisbury Cathedral frühgotische Baukunst demonstriert, steht ihr hiesiges Pendant für die Vollendung der englischen Hochgotik, des *Decorated Style*. Auf die Ursprünge der Kathedrale in normannischer Zeit – den ersten Dekaden des 12. Jh. – weisen nur noch die Türme und die Gewölbehöhe von verhältnismäßig bescheidenen 21 m hin. Die **Westfassade** [**1**], in warmem Sandsteingelb leuchtend und 1480 vollendet, ist mit ihren drei *Skulpturenreihen* ein Kompendium hochgotischer Steinmetzkunst. Die Statuen von Aposteln und Engeln, sächsischen und normannischen Königen, ursprünglich bemalt, rahmen die kleinen Portale. Darüber erblüht die große *Fensterrose*, die, zwischen Skulpturenwand und kleinem Giebel mit einem weiteren, wesentlich kleineren Fenster, die mittlere Schicht der Fassade dominiert.

Getragen von mächtigen Pfeilern, Bündeln von jeweils 16 Säulen, erstreckt sich bis jenseits des Chores das längste zusammenhängende gotische **Gewölbe** der Welt, gekrönt von den farbigen

Schlusssteinen der Scheitelrippe. Stein für Stein, Bild für Bild, von der ›Krönung Mariens‹ über die ›Ermordung Thomas Beckets‹, erkundet man den Kirchenraum, geht unter dem **Lettner** [2] mit der Barockorgel hindurch zu den ältesten **Miserikordien** [3] Englands (1230–70). Meerjungfrauen und Krokodile, Kreuzfahrer und Elefanten zieren das in viktorianischer Zeit erneuerte Chorgestühl. An der Südseite des Chors ragt der mit überbordenden Schnitzereien geschmückte **Bischofsthron** [4] (1313–17) aus Eichenholz bis gewaltige 18 m hoch auf. In der **Marienkapelle** [5] am Ostende der Kathedrale sowie im **nördlichen Chorseitenschiff** [6] ruhen die Bischöfe des 11.–14. Jh. Mit einer **astronomischen Uhr** [7] aus dem Jahr 1376, die vier Jahrhunderte später ein neues Gehäuse erhielt, schlägt im nördlichen Querschiff das Herz einer großen Vergangenheit, der Hochzeit der Gotik, kraftvoll und lebendig bis heute.

Sehenswert ist auch die **Dombibliothek** [8] (Mo–Fr 14–17 Uhr) im Bischofspalast südlich der Kathedrale. Hier ist eine Sammlung mittelalterlicher Bücher zu sehen, deren Glanzstück der *Codex Exoniensis* aus dem 10. Jh. darstellt, eine der wesentlichen Handschriften früher englischer Versdichtung. Schließlich lädt der **Cathedral Close** mit Fachwerk- und Sandsteinhäusern zum Verweilen ein. Die kleine intime Domfreiheit hat den Weltkrieg ebenfalls gut überstanden – in vielen der historischen Gebäude befinden sich Restaurants und Cafés.

i Praktische Hinweise

Information

TIC, Dix's Field, im Princesshay Quarter, Paris Street, Exeter, Tel. 013 92/66 57 00, www.exeter.gov.uk/visiting

Hotels

******Buckerell Lodge Hotel**, Topsham Road, Exeter, Tel. 08 44/855 91 12, www.akkeronhotels.com. Herrliches Regency-Gebäude (54 Zi.) am Stadtrand mit Garten und gutem Restaurant.

*****Park View**, 8 Howell Road, Exeter, Tel. 013 92/27 17 72, www.parkviewexeter.co.uk. Kleines B & B-Hotel in einem historischen Haus nördlich des Zentrums gelegen.

*****Queens Court Hotel**, 6–8 Bystock Terrace, Exeter, Tel. 013 92/27 27 09, www.queenscourt-hotel.co.uk. Hübsches Hotel nicht weit vom Zentrum mit ausgezeichnetem mediterranen Restaurant *The Olive Tree*.

Restaurants

TOP TIPP **Michael Caines**, im ABode Exeter Hotel, Cathedral Yard, Exeter, Tel. 013 92/22 36 38, www.michaelcaines.com. Restaurant, Café, Pub und Bar mit stilvollem, modernem Ambiente und frischer, innovativer Küche gegenüber der Kathedrale.

The Treasury Restaurant, im St. Olaves Hotel, Mary Arches Street, Exeter, Tel. 013 92/21 77 36, www.olaves.co.uk. Das

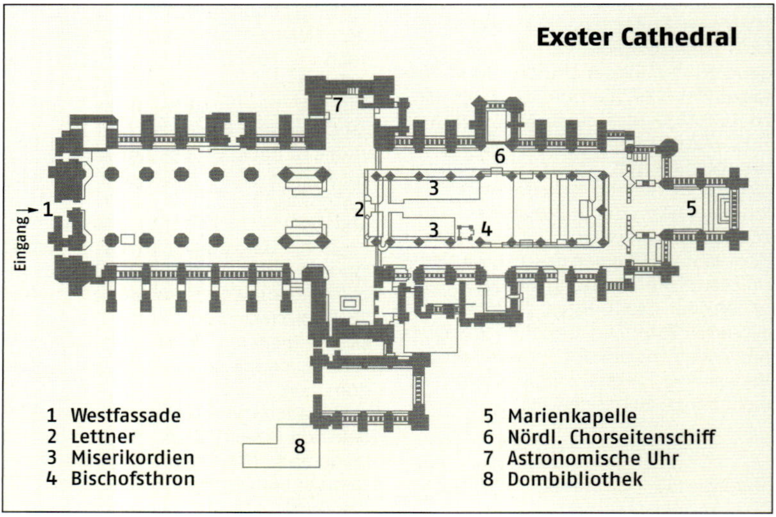

The Dame of Crime

Torquay ist die Geburtsstadt der bekanntesten und erfolgreichsten Krimiautorin des 20. Jh.: Hier wurde am 15. September 1890 **Agatha Mary Clarissa Miller** geboren. Ihr Vater war ein reicher Kaufmann – Agatha verlebte die unbeschwerten Jugendjahre einer Tochter aus großbürgerlichem Haus, tanzte auf Abendgesellschaften, flanierte am Strand und lief mit Hut und wehendem Kleid Rollschuh auf dem langen Princess Pier von Torquay.

Weihnachten 1914 heiratete sie den Luftwaffenoffizier **Archibald Christie**. Im Grand Hotel am Strand verbrachten die beiden ihren Honeymoon, der tatsächlich nicht länger als eine Nacht dauerte. Noch am 25. Dezember musste Archie zurück an die Front nach Frankreich. Seine junge Frau arbeitete bis zum Herbst 1915 in der Heimat als Krankenschwester. Nachdem sie in die Medikamentenausgabe versetzt worden war, begann sie in den langen Nächten ihres Bereitschaftsdiensts erste Geschichten zu schreiben, zaghafte Anfänge, aus denen ein **Gesamtwerk** von 79 Kriminalromanen, 19 Theaterstücken und einer Autobiografie werden sollte. Ihre berühmtesten Kriminalromane um den belgischen Detektiv **Hercule Poirot** oder die alte **Miss Marple** haben bis heute eine Gesamtauflage von über 400 Mio. Exemplaren erreicht.

Ein freundlicher Blick auf das Böse unter der Sonne: Agatha Christie

Eine umfassende Dokumentation über das Leben der 1971 in den Adelsstand erhobenen Autorin präsentiert das **Torquay Museum** (529 Babbacombe Road, Tel. 01803/293975, www.torquaymuseum.org, Mo–Sa 10–17, Mitte Juli–Sept. zusätzl. So 13.30–17 Uhr). Einen Blick in ihr Privatleben ermöglicht der Besuch im **Greenway House** (nahe Brixham, Tel. 01803/842382, März–Okt. Mi–So 10.30–17 Uhr), dem ehemaligen Feriendomizil der Autorin. Es ist in einen wunderschönen Park mit seltenen Pflanzen eingebettet.

Dame Agatha, für viele die Königin der Kriminalliteratur, starb am 12. Januar 1976 in Wallingford bei Oxford.

gediegene Restaurant ist für seine traditionelle Küche mit modernen Akzenten bereits mehrmals mit Preisen ausgezeichnet worden.

40 Torbay

Badevergnügen an der englischen Riviera.

Ihres milden, mediterranen Klimas wegen entwickelte sich Torbay, die Bucht mit den drei Städten Torquay, Paignton und Brixham, zu einer der beliebtesten Baderegionen Großbritanniens.

Vor allem das auf sieben Hügeln errichtete **Torquay** ist eine recht grüne Stadt. Palmen zieren Uferpromenaden und Gärten, die makellosen Teppiche der Golfplätze erstrecken sich in Richtung Meer. Für den internationalen Hoch- und Geldadel des 19. Jh. führten (fast) alle Ferienwege an die damals noch exquisite und sehr mondäne *Englische Riviera*. **Paignton**, mit Torquay zusammengewachsen, ist bodenständiger und bietet Strand und Wohnviertel, während sich **Brixham** den Charakter eines lebhaften Fischerhafens erhalten hat.

i Praktische Hinweise

Information

English Riviera Tourism Company, 5 Vaughan Parade, Torquay, Tel. 0844/4742233, www.englishriviera.co.uk (Telefonnummer und Homepage für TIC und Visitor Information Centre in Torquay, Paignton und Brixham)

TIC, beim Apollo Cinema, Esplanade Road, Paignton, www.visitpaignton.net

Zeit zuzubereiten, was man tagsüber gefangen hat – Boote im Fischerhafen von Brixham

Brixham Visitor Information Centre, Hobb Nobs Gift Shop, The Quay, Brixham

Hotels

********The Palace**, Babbacombe Road, Torquay, Tel. 018 03/20 02 00, www.palace torquay.co.uk. Das große Haus (141 Zi. und Suiten), 1841 für den Bischof von Exeter gebaut, von einem riesigen Garten umgeben, zeichnet sich durch Schwimmbäder, Tennis- und Squashplätze sowie einen 9-Loch-Golfplatz aus.

** **Frognel Hall**, Higher Woodfield Road, Torquay, Tel. 018 03/29 83 39, www.frognel.co.uk. Ruhiges Hotel in einem großen Garten in der Nähe des Meadfoot Beach mit hervorragend geführtem Restaurant.

Restaurants

Peppercorn, 135 Babbacombe Road, Torquay, Tel. 018 03/32 26 64, www.pep percornrestaurant.co.uk. Spezialität sind Muscheln und Meeresfrüchte sowie Fleischgerichte.

No. 15 Restaurant, 15 The Quay, Brixham, Tel. 018 03/85 34 18, www.no15restaurant. co.uk. Beste Fisch- und Fleischspezialitäten in gemütlich-rustikalem Ambiente (außerhalb der Saison So geschl.).

The Lusty Wench, 13 The Quay, Brixham, **Tel. 018 03/85 31 31**, www.lustywench.co. uk. In dem familienorientierten Restaurant gibt es garantiert frischen Fisch und traditionelle britische Gerichte.

41 Dartmouth

Eine Flussmündung und eine Landschaft wie aus dem Bilderbuch.

Fährt man von Brixham nach Südwesten, erblickt man schon von ferne die breite Mündung des *Dart*. Bunte Boote liegen vor Anker, und jenseits des Flusses zieht sich die Kleinstadt **Dartmouth** den Hügel hinauf – ein außerordentlich idyllisches Bild. Früher jedoch, schon seit dem 12. Jh., sammelten sich hier die *Kriegsflotten*, um in anderer Herren Länder aufzubrechen, zu den Kreuzzügen, zur Belagerung von Calais (1347) im Hundertjährigen Krieg und zur Befreiung der Normandie am D-Day des Jahres 1944.

Aus der Nähe besehen ist Dartmouth ein friedliches Städtchen mit säulengestützen Fachwerkhäusern des 17. Jh. am *Butterwalk*. In den hübschen *Royal Avenue Gardens* nördlich des tidenabhängigen Bootshafens errichtete man das *Newcomen Engine House* zu Ehren des Schmieds Thomas Newcomen, der bereits 1712, 60 Jahre vor James Watt, eine Dampfmaschine baute. Über King's Quay und Undercliff gelangt man dann zur Foss Street, einer blumengeschmückten Gasse mit kleinen Läden. Hier steht **St. Saviour's Church** aus dem Jahr 1372, auch *The Wine Merchants' Church* genannt, da die Weinhändler des Ortes, die mit Importen aus Bordeaux gute Gewinne erzielten, für ihre Restaurierung im 17. Jh. aufkamen. Die schmiedeeisernen

Beschläge der Eichentür zeigen zwei Leoparden und den Lebensbaum. Im *Inneren* sind die reich verzierte Kanzel (um 1500) und ein Chorgitter mit filigranen Schnitzereien bemerkenswert.

Zum Schutz des Mündungsgebiets wurde bereits im 15. Jh. etwa 2 km südlich des Ortes **Dartmouth Castle** (EH, Tel. 018 03/83 35 88, April–Sept. tgl. 10–18, Okt. tgl. 10–17, Nov.–März Sa/So 10–16 Uhr) errichtet. Es ist auch mit einem kleinen Fährboot zu erreichen, das am Pier der Stadt ablegt. Das Panorama der Flusslandschaft entfaltet sich am schönsten vom Turm der kanonenbewehrten Burg.

Die A 379 führt südlich von Dartmouth die Küste entlang. Hinter **Strete** zieht sich ein breiter Sand- und Kieselstrand rund 8 km weit fast bis *Start Point*. Hier übte die US-Armee 1943 die Landung in der Normandie. In Torcross biegt die Straße landeinwärts Richtung **Kingsbridge** ab. Der Ort liegt an einer weit aufgefächerten Flussmündung, die fast wie eine Seenplatte wirkt: grüne Hügel und kleine Wälder, ein paar Boote – ländliches Devon.

Schmale, hecken- und mauerngesäumte Stichstraßen, alle paar hundert Meter eine Wartebucht, führen immer wieder ans Meer. Ein Abstecher lohnt sich besonders für Art-déco-Freunde: **Burgh Island** (s. u.), ein Inselhotel vor der Mündung des Avon. In seinen Zimmern und Suiten verbindet sich der Stil der 1930er-Jahre mit allen Annehmlichkeiten des 21. Jh. Natürlich hat das seinen Preis – aber man kann sich ja auch – bei Ebbe zu Fuß, bei Flut getragen von einem *Sea Tractor* genannten Gefährt – nur auf einen Aperitif auf die Insel begeben. Und sich dabei zumindest Appetit machen lassen auf Agatha Christies Krimi ›*Zehn kleine Negerlein*‹, der in diesem Hotel spielt.

Einladung zum Spazieren und Verweilen – am Hafen von Dartmouth

Praktische Hinweise

Information

TIC, The Engine House, Mayors Avenue, Dartmouth, Tel. 018 03/83 42 24, www.discoverdartmouth.com

Hotels

TOP TIPP ******Burgh Island**, Bigbury-on-Sea, Tel. 015 48/81 05 14, www.burghisland.com. Ein Art-Déco-Hotel als Gesamtkunstwerk undeine der außergewöhnlichsten Herbergen des Südens. Jedes Zimmer ist individuell und höchst luxuriös ausgestattet.

******Burton Farmhouse**, Galmpton, Kingsbridge, Tel. 015 48/56 12 10, www.burtonfarmhouse.co.uk. Auf dem ehemaligen Bauernhof wird man sehr freundlich aufgenommen. Große Wiese mit Kinderspielplatz. Das Restaurant serviert nachmittags *Cream tea*, abends Dinner und an Sonntagen auch Lunch.

******Dart Marina Hotel & Spa**, Sandquay Road, Dartmouth, Tel. 018 03/83 71 20, www.dartmarina.com. Hell und stylish: Von allen Zimmern und dem hervorragenden Restaurant aus hat man einen wunderschönen Blick über den Fluss. Zum Haus gehört ein luxuriöses Spa.

*****Royal Castle Hotel**, 11 The Quay, Dartmouth, Tel. 018 03/83 30 33, www.royalcastle.co.uk. 25 individuell eingerichtete Zimmer, die schönsten mit Blick auf den Hafen. Der Service und das stilvolle Restaurant sind *very british*.

Restaurants

Kendrick's, 29 Fairfax Place, Dartmouth, Tel. 018 03/83 23 28, www.kendricksrestaurant.co.uk. Fisch, Meeresfrüchte, Steaks, Fajitas u. a. (tgl. ab 18.30 Uhr).

The Windjammer Inn, Victoria Road, Dartmouth, Tel. 018 03/83 22 28, www.thewindjammer.co.uk. Frische regionale Küche, familiäre Atmosphäre.

42 Dartmoor National Park

TOP TIPP *Die Einsamkeit des weiten Hochmoors.*

Nebelschwaden und das Heulen des Windes über heidebedeckten Hügeln, die sich bis zum Horizont erstrecken, Granitfelsen, sumpfige Senken, kleine graue Dörfer – oder heult da mit dem Wind noch etwas anderes? So kennt man Dartmoor aus Sir Arthur Conan Doyles Sherlock-Holmes-Roman ›*The Hound of the Baskervilles*‹ (1902).

Nüchtern betrachtet ist der 1951 gegründete Dartmoor National Park mit 945 km² die größte geschützte Fläche offener Landschaft in Südengland. Sie entstand vor 295 Mio. Jahren, als Magma durch die Erdkruste brach und zu Granit erstarrte. Der ursprüngliche Baumbestand ist seit der Besiedlung des Gebietes vor rund 4000 Jahren weitgehend verschwunden. Im Laufe der Zeit bildeten sich weite, spärlich bewachsene Moor- und Heideflächen, über denen sich auf bis zu 620 m hohen Hügeln bizarre Felsformationen, *Tors* genannt, erheben.

Überall im Dartmoor findet man noch frühgeschichtliche Grabkammern, Reste von Steinkreisen, Fundamente von Rundhäusern und Unterstände aus Granitplatten, die, innen mit fluoreszierendem Moos bewachsen, den Hirten in stürmischen Nächten Schutz boten.

Heute wird das Dartmoor vor allem landwirtschaftlich genutzt, als **Weideland** für Schafe, Rinder und Ponys. Letztere wurden im Moor bereits mit dem Beginn der menschlichen Besiedlung domestiziert und als Lasttiere gehalten. Für sie baute man die *Clapper Bridges*, einfache Brücken aus großen Granitplatten – die bekannteste, die bronzezeitliche **Postbridge**, überspannt in der Nähe des gleichnamigen Ortes in der Nordhälfte des Nationalparks den East Dart River. Auf dem Logo des Nationalparks ist ein kleines Pferd zu sehen, es verweist auf die *Dartmoor-Ponys*, Großbritanniens älteste Ponyrasse. Die zotteligen Wildpferde leben frei im Park, in zahlreichen Orten kann man auch auf ihnen reiten.

Das Dartmoor hat auch eine industrielle Vergangenheit. Ab dem 12. Jh. wurde in den damals ergiebigsten **Minen** Europas Zinn gewonnen. Während des 19. Jh. wurden neben Kaolin für die Porzellanherstellung auch Kupfer, Blei und Silber abgebaut. Mit der Schließung der letzten Zinnmine Ende der 1930er-Jahre haben die Tors und Grabkammern nun in Gestalt der verlassenen *Maschinenhäuser* und Fördertürme mit ihren hohen Schornsteinen jüngere stumme, steinerne Gesellschaft bekommen.

Die vielen Feriengäste, die heute ins Moor kommen, um hier einen Wander- oder Radurlaub zu verbringen, erleben die Unwirtlichkeit und Rauheit von Landschaft und Witterung als Ursprünglichkeit und als ganz eigentümliches Faszinosum. Der Wechselhaftigkeit des Wetters wegen ist detailliertes Kartenmaterial, das Sie den jeweiligen Touristeninformationen erhalten, zur Planung einer jeden Wanderung unerlässlich.

Auch eine Weiße Frau hat das Dartmoor zu bieten, eine besonders vehemente, fast 30 m hohe noch dazu: den Wasserfall *The White Lady* in der wald-

Über alte Granitplatten von Ufer zu Ufer: eine der typischen Brücken im Dartmoor

reichen **Lydford Gorge** (NT, Tel. 018 22/82 03 20, Anfang März–Anfang Okt. tgl. 10–17, bis Anfang Nov. tgl. 10–16 Uhr; der angeschlossene *Tearoom* ist ganzjährig geöffnet), der Schlucht des Lyd am westlichen Rand des Moores.

In der nahen Ortschaft **Lydford** ist die Ruine von *Lydford Castle* schaudernd zu bewundern, ein Burgfried aus dem späten 12. Jh., der den Statthaltern des Königs als Gerichtsgebäude und Gefängnis diente – wenn ausnahmsweise einmal eine Zelle vonnöten war, denn die Prozesse von Lydford waren als bemerkenswert kurz berüchtigt. »First hang and draw, then hear the cause, is Lydford law«, formulierte der Volksmund sarkastisch.

Hauptstadt des Moores ist **Princetown**, grau und eintönig, Kulisse für das einst berüchtigte **Dartmoor Prison**. 1806 begannen die Bauarbeiten für das Zuchthaus in der Ödnis des Moores, 1809 kamen die ersten französischen Gefangenen aus den Napoleonischen Kriegen an. In Viktorianischer Zeit galt es als das härteste Gefängnis ganz Englands. Nach wie vor als Gefängnis genutzt, spielt es noch immer eine Hauptrolle in den zahlreichen Schauergeschichten ums Moor. Außerhalb der Gefängnismauern informiert das **Dartmoor Prison Museum** (Tel. 018 22/32 21 30, www.dartmoor-prison.co.uk, Mo–Do/Sa 9.30–12.30 und 13.30–16.30, Fr/So bis 16 Uhr, letzter Einlass 15.45 bzw. 15.15 Uhr) über die rund 200 Jahre währende Historie des berühmten Baus.

Am nördlichen Rand des Nationalparks steht hoch über der Waldschlucht des Flusses Teign **Castle Drogo** (NT, Tel. 016 47/43 33 06, Mitte März–Okt. tgl. 11–17, sonst meist Sa/So 11–16 Uhr, Jan geschl.). Das Schloss wirkt mittelalterlich, stellt mit seinen zinnengekrönten Granitmauern jedoch in erster Linie eine Bastion gegen die Architektur des 20. Jh. dar. *Sir Edwin Lutyens*, der bekannteste dem Historismus verpflichtete Architekt seiner Zeit, baute es 1910–30 für den durch Kolonialwarenhandel reich gewordenen Julius Drewe und legte, zusammen mit seiner ebenso berühmten Partnerin *Gertrude Jekyll* [s. S. 110], auch den **Garten** (tgl. 10–17.30, im Winter kürzere Öffnungszeiten) der Wohnburg an. Bei der Ausgestaltung des Schlosses, in dessen Räumen heute eine kleine *Antiquitätensammlung* und Porträts der Familie Drewe zu sehen sind, ließ Lutyens bis ins kleinste Detail, bis zum Lichtschalter und Türgriff, äußerste Sorgfalt walten.

Wie Trümmer alter Befestigungswälle wirken die Granitfelsbildungen des Dartmoor

i Praktische Hinweise

Information

The High Moorland Visitor Centre, The Duchy Building, Tavistock Road, Princetown, Tel. 018 22/89 04 14, www.dartmoor-npa.gov.uk

Hotels

*****The Two Bridges**, Two Bridges, Princetown, Tel. 018 22/89 23 00, www.twobridges.co.uk. Landhotel aus dem 18. Jh., im Herzen des Nationalparks einsam in einer Senke gelegen. Traditionelle Atmosphäre, gutes Restaurant und berühmte *Cream Teas*.

Castle Inn, Lydford, Tel. 018 22/82 02 41, www.castleinndartmoor.co.uk. Acht romantische Zimmer und ein großartiges Restaurant im Landgasthof aus dem 16. Jh. neben der Burgruine.

Lydgate House, Postbridge, 16 km von Yelverton, Tel. 018 22/88 02 09, www.lydgatehouse.co.uk. Idyllisch mitten im Moor am Ufer des Dart gelegenes Hotel (7 Zi.). Das Restaurant bietet u. a. fünfgängige Menüs, neben Fleisch auch Fisch und frisches Gemüse. Die Wanderwege beginnen direkt am Gartenzaun (Jan. geschl.).

Restaurants

Gidleigh Park, 3 km nordwestlich von Chagford, Tel. 016 47/43 23 67, www.gidleigh.com. Seit mehr als zwei Jahrzehnten krönen zwei Michelin-Sterne die Kochkünste von Michael Caines. Für sein Bemühen um eine innovative britische Küche wurde er von der Queen zum *Member of the Order of the British Empire* ernannt. Dass auch die Weinkarte in diesem Restaurant superb ist, versteht sich. Reservierung dringend erforderlich.

Ein Schleier, hinter dem sich keine Dame verbirgt: der Wasserfall White Lady

22 Mill Street Restaurant, Chagford, Tel. 016 47/43 22 44, www.22millst.com. Kleines, feines Restaurant, das zeitgemäße europäische Küche aus den besten Zutaten bietet (Mo geschl.).

43 Plymouth

Die Stadt der Seehelden.

Devons größte Stadt (250 000 Einw.), im Jahre 1231 erstmals urkundlich erwähnt, ging aus einem kleinen Fischerdorf namens **Sutton** hervor, dessen Namen auch heute noch der Hafen von Plymouth trägt. Mit ihm ist der Aufstieg Englands zur führenden europäischen Seemacht des 16. Jh. eng verbunden.

Sir Francis Drake (um 1540–1596), der ›Pirat der Königin‹ Elizabeth I., stach mit der *Golden Hind* 1577 von Plymouth aus zu seiner Weltumsegelung in See und lief drei Jahre später, mit dem Gold spanischer Schiffe beladen, die er auf dem Heimweg von Peru gekapert hatte, wieder in Sutton Harbour ein. 1588 tauchte die *Spanische Armada* vor der Küste auf – und wurde von der viel kleineren englischen Flotte unter dem Kommando von Francis Drake vernichtet. 1620 mussten die Pilgerväter, von Southampton kommend, hier einen Zwischenstopp vor der Fahrt nach Westen einlegen, um ihr Schiff reparieren zu lassen. Im 18. Jh. war Plymouth der Heimathafen für James Cook, den Erforscher des Südpazifik.

Der einstige Charakter Plymouths lässt sich nur noch erahnen. Mehrere heftige deutsche Bombenangriffe zerstörten 1941 die gesamte Innenstadt, sodass man nach dem Krieg einen völligen Neuaufbau rund um die begrünte Nord-Süd-Achse des *Armada Way* in Angriff nahm, die sich vom Stadtzentrum bis zum Hügel **The Hoe** zieht. Hier oben steht in Bronze Sir Francis Drake, an dem Ort, an dem er – mit den Strömungs- und Windverhältnissen vor der Küste bestens vertraut – in aller Seelenruhe erst eine Bowls-Partie beendet haben soll, als die Armada bereits in Sichtweite war. Gekrönt wird der ›hohe Platz‹ von der Aussichtsplattform am Ende der 93 Stufen von **Smeaton's Tower** (April–Sept. Di–Fr 10–12 und 13–16.30, Sa 10–12 und 13–16 Uhr, letzter Einlass 16 bzw. 15.30 Uhr, März–Okt. Di–Sa 10–12 und 13–15 Uhr), dem früheren Leuchtturm, von dem aus man einen herrlichen Panoramablick über Stadt und Bucht genießt.

TOP TIPP

In einem mächtigen klassizistischen Gebäude im Stadtzentrum ist **Plymouth City Museum & Art Gallery** (Tel. 017 52/30 47 75, Di–Fr 10–17.30, Sa 10–17 Uhr) untergebracht. Archäologische Fundstücke aus dem Dartmoor sind hier ebenso zu sehen wie kunstvoll gearbeitete Möbel, Gläser und Porzellan. Die Gemäldegalerie zeigt vor allem Werke von Künstlern mit eher regionaler Bedeutung. Zudem finden Wechselausstellungen statt.

Das Hafenbecken von *Sutton Harbour*, das man über Hoe Road und New Street erreicht, wird von einer schwenkbaren Fußgängerbrücke überspannt, die in den Stadtteil *Coxside* führt. Hier hat 1998 das sich für den Erhalt der Unterwasserwelt engagierende **National Marine Aquarium** (Rope Walk, Tel. 08 44/893 79 38, www.national-aquarium.co.uk, April–Sept. tgl. 10–18, Okt.–März tgl. 10–17 Uhr) eröffnet, in dem Besuchern auf eindrucksvolle Weise u. a. die Welt der Korallenriffe und das Leben der Haie nahegebracht wird.

i Praktische Hinweise

Information

TIC, Plymouth Mayflower, 3–5 The Barbican, Plymouth, Tel. 017 52/30 63 30, www.plymouth.gov.uk

Hotels

****Bowling Green**, 9–10 Osborne Place, Lockyer Street, The Hoe, Plymouth, Tel. 017 52/20 90 90, www.thebowlinggreen plymouth.com/. Kleines (12 Zi.), modern ausgestattetes Gästehaus (B & B) im georgianischen Stil unmittelbar am Hügel.

***Langdon Court**, Adams Lane, Down Thomas, Plymouth, Tel. 017 52/86 23 58, www.langdoncourt.co.uk. Das historische Tudor-Landhaus liegt inmitten eines kleinen Parks etwa 10 km außerhalb von Plymouth. Das Restaurant bietet exzellente britische Küche, Spezialitäten sind frischer Fisch und Meeresfrüchte.

Athenaeum Lodge, 4 Athenaeum Street, The Hoe, Plymouth, Tel. 017 52/ 66 50 05, www.athenaeumlodge.com. Preisgünstiges Bed & Breakfast (10 Zi.) zwischen Meer und Stadt.

Restaurants

Tanners Restaurant, Prysten House, Finewell Street, Plymouth, Tel. 017 52/ 25 20 01, www.tannersrestaurant.com. Die Brüder Chris und James Tanner sind sowohl die Besitzer als auch die Küchenchefs dieses ausgezeichneten Restaurants mit frischer, kreativer Küche (So/Mo geschl.).

The Horn of Plenty, Gulworthy, Tel. 018 22/83 25 28, www.thehornofplenty.co.uk. Das preisgekrönte Restaurant des zwischen Plymouth und Tavistock gelegenen Landhotels mit Blick ins Tamar-Tal serviert traditionelle britische Küche.

Baden, wo einst die Spanische Armada kreuzte: am Fuße von The Hoe in Plymouth

44 Saltram House

Ein klassizistisches Haus der Kunst.

Der Landsitz Saltram House (NT, Tel. 017 52/ 33 35 03, Haus: Mitte März–Anfang Nov. Sa–Do 12–16.30; Park: ganzjährig 10 Uhr bis Sonnenuntergang), 6 km östlich von Plymouth in einem großen Landschaftspark gelegen, ist ein Produkt wunderbarer Bekanntschaften. John Parker II., Mitte des 18. Jh. Eigentümer des Tudor-Hauses, war ein früher Gönner von **Sir Joshua Reynolds** (1723–1792), des bevorzugten Porträtmalers der englischen High Society. Später avancierte Reynolds zum Präsidenten der Londoner *Royal Academy of Arts* und wurde Hofmaler Georges III.

Selbstverständlich malte Reynolds auch die Familie des Hausherrn und Parker selbst, die Jagdflinte im Arm, an ein Gatter gelehnt, Ausdruck der Sorglosigkeit noblen Landlebens. Zudem beriet er Parker bei der Auswahl der Gemälde für die **Kunstsammlung** von Saltram House. *Angelika Kauffmann* (1741–1807), geschätztes Mitglied der Akademie und von Reynolds nicht nur als Künstlerin verehrt, lieferte elf mythologische Gemälde und ein Porträt von Sir Joshua. So blickt er seit 1767 im Treppenhaus mit aufgestütztem Kopf freundlich auf die Besucher des Hauses – und verfolgte von hier vermutlich ebenso wohlwollend die Umgestaltung des Interieurs, mit der 1768 *Robert Adam* beauftragt wurde. Chippendale-Möbel, Chinoiserien, edles Porzellan, Seidentapeten, Spiegel, dezente Stuckverzierungen – alle Gestaltungselemente stimmte Adam zu einem neoklassizistischen Gesamtbild ab.

Cornwall – Land der Mythen im fernen Westen

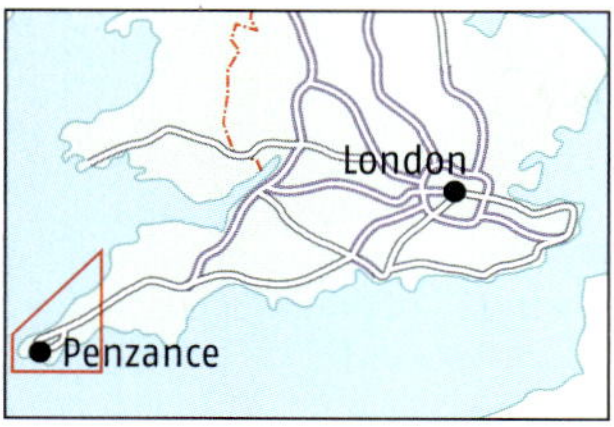

Als die Angeln, Sachsen und Jüten die britische Hauptinsel eroberten, wurden die *keltischen Stämme* in den fernen Westen abgedrängt – ihre Legenden aber blieben gegenwärtig und faszinieren noch heute Menschen in aller Welt. *Artus*, der sagenhafte König der Briten, soll in **Tintagel Castle** an der Nordküste Cornwalls geboren worden sein. Die strategisch wichtige Burg **St. Michael's Mount**, eine mittelalterliche Klosterfestung auf einer Insel vor Penzance, mussten die Benediktinermönche mit Rittern und Soldaten teilen.

Ein Märchen unserer Zeit wurde wahr, als in den Hügeln über **Mevagissey** eine einst fast vergessene Gartenanlage, **The Lost Gardens of Heligan**, in all ihrer subtropischen Verwunschenheit wieder eröffnet wurde.

Des besonderen Lichtes wegen kamen Maler und Bildhauer von jeher in den äußersten Westen. Viele ließen sich in **St. Ives** nieder. Und Küstenpanoramen wie die **Bedruthan Steps** oder **Land's End** sind für viele Besucher auch heute noch der Anfang einer ganz speziellen Liebe zu diesem ganz speziellen Land.

45 Polperro und Mevagissey

Von Fischern, Schmugglern und Gartenenthusiasten.

Etwa 30 km westlich von Plymouth liegt **Polperro**, ein kornisches Fischerdorf, durch dessen Gassen früher Schmuggler schlichen. Heute ist das Geschrei der Möwen von den Dächern der weißgetünchten Fischerhäuser allgegenwärtig. Die Geschichte des Ortes und seiner Bewohner dokumentiert das *Polperro Heritage Museum* (Tel. 01503/272423, März–Mitte Okt. tgl. 10–18 Uhr). Heute zieht Polperro wahre Besucherscharen an, denn hier ist Cornwall so, wie man es am liebsten hat. Autos werden außerhalb des Dorfes abgestellt, Pferde- und Elektrokarren pendeln zwischen Parkplatz und Ort, der für den sommerlichen Besucherandrang mit reichlich Souvenirläden, Cafés und einfachen Restaurants bestens gewappnet ist. Noch idyllischer, da ruhiger, geht es in den Dörfern **Polruan** und **Bodinnick** zu, die man westlich von Polperro an der Mündung des *Fowey* erreicht. Rund 6000 Segeljachten liegen hier vor Anker. In den Geschäften am Hafen des Ortes **Fowey** kaufen die Kapitäne ihren Reisebedarf.

Eine sagenhafte Landschaft: die nordkornische Küste bei den Bedruthan Steps

Bei *Pentewan* in den Hügeln über dem Küstenstädtchen **Mevagissey** lockt ein verwunschener Ort, der gar nichts mit Schmugglern und Schwarzhändlern zu tun hat: **The Lost Gardens of Heligan** (Tel. 01726/845100, www.heligan.com, April–Okt. tgl. 10–18, sonst bis 17 Uhr, letzter Einlass 90 Min. vor Schließung) sind die wohl berühmtesten und meistgeliebten Gärten Englands. Einem Unternehmer ist es zu verdanken, dass der Garten aus seinem 70-jährigen Dornröschenschlaf geweckt wurde. Das Anwesen wurde bereits im 17. Jh. angelegt, war aber nach dem Zweiten Weltkrieg verwildert. Erst der britische Musikproduzent Tim Smit erweckte das 100 ha große Gelände zu neuem Leben. Der Anblick der Wildnis brachte ihn dazu, die Ärmel hoch- und sein Leben umzukrempeln. Er konsultierte Gartenhistoriker und Botaniker, mithilfe von Metalldetektoren spürte man die historischen, in Laub und Erde begrabenen Pflanzenetiketten wieder auf und bestückte den Garten entsprechend neu. Nun sind u. a. wieder ein originalgetreu restaurierter Ananasgraben, Nutzgärten und Dschungelanpflanzungen zu sehen.

Einen ›Garten für das 21. Jh.‹ schuf Smit in einer riesigen Kaolingrube abseits der A 391 einige Kilometer östlich von St. Austell mit dem **Eden Project** (Tel. 01726/811911, www.edenproject.com, April–Okt. tgl. 9.30–18, Nov.–März tgl. 11–16.30 Uhr). Unter zwei großen Kunststoffdomen für tropisches und gemäßigt warmes Klima sowie einer ausgedehnten Außenanlage soll den Besuchern die Natur als ihr ureigenster Lebensraum wieder nahegebracht werden, Informations- und Schulungsprogramme rund um die Pflanzenwelt helfen, die Eindrücke zu vertiefen.

Endpunkt der kleinen Küstenfahrt ist **Mevagissey**. Hier ankern die Boote im Schutz einer doppelten Hafenmole, auf der sich am Abend die Angler versammeln. Hier lässt man es gerne Nacht werden – um am nächsten Morgen vielleicht auf dem *Küstenwanderweg*, über den südlichen Hügel am Hafen, an den letzten Häusern des Ortes vorbei und dann immer die Klippen entlang, eine gemütliche Wanderung in den etwa 4 km entfernten Badeort **Gorran Haven** mit seinem hübschen Strand zu unternehmen.

In den alten Fischerhäusern von Mevagissey sind heute Geschäfte und Pubs untergebracht

Praktische Hinweise

Information

TIC, 5 South Street, Fowey, Tel. 01726/833616, www.fowey.co.uk

TIC, Guildhall, Fore Street, Looe, Tel. 01503/262072

Hotels

******Coombe Farm**, Widegates, Looe, Tel. 01503/240223, www.coombefarmhotel.co.uk. Frei stehender Bauernhof und B & B-Gästehaus (10 Zi.) mit einem herrlichen Blick aufs Meer. Im Sommer sorgt ein beheizter Pool im Garten für willkommene Erfrischung.

******Mevagissey House**, Vicarage Hill, Mevagissey, Tel. 01726/842525, www.mevagisseyhouse.co.uk. Auf dem parkartigen Gelände stehen Feriengästen vier gut ausgestattete Selbstversorger-Cottages zur Verfügung. Die Lost Gardens of Heligan befinden sich in nächster Nähe.

*****Trelaske Country Hotel**, Polperro Road, Looe, Tel. 01503/262159, www.trelaske.co.uk. Das kleine Hotel (7 Zi.) mit komfortablen, ansprechend ausgestatteten Zimmern verfügt auch über ein ausgezeichnetes Restaurant.

Grüngraue Felsrücken säumen die kleinen Buchten der Halbinsel von The Lizard

Restaurants

Food for Thought, 4 Town Quay, Fowey, Tel. 01726/832221, www.foodforthought.fowey.com. In dem historischen Gebäude der Küstenwache am Kai werden erstklassige Menüs serviert (außerhalb der Saison So/Mo geschl.).

Salamander Restaurant, 4-6 Tregoney Hill, Mevagissey, Tel. 01726/842254, salamander-restaurant.co.uk. Kleines, hochgelobtes Restaurant mit viel Fisch und lokalen Produkten.

46 Falmouth und The Lizard

Ein wahres Segel- und Wanderparadies.

An der engen Bucht *Carrick Roads*, in der Fischerboote und Jachten ankern, liegt **Falmouth**. Henry VIII. ließ die Bucht Mitte des 16. Jh. durch zwei kleine Burgen sichern, **St. Mawes Castle** (EH, Tel. 01326/270526, Juli/Aug. So–Fr 10–18, April–Juni/Sept. So–Fr 10–17, Okt. So–Fr 10–16, Nov.–März Sa/So 10–16 Uhr) und gegenüber, auf Ortsseite, **Pendennis Castle** (EH, Tel. 01326/316594, Juli/Aug. So–Fr 10–18, Sa 10–16, April–Juni/Sept. So–Fr 10–17, Sa 10–16, Okt.–März tgl. 10–16, Nov.-Feb. Sa/So 10–16 Uhr). Beide Burgen dienten noch im Zweiten Weltkrieg als Beobachtungsstationen, heute genießt man von ihren Wehrtürmen das Panorama der Bucht. Im Ort selbst informiert das **National Maritime Museum Cornwall** (Discovery Quay, Tel. 01326/313388, www.nmmc.co.uk, tgl. 10–17 Uhr) über das maritime Erbe Cornwalls.

Das Hinterland von St. Mawes nennt sich *The Roseland*: Einsame Badeplätze, Dörfer mit historischen Häusern und sanfte Hügel warten darauf, entdeckt zu werden.

Etwa 10 km südlich von Falmouth beginnt **The Lizard Peninsula** (www.lizard-peninsula.co.uk). Die gesamte Halbinsel kann man auf einem Klippenpfad umwandern. Kleine Buchten und Strände locken vor allem im westlichen Teil, zwischen *Lizard Point*, dem südlichsten Punkt Großbritanniens, *Mullion* und *Porthleven*.

Praktische Hinweise

Information

TIC, 11 Market Strand, Prince of Wales Pier, Falmouth, Tel. 01326/741194, www.falmouth.co.uk

Beinahe demütig ducken sich die Häuser zu Füßen von St. Michael's Mount

Hotels

***Green Lawns**, Western Terrace, Falmouth, Tel. 01326/312734, www.greenlawnshotel.com. Die Eigentümer vergleichen ihr von einem großem Garten umgebenes Haus gerne mit einem französischen Château, schließlich verfügt es auch über luxuriöse Suiten, und das Restaurant ist für seine gute Weinauswahl bekannt.

***Penmorvah Manor**, Budock Water, 4 km westlich von Falmouth, Tel. 01326/250277, www.penmorvah.co.uk. Ruhig gelegenes viktorianisches Haus (27 Zi.). Abendessen mit frischen lokalen Zutaten gibt es auf Vorbestellung.

Restaurants

Manor Restaurant, im Penmere Manor Hotel, Mongleath Road, Falmouth, Tel. 0800/9804611, www.penmere manorhotel.co.uk. Das exzellente und elegante Hotelrestaurant bietet eine moderne englische Küche und dazu eine umfangreiche Weinkarte.

Hutches Restaurant, im Trelawne Hotel, Maenporth Road, Mawnan Smith, Tel. 01326/250226, www.trelawnehotel.co.uk. Das preisgekrönte Hotelrestaurant mit Blick auf die See ist vor allem für seine Meeresfrüchte bekannt (nur Dinner, Nov.–Anfang März geschl.).

47 St. Michael's Mount

TOP TIPP *Malerischer Inselberg mit imposanter Klosterfestung.*

Vor der Küste des Städtchens *Marazion* ragt 70 m hoch der Inselberg **St. Michael's Mount** (NT, Tel. 01736/710507, www.stmichaelsmount.co.uk, *Festung:* Mitte März–Okt. So–Fr 10.30–17 Uhr, *Garten:* Mitte April–Juni Mo–Fr 10.30–17, Juli–Sept. Do/Fr 10.30–17 Uhr, sonst je nach Wetter und Tide) aus dem Meer. Ein Granitdamm, bei Ebbe begehbar, verbindet das Festland mit der Insel, die an sonnigen Tagen über dem Wasser zu schweben scheint wie eine Luftspiegelung des *Mont St. Michel* in der Normandie. Tatsächlich wurde der hiesige Mount kurz nach der Eroberung durch William den Benediktinern des französischen Mont als Tochterhaus unterstellt. Zu großer Bedeutung gelangte die Abtei aber nicht, zu interessant war die strategische Lage des Inselbergs für die weltlichen Herren. Daher mussten die Mönche ihren St. Michael's Mount mit profanen Schwertträgern teilen, bis die Klosterfestung im 17. Jh. in den Besitz der Familie *St. Aubyn* gelangte, die die Abtei wohnlicher gestalten ließ, ohne sie äußerlich entscheidend zu verändern. So ist unter der alten Holzbalkendecke des **Refektoriums** nun ein Stuckfries mit Jagdszenen (1641) zu sehen, die **Marienkapelle** des 15. Jh. wurde in ein elegantes Boudoir der Rokoko-Gotik verwandelt.

St. Michael's Mount blieb seiner Tradition als Ort der Gegensätze treu – und im 8 ha großen **Felsengarten** des 18. Jh. wachsen, von kalten englischen Nebeln umhüllt und von wilden Atlantikstürmen zerzaust, Yucca-Palmen und Mimosen, zarte Flora der südlichen Halbkugel, dem hl. Michael, dem Golfstrom und dem Sachverstand der St. Aubyns sei Dank.

48 Südwestspitze Cornwalls

Ans Ende des Landes.

An der Mount's Bay liegt **Penzance**, einst Exporthafen für die Bodenschätze Cornwalls (Zinn, Kupfer, Wolfram, Kaolin) und heute *Seebad* mit langer Promenade am Sandstrand westlich des Hafenbeckens.

Von dort gelangt man durch die Morrab Road zu den *Morrab Gardens* mit ihren exotischen Blumen und einem viktorianischen Orchesterpavillon. Westlich der Gärten ist **Penlee House Gallery & Museum** (Tel. 01736/363625, www.penleehouse.org.uk, Ostern–Sept. Mo–Sa 10–17, Okt.–Ostern Mo–Sa 10.30–16.30, letzter Einlass 16.30 bzw. 16 Uhr) zu finden, das Haus eines reichen Kaufmanns, in dem die Städtischen Sammlungen untergebracht sind, u. a. archäologische Funde, Kunsthandwerk und Fotografie. Den Schwerpunkt aber bildet die Malerei, insbesondere die Werke der *Newlyn School*, eine im späten 19. Jh. auf Initiative von Walter Langley (1852–1922) gegründete Malergruppe, die sich nach Penzances Nachbarstadt benannte und sich zum Ziel setzte, das harte Leben der Fischer, Bauern und Zechenarbeiter Cornwalls künstlerisch zu verarbeiten. Realistische Maltechnik und romantisierte Sujets verbinden sich in den Werken der Gruppe, die bis zum Jahr 1930 bestand.

Das Nordende der Morrab Gardens umrundend, erreicht man die *Chapel Street* mit dem extravagantesten Gebäude der Stadt. 1830 schossen hier im warmen Süden Britanniens die architektonischen Fantasien einer Epoche ins Kraut. Im Geiste war man 1798 mit Napoleon, dem Erzfeind, nach Ägypten gezogen und hatte sich von den Bauten am Nil zu Bibliotheken ohne Papyri (1823 in Devonport errichtet), Hallen ohne Pharaonen (am Londoner Piccadilly, 1812) und eben jenem **Egyptian House** in Penzance inspirieren lassen. Hinter seiner Fassade mit trapezförmigen Fenstern, Karyatiden, Papyrusbündelsäulen und Palmblattkapitellen geht es jedoch weniger fantastisch als vielmehr handfest britisch zu – Napoleon hin, Ägypten her.

Der Tradition der Newlyn School verpflichtet sehen sich **Newlyn Art Gallery & The Exchange** (beide Tel. 01736/363715, www.newlynartgallery.co.uk, im Sommer Mo–Sa 10–17, im Winter Di–Sa 10–17 Uhr). *The Exchange*, die jüngere der beiden Galerien, befindet sich in der Princess Street in Penzance, die alteingesessene *Newlyn Art Gallery* in der New Road der Nachbarstadt **Newlyn**. Die Künstler Cornwalls finden in diesen Galerien gute Ausstellungsmöglichkeiten. Darüber hinaus wird auch regelmäßig nationale und internationale Kunst präsentiert. Der Ort Newlyn selbst ist Englands größter Fischereihafen. Nicht einmal 2 km südlich der Stadt liegt in einer winzigen Bucht **Mousehole**, das Fischernest namens Mäuseloch mit grauen Häusern aus Granit, die Straßen zu eng für jedes Auto.

Etwa 10 km weiter südwestlich, mitten in den Klippen bei *Porthcurno*, erreicht man das **Minack Theatre** (Tel. 01736/810181, www.minack.com, Besichtigung Ostern–Okt. tgl. 9.30–17.30, sonst 10–16 Uhr, bei Nachmittagsvorstellungen ab 12 Uhr nicht zugänglich). 1932 wurde das Amphitheater mit Shakespeares ›*Der Sturm*‹ eröffnet – und im Sommer, auch

Extravagante Fassade, britisches Interieur: das Egyptian House in Penzance

In die Klippen von Porthcurno sind Bühne und Ränge des Minack Theatre eingegraben

bei Wind und Regen, wenn Prospero wieder einmal schlechte Laune hat, wird den bis zu 800 Zuschauern von Schauspielern oder Amateuren ein buntes Programm geboten, dessen Spektrum von Klassikern bis zu Musicals reicht.

TOP TIPP Nur ein paar Kilometer sind es nun noch bis **Land's End**. An Englands Westspitze hat sich ein extrem kommerzielles Erlebniszentrum breitgemacht. Noch ganz ursprünglich lässt sich das Ende des Landes erleben, wenn man das Auto in dem kleinen Ort *Sennen* stehen lässt und das letzte Stück bis zum Aussichtspunkt zu Fuß läuft. Der Spaziergang dauert etwa 45 Min., führt direkt über die Klippen – und man umgeht auf diese Weise die ›Erlebnisse‹ der marktschreierischen Art, die Land's End sonst für den ahnungslosen Ankömmling bereithält. Tosend brechen sich die Wellen an den Granitfelsen, der Blick streift den *Leuchtturm* vor der Küste und wandert darüber hinaus – man glaubt die Gefühle der Seefahrer vergangener Jahrhunderte verstehen zu können: kein Land mehr von hier bis Amerika (wenn man Irland rechts liegen lässt).

Cape Cornwall, von **St. Just** aus auf einem kurzen Spaziergang zur Küste zu erreichen, ist zwar nicht der Westzipfel der Insel, doch wer fragt angesichts schönster, ungetrübter Ausblicke noch nach geografischen Extremitäten? In St. Just selbst haben sich zahlreiche Maler und Keramikkünstler niedergelassen, die ihre Werke in *Galerien* und *Töpfereien* zum Verkauf anbieten.

Ebenso typisch wie Klippen und Felsnadeln sind für die Landschaft nördlich von Land's End die aus Granitbruchsteinen gemauerten Maschinenhäuser, *Jinjies* genannt, und die hohen Schornsteine der einst florierenden **Bergwerke** der Grafschaft. Schon im 15. Jh. wurde in Cornwall Bergbau betrieben. Bis zur Entdeckung ergiebigerer Vorkommen außerhalb Europas gewann man vor allem Zinn und Kupfer. 1998 wurde auch die letzte Mine, South Crofty bei Redruth, geschlossen. Die Arbeitsabläufe unter Tage lassen sich aber noch bei einem Besuch der **Levant Mine and Beam Engine** (Tel. 01736/786156, (Mitte Feb.–Anfang Nov. So–Fr 11–17 Uhr, letzter Einlass 16.30 Uhr) bei *Pendeen* studieren. Pensionierte Bergleute erläutern das System der Schächte und Stollen, und meist steht auch die Maschine unter Dampf, mit deren Hilfe das erzhaltige Gestein zutage gefördert wurde.

Das Alltags- und Arbeitsleben der Region aus früheren Zeiten ist auch Gegenstand des **Wayside Folk Museum** (Tel. 01736/796945, April/Okt. So–Fr 11–17, Mai–Sept. So–Fr 10.30-17.30 Uhr, in den Sommerferien und an Feiertagen auch Sa) von **Zennor**. Eine Mühle und ein Schweinestall sind in das Museum integriert, für das Colonel Freddie Hurst 60 Jahre lang Gegenstände aller Art und aus allen Lebensbereiche zusammentrug. Manche Gegenstände scheinen direkt aus dem Aquarell eines Künstlers der Newlyn School zu stammen.

i Praktische Hinweise

Information

Penzance National Trust Visitor Centre, Station Approach, Tel. 01736/335530

Sennen Cove Visitor Information Point, The Old Boathouse, Sennen Cove, Penzance, Tel: 01736/871215

Hotels

*****The Summer House**, Cornwall Terrace, Penzance, Tel. 01736/363744, www.summerhouse-cornwall.com. Unweit der Promenade liegt dieses charmante B & B-Hotel in einem denkmalgeschützten Haus. Dinner für Hotelgäste auf Vorbestellung. Mit Garten.

****Tregurnow Farm**, St. Buryan, Tel. 01736/810255, www.lamorna.biz. Geschmackvoll eingerichtetes Farmhaus oberhalb der Bucht von Lamorna südlich von Penzance. Es gibt Zimmer mit Frühstück oder auch Selbstversorger-Unterkünfte.

***Mount Haven**, Turnpike Road, Marazion, Tel. 01736/710249, www.mounthaven.co.uk. Die meisten der 18 Zimmer bieten einen herrlichen Blick auf St. Michael's Mount. Elegant eingerichtetes Haus mit gutem Restaurant.

***Old Coastguard Hotel**, The Parade, Mousehole, Tel. 01736/731222, www.oldcoastguardhotel.co.uk. 14 komfortable Zimmer bietet das B & B-Hotel, zwölf davon mit schönem Meerblick.

Restaurant

Harris's, 46 New Street, Penzance, Tel. 01736/364408, www.harrissrestaurant.co.uk. Alteingesessenes, elegantes Restaurant an der Hauptstraße (außerhalb der Saison Mo geschl.).

Pub

Admiral Benbow, 46 Chapel Street, Penzance, Tel. 01736/363448. Mit vielerlei maritimen Utensilien ist das urig-rustikale Pub dekoriert, leckeres Essen (Mo–Sa ab 11, So ab 12 Uhr).

49 Isles of Scilly

Das wirkliche Ende Englands.

Mehr als 140 Inseln und Felsklippen bilden etwa 40 km südwestlich von Land's End den Archipel der Isles of Scilly, Besitz des Herzogtums Cornwall und beinahe zur Gänze unter Naturschutz stehend. Nur die fünf größten sind bewohnt: St. Mary's, Tresco, St. Martin's, St. Agnes und Bryher. **St. Mary's** mit der Hauptstadt *Hugh Town* ist die größte Insel der Scillies.

Das Meer leuchtet noch in ihren Augen: die Galionsfiguren der Valhalla

Auf ihr leben drei Viertel der insgesamt 2000 Bewohner.

Der Archipel ist eine Oase der Ruhe. Bizarre Felsformationen säumen vor allem die Küsten von St. Mary's und Bryher, sandige Buchten St. Agnes und den Süden von Tresco. Etwa 150 jungsteinzeitliche Grabstätten sind über die Inseln verteilt; aus den Wracks von Havaristen versorgten sich die Bewohner früherer Tage. Die *Valhalla* der **Tresco Abbey Gardens** (Tel. 01720/424108, tgl. 10–16 Uhr), des Gartens einer unter Henry VIII. aufgelösten Benediktinerabtei, versammelt mehr als 70 Galionsfiguren gestrandeter Schiffe. Die Samen vieler der subtropischen Pflanzen brachten Britanniens Seehelden von ihren Weltumsegelungen mit. Hier gedeihen, vom warmen Golfstrom umspült, Bananen und Zitronen, und die Pflanzenzucht ist heutzutage neben dem Tourismus Haupterwerbszweig der Inseln.

i Praktische Hinweise

Information

TIC, Hugh Street, Hugh Town, St. Mary's, Tel. 01720/424031, www.simplyscilly.co.uk

Schiff/Flugzeug

Isles of Scilly Travel Centre, Quay Street, Penzance, Tel. 0845/7105555 (im Land), 01736/334220, www.islesofscilly-travel.co.uk. Etliche Fähren verkehren zwischen Penzance und St. Mary's. Mit dem *Skybus* kommt man ebenfalls weiter: von Southampton, Bristol, Exeter, Newquay und Land's End nach St. Mary's.

Hotels

******April Cottage**, Church Road, Hugh Town, St. Mary's, Tel. 01720/422279, www.scillybandb.com. In dem kleinen Bed & Breakfast am Ortsrand wird man herzlich aufgenommen.

*****Island Hotel**, Old Grimsby, Tresco, Tel. 01720/422849, www.tresco.co.uk. Luxuriöses, mehrfach ausgezeichnetes Hotel mit Swimmingpool und subtropischem Park, Tennisplätzen und sehr gutem Restaurant auf der 3 km^2 großen Blumeninsel.

*****Star Castle**, The Garrison, St. Mary's, Tel. 01720/422317, www.star-castle.co.uk. Eine kleine, von einer sternförmigen Mauer umgebene Festung aus dem Jahr 1593 ist heute eines der besten Hotels (31 Zi.) der Inseln. Gutes Restaurant, Hallenbad, Tennisplätze, schöner Garten (Jan.–Mitte Febr. geschl.)

*****St. Mary's Hall Hotel**, Church Street, Hugh Town, St. Mary's, Tel. 01720/422316, www.stmaryshallhotel.co.uk. Kleines, gepflegtes Hotel (19 Zi.) am Ortsrand mit Garten, freundlichem Service und gutem Restaurant.

Restaurants

Juliet's Garden Restaurant, Seaways Flower Farm, St. Mary's, Tel. 01720/422228, www.julietsgardenrestaurant.co.uk. Das Restaurant in einer umgebauten Scheune verwendet frische regionale Zutaten. Von der Sonnenterrasse und vom neu

Im kleinen botanischen Weltreich der Tresco Abbey Gardens

Wenn der Kunstgenuss vorüber ist, lockt ein Bad an einem der Strände von St. Ives

angefügten Balcony Room hat man einen herrlichen Blick über den Hafen (Lunch und Dinner).

The Galley, The Parade, St. Mary's, Tel. 01720/422602. Im Erdgeschoss gibt's Fish 'n' Chips, oben ein Restaurant. Sämtlicher Fisch wird vom Bruder des Inhabers in den Gewässern um die Insel gefangen (So geschl., Nov.–März geschl.).

The Mermaid, The Bank, St. Mary's, Tel. 01720/422701. Charaktervolles, lebhaftes Pub, in dem sich die jüngere Generation trifft. Im Obergeschoss gibt es ein einfaches Fischrestaurant.

50 St. Ives

Künstler auf der Suche nach dem Licht.

Das Städtchen auf einer Halbinsel 11 km nördlich von Penzance ist nach der *hl. Ia*, einer keltischen Missionarin des 5. Jh., benannt. Bergbau und Sardinenfischerei bildeten viele Jahrhunderte lang die Lebensgrundlage der Bewohner. Anfang des 20. Jh. kamen dann erstmals Erholungsuchende des milden Klimas wegen hierher. Auch heute noch tummeln sich Badegäste und Surfer an den langen **Sandstränden** der geschützten St. Ives Bay, vor allem am Porthmeor Beach an der Hafenpromenade, die von einem strahlend weißen, aus Kuben und Zylindern zusammengesetzten Gebäude beherrscht wird, der **Tate St. Ives** (Tel. 01736/796226, www.tate.org.uk/stives, März–Okt. tgl. 10–17.20, Nov.–Feb. Di–So 10–16.20 Uhr). Wo sich früher das Gaswerk der Stadt befand, wurde im späten 20. Jh. diese Dependance der Londoner *Tate Gallery* eröffnet. An Ort und Stelle können hier in wechselnder Zusammenstellung die rund 900 Werke von Künstlern aus St. Ives betrachtet werden, über die das Londoner Mutterhaus verfügt. Schon hundert Jahre bevor die ersten Badeurlauber der Sonne im Westen des Landes entgegenfuhren, hatten Maler und Bildhauer das besondere Licht der Bucht entdeckt und in ihren Werken reflektiert. Von der Wasseroberfläche gespiegelt, erscheint es besonders durchdringend und strahlend. **William Turner** waren die Mitglieder der *Newlyn School* [s. S. 93] gefolgt, nachdem es ihnen in dem südlicher gelegenen Sardinenhafen zu eng geworden war. *James McNeill Whistler* (1834–1903) und sein Schüler *Walter Sickert* (1860–1942) sammelten ihre Impressionen hier im Winter 1883.

Wenige Tage vor Ausbruch des Zweiten Weltkriegs schließlich übersiedelte *Ben Nicholson* mit seiner Frau *Barbara Hepworth* und den drei Kindern aus dem bedrohten London nach St. Ives. Wie geschaffen scheint das Ambiente der Tate für Nicholsons vom Kubismus geprägte

Bilder, für die wie vom Meer angespülte Findlinge wirkenden, abstrakten Skulpturen Barbara Hepworths vor den großen Fensterflächen mit Blick auf Porthmeor Beach. Auch vielen Künstlern der jüngeren Vergangenheit begegnet man bei einem Rundgang durch die Tate des Westens, z. B. *Patrick Heron*, *Terry Frost* und *Peter Lanyon*. Und bei einem Besuch des luftigen, lichtdurchfluteten *Cafés* im obersten Stockwerk des Museums kann sich jeder sein eigenes schönes Bild von Strand und Stadt machen.

Barbara Hepworth ist ein eigenes Museum in der Ayr Lane (Ecke Barnoon Hill) gewidmet. Hinter hohen Granitmauern fand sie 1949, nach der Trennung von Ben Nicholson, ein eigenes Atelier, das sie später auch als Wohnhaus nutzte. Heute ist darin das **Barbara Hepworth Museum & Sculpture Garden** (Tel. 01736/796226, www.tate.org.uk/stives, März–Okt. tgl. 10–17.20, Nov.–Feb. Di–So 10–16.20 Uhr) untergebracht. Der Kalender im Atelier zeigt unverändert das Datum des 20. Mai 1975, jenes Tages, an dem Hepworth vor dem Einschlafen vergaß, ihre Zigarette zu löschen und im Bett verbrannte. So wurde aus der Arbeits- eine Erinnerungsstätte. Verteilt über Haus und Garten sind rund *50 Werke* der Künstlerin zu sehen. Zwischen Bambus und Kakteen blickt man auf die abstrakten Skulpturen, durchbrochene Steine und Metallplatten, ins Licht von St. Ives.

Top Tipp

Spaziergänge von Kunstwerk zu Kunstwerk führen durch die verwinkelten **Gassen** des Städtchens mit ihren schiefergedeckten Fischerhäusern und urigen Bergarbeiter-Cottages. Vor dem *Rathaus* und in der Pfarrkirche *St. Ia* (15. Jh.) in der High Street sind noch einmal Skulpturen von der Bildhauerin Barbara Hepworth zu sehen. In der Straße The Stennack am südwestlichen Stadtrand hatte *Bernard Leach* (1888–1979), einer der innovativsten Keramikkünstler des 20. Jh., seine Töpferei. In seinen Kunstwerken verbinden sich europäische und ostasiatische Techniken und Formensprache. Mit einem letzten Blick ins Licht verlässt man St. Ives nun in Richtung Norden. Den *Leuchtturm* von Godrevy verpflanzte Virginia Woolf, die als Mädchen drei Sommerferien an der Bucht verbrachte, 1927 in ihrem Roman ›*To the Lighthouse*‹ auf die Hebrideninsel Skye.

Praktische Hinweise

Information

TIC, The Guildhall, Street-An-Pol, St. Ives, Tel. 0905/2522250 (20 Cent/Min.), www.visitcornwall.com

Hotels

******The Grey Mullet**, 2 Bunkers Hill, St. Ives, Tel. 01736/796635, www.touristnetuk.com/sw/greymullet. Liebevoll ausgestattetes Gästehaus aus dem 18. Jh. Im

Hepworth-Skulpturen, vorne: ›Fallen Images‹ von 1974/75, in dem ihr gewidmeten Museum

Schön anzuschauen, aber zum Baden zu gefährlich – die Küste bei den Bedruthan Steps

Frühstücksraum des ehem. Fischerhauses wurden früher die Fische getrocknet.

***Carbis Bay Hotel**, Carbis Bay, St. Ives, Tel. 01736/795311, www.carbisbayhotel.co.uk. Mittelgroßes Hotel mit Terrasse und Pool direkt am Strand 2,5 km südlich von St. Ives. Gutes Restaurant. Auch verschiedene Apartments, Cottages und Bungalows für Selbstversorger zu buchen.

Restaurants

Alfresco, The Wharf, St. Ives, Tel. 01736/793737, www.stivesharbour.com/st-ives-restaurants/alfresco. Das engagierte Besitzerpaar verwöhnt seine Gäste mit italienischen Delikatessen, einer hervorragenden Weinauswahl und ausgezeichneten Desserts.

The Badger Inn, Lelant, St. Ives, Tel. 01736/752181, www.thebadgerinn.co.uk. Inmitten der Pflanzen des Wintergartens genießt man als Spezialitäten des Hauses Kasserollen, Pasta und Pudding, alle Rezepte selbst kreiert.

The Loft, Norway Lane, St. Ives, Tel. 01736/794204, www.theloftrestaurantandterrace.co.uk. Vor allem Fisch und Meeresfrüchte werden in diesem Restaurant in außergewöhnlicher Qualität zubereitet. Gehobene Preisklasse (Nov.–Feb. geschl.).

51 Newquay und Bedruthan Steps

Spektakel und Naturschauspiel.

Newquay mit seinen zehn Sandstränden wird auch *Surf City UK* genannt, und verdient seinen Ruf als Hauptstadt der Wellenreiter des Vereinigten Königreichs. Tagsüber surft man in der Brandung, abends donnert die neueste Musikwelle durch die vielen Clubs der Stadt.

Nicht ruhiger, aber natürlicher geht es gut 10 km weiter nördlich zu. Über Treppen zum Meer erreicht man die Felsformation der **Bedruthan Steps**, gewaltige Klippen am Sandstrand, der weniger zum Baden als zum Staunen aus gemessenem Abstand einlädt. An den Trittsteinen der Giganten bricht die Flut unvermittelt herein und hat schon viele Unvorsichtige in die Tiefe gerissen.

i Praktische Hinweise

Information

TIC, Marcus Hill, Newquay, Tel. 01637/854020, www.newquay.co.uk

Hotels

***The Three Tees**, 21 Carminow Way, Newquay, Tel. 01637/872055, www.3tees.

Von daher weht der Wind: sturmgepeitschter Baum im Bodmin Moor

co.uk. Familienfreundliche Gästehäuser etwas außerhalb der Stadt und in der Nähe des Strandes.

****Whipsiderry**, Trevelgue Road, Porth, Newquay, Tel. 016 37/87 47 77, www.whipsiderry.co.uk. Knapp 4 km nordöstlich von Newquay liegt dieses Hotel mit einem Schwimmbad und Sauna. Die 20 Zimmer sind modern gestaltet und bieten einen fantastischem Seeblick. Das Abendmenü besteht aus sechs Gängen, das Frühstück ist preisgekrönt.

Restaurant

Maharajah, 39 Cliff Road, Newquay, Tel. 016 37/87 73 77, www.maharajah-restaurant.co.uk. Indisches Lokal mit großer Auswahl an den Klippen. Der herrliche Blick auf das Meer ist inklusive.

52 Bodmin Moor

Herrenhäuser am Rande, ein Wirtshaus in der Mitte des Moors.

Übereinandergeschichtete Granitplatten krönen Rough Tor und Brown Willy, die mit 400 bzw. 420 m höchsten Erhebungen des Bodmin Moor. Offene Moor- und Heidelandschaft erstreckt sich zu ihren Füßen, ein *Wandergebiet* etwa halb so groß wie das Dartmoor, begrenzt von den Städten Altarnun, Liskeard, Bodmin und Camelford.

Seit 1835 ist **Bodmin** Cornwalls Kapitale. Hauptsehenswürdigkeit des Ortes ist die Kirche *St. Petroc* aus dem 15. Jh. mit einem der schönsten normannischen Taufbecken (12. Jh.) des Landes. Engelsköpfe bilden die vier Ecksäulen, und über das Becken rankt sich filigran ein Lebensbaum. Eine eher schauerliche Attraktion ist das *Bodmin Jail* (Berrycoombe Road, Tel. 012 08/762 92, www.bodminjail.org, tgl. 10 Uhr bis Sonnenuntergang), ein 1779 errichtetes Gefängnis, das heute als Museum (mit Restaurant) zu besichtigen ist.

3 km südlich von Bodmin steht inmitten einer herrlichen Parklandschaft am Fluss Fowey **Lanhydrock House** (NT, Tel. 012 08/26 59 50, *Gebäude:* April–Sept. Di–So 11–17.30, März/Okt. Di–So 11–17 Uhr, *Garten:* tgl. 10–18 Uhr), ursprünglich eine Augustinerabtei, die ab 1630 zu einem Herrenhaus umgestaltet und 1881 nach einem Brand im viktorianischen Tudorstil neu aufgebaut wurde. Die stuckverzierte *Galerie* des Nordflügels blieb von den Flammen verschont; die *Deckengemälde* erzählen Geschichten aus der Bibel.

5 km nordwestlich von Bodmin liegt **Pencarrow** (Tel. 012 08/84 13 69, www.pencarrow.co.uk, *Gebäude:* April–Sept. So–Do 11–15 Uhr, *Gärten:* März–Okt. tgl. 10–17.30 Uhr). Das Anwesen wurde im 18. Jh. als Stammsitz der Molesworth-St. Aubyn errichtet, einer der mächtigsten Familien Cornwalls. Sie stellten Parlamentsabgeordnete und sogar einen Gouverneur von Jamaika. Piraten und

Schmuggler hatte nicht nur die Karibik zu bieten, sondern auch Cornwall mit seinen Küsten und Mooren – im **Jamaica Inn** von *Bolventor* schrieb Daphne du Maurier (1907–1989) den Roman, den sie nach dem Wirtshaus im Zentrum des Bodmin Moor benannte. Das Jamaica Inn gibt es nach wie vor, das Zimmer der Autorin ist in der Einrichtung der 1930er-Jahre, so wie sie es vorfand, zu besichtigen. Außerdem gibt es eine kleine Ausstellung zur Geschichte des Schmuggels.

Im nördlichen Teil des Moores liegt die alte Hauptstadt von Cornwall, **Launceston**, mit der normannischen Burgruine des Earl of Cornwall. Unterhalb davon, am Marktplatz des Ortes, ist ein Schmuckkästchen des frühen 16. Jh. zu bewundern, eines, das man nicht erst zu öffnen braucht, um seiner Pracht teilhaftig zu werden. Die Granitmauern der Pfarrkirche **St. Mary Magdalene** sind über und über mit *Flachreliefs* verziert: Rosen ranken sich die Wände hinauf, Farne wuchern, Palmblätter werfen schmale Schatten auf das Mauerwunderwerk. In einer Nische unter dem Ostfenster ruht die Figur der hl. Maria Magdalena. Über dem Fenster prangt das Wappen Henrys VIII., des großen Kirchenreformators, dessen Wirken und Wüten die prachtvolle hölzerne *Kanzel* im Inneren von St. Mary Magdalene unbeschadet überstanden hat. Die ursprüngliche Bemalung der zarten Schnitzereien wurde restauriert.

Praktische Hinweise

Information

TIC, Shire Hall, Mount Folly Square, Bodmin, Tel. 012 08/766 16, www.bodminlive.com

Hotels

*****Trehellas House**, Washaway, 5 km nordwestlich von Bodmin, Tel. 012 08/727 00, www.trehellashouse.co.uk. Eine Postkutschenstation aus dem 18. Jh. mit schweren Balken und Schieferböden sowie eine umgebaute Scheune bieten komfortable Unterkunft. Das Restaurant (Vorbestellung) bietet regionale Spezialitäten. Im Sommer lockt ein Garten-Pool.

Tregolls Farm, St. Wenn, Tel. 012 08/812154, www.tregollsfarm.co.uk. Preisgünstiges Bed & Breakfast in einem Farmhaus 8 km westlich von Bodmin. Selbstversorger können hier auch einige Cottages mieten.

Pub

The Malsters Arms, Wadebridge, Tel. 012 08/812473. 300 Jahre altes Pub nordwestlich von Bodmin mittäglich wechselndem Speisenangebot sowie *Real Ales*, darunter das Malsters Special,das nur hier zu bekommen ist.

Terrassengarten und Tudorstil: Lanhydrock House erzählt vom Wandel der Epochen

53 Tintagel, Boscastle und Morwenstow

Von Märchenkönigen, Hexen und Meerjungfrauen.

Ein Torbogen, Mauerreste, vom Gras befreite Fundamente – viel ist nicht übrig geblieben von **Tintagel Castle** (EH, Tel. 018 40/77 03 28, April–Sept. tgl. 10–18, Okt. tgl. 10–17, Nov.–März Sa/So 10–16 Uhr), der legendären Burg des sagenhaften König Artus auf einem Felsvorsprung an der Küste Cornwalls. Zur Legende passt es jedoch nicht, dass die Ruinen von einer Festung des frühen 13. Jh. stammen, die von Richard, dem Earl of Cornwall und Bruder Henrys III., errichtet worden war. **Artus** hingegen, so er denn wirklich gelebt haben und vielleicht mit jenem keltischen Ritter identisch sein sollte, der das Land, schließlich erfolglos, gegen die Angeln und Sachsen verteidigte, tat dies im 6. Jh. Der Geschichtsschreiber *Geoffrey of Monmouth* allerdings hatte 1136 die kornische Felsnase zur Residenz des friedfertigen und tugendhaften Herrschers erklärt, eine Behauptung, der seither, allen geschichtlichen Fakten zum Trotz, Glauben geschenkt wird. Und traten denn nicht Ende des 20. Jh. schottische Archäologen mit einem aufsehenerregenden Fund an die Öffentlichkeit? Einer **Schiefertafel** mit der lateinischen Inschrift »Artognou hat dies errichtet«, entdeckt auf dem Gelände von Tintagel Castle. Artognou steht keltisch für Arthur, Artus – mit einem Wort genug für all jene, deren Glauben Burgen versetzt. Wegen der zerklüfteten Klippenlandschaft lohnt ein Besuch allemal.

Das interessanteste Haus des Ortes hat nur insofern etwas mit König Artus zu tun, als es der Invasion seiner Bewunderer trotzte. Durch den Einsatz einer verehrungswürdigen Dame namens Catherine Johns wurde das **Tintagel Old Post Office** (NT, Fore Street, Tel. 018 40/77 00 24, März/Okt tgl. 11–16, April–Sept. tgl. 10.30–17.30 Uhr), ein ganz aus Schiefer errichtetes Haus des 14. Jh., als einziges historisches Gebäude gerettet, als man im 19. Jh. beinahe das ganze Dorf neu bauen ließ, um den vielen Besuchern Unterkunft bieten zu können. 1890 wurde in einem der Räume des windschiefen Häuschens die Dorfpost eingerichtet – daher sein Name. Das Zimmer wurde vom National Trust originalgetreu restauriert.

Ein wunderschöner Klippenpfad führt von Tintagel ins 6 km nördlich gelegene **Boscastle**. Von seiner Burg, *Bottreaux Castle* (12. Jh.), ist leider überhaupt nichts mehr zu sehen. Die Gebäude des Dorfes, die Häuser am Hafen aus dem 16. Jh. und die hoch oben auf den Klippen, sollen einst aus den Steinen der Burg errichtet worden sein. Viele Gebäude wurden beschädigt oder gar zerstört, als vor einigen Jahren heftige Wolkenbrüche eine Flut-

Die Last der Jahrhunderte scheint auf dem Dach des Old Post Office von Tintagel zu ruhen

Was die Zukunft wohl bringen mag? Eine Hexe im Museum of Witchcraft in Boscastle

welle auslösten, die durch den Ort schoss. Todesopfer gab es damals wie durch ein Wunder nicht. Inzwischen sind die Schäden der Naturkatastrophe beseitigt.

Über die Steilküste mit den Resten des *Iron Age Fort*, durch die Flusstäler von Valency und Jordan kann man entweder die Wanderung fortsetzen oder aber am Hafen das **Museum of Witchcraft** (Tel. 018 40/25 01 11, www.museumofwitchcraft.com, Ostern–Okt. Mo–Sa 10.30–18, So 11.30–18 Uhr) besuchen, das sich mit allen Spielarten des Aberglaubens und allen möglichen übernatürlichen Phänomenen beschäftigt. Den Schatten einer Hexe konnte man einfangen, Märchenkönige sind bislang immer noch entwischt.

In der äußersten Nordecke der Grafschaft Cornwall liegt **Morwenstow**, Heimatpfarrei des exzentrischen Reverend *Robert Stephen Hawker* (1803–1875), Seelsorger, Retter von Schiffbrüchigen, Dichter und Baumeister. Mit seinem *Pfarrhaus* (nicht zugänglich) setzte er den Gotteshäusern, in denen er gewirkt hatte, ein eigenwilliges Denkmal. Dessen Kamine stellen nämlich Nachbauten ihrer Kirchtürme dar. Neben dem Haus des fantasievollen Pfarrers steht *St. John Baptist*, eine Kirche aus normannischer Zeit, deren Rundbögen und Portal die bösen Blicke von Bestien aller Abart in Stein bannen – doch auch Delfine und eine Meerjungfrau sind zu sehen. Abseits des Dorfes, mitten in den Klippen, zimmerte sich der Reverend aus Treibholz *Hawker's Hut*, eine Hütte zur Kontemplation, zum Dichten und nicht zuletzt auch, um die eine oder andere Pfeife Opium zu rauchen.

Praktische Hinweise

Information

TIC, Bossiney Road, Tintagel, Tel. 018 40/77 90 84, www.visitboscastleandtintagel.com

TIC, The Harbour, beim Village Car Park, Boscastle, Tel. 018 40/25 00 10, www.visitboscastleandtintagel.com

Hotels

*****St. Christopher's**, High Street, Boscastle, Tel. 018 40/25 04 12. Ein gemütliches Bed & Breakfast im oberen alten Teil des Hafenortes.

****The Wellington Hotel**, The Harbour, Boscastle, Tel. 018 40/25 02 02, www.wellingtonhotelboscastle.com. Gediegenes 14-Zi.-Haus mit gutem Restaurant.

The Old Vicarage, Morwenstow, Bude, Tel. 012 88/33 13 69, rshawker.co.uk. Wildromantisches, liebe- und geschmackvoll eingerichtetes Bed & Breakfast mit nur drei Gästezimmern in einem alten Pfarrhaus. Alternativ gibt es auch ein gemütliches Selbstversorger-Cottage.

Restaurant

The Napoleon Inn, High Street, Boscastle, Tel. 018 40/25 02 04, www.napoleoninn.co.uk. Inn im oberen Teil des Ortes mit *Real Ale* und gutem, einfachem *Pub Food*, im ersten Stock auch kleines Bistro.

Nord-Devon und Somerset – wo Heide wächst und Cider fließt

Der **Exmoor National Park** mit seinen lieblichen Flusstälern und heidebewachsenen Hügeln, über die wilde Ponyherden streifen, ist das landschaftliche Herzstück von Nord-Devon und Somerset. Atemberaubende Klippen und spektakuläre Felsformationen wie das **Valley of Rocks** bei Lynton säumen die Küste des Nationalparks.

Einer der schönsten Orte der Region ist **Dunster** mit seiner breiten Hauptstraße und dem mächtig aufragenden Schloss – die Stadt bietet sich als Ausgangspunkt für die Erkundung des Exmoor an. Mit **Clovelly** ist ein originalgetreu erhaltenes Fischerdorf des 18. Jh. zu besichtigen. Und im Herbst fließt aus Fässern der frisch vergorene *Cider*, der Apfelwein, der so manchen Pub-Abend feuchtfröhlich enden lässt.

54 Clovelly

Malerisches Dorf in Privatbesitz.

Es ist nicht weiter ungewöhnlich, dass man am Rand eines winzigen südenglischen Fischerdorfes das Auto abstellen muss. Ungewöhnlich ist es dagegen, dass der Parkplatz doppelt so groß ist wie das Dorf und man Eintritt bezahlen muss, um in den Ort zu gelangen. Clovelly knapp 10 km östlich der Landspitze von *Hartland Point* gelegen, befindet sich seit gut zweieinhalb Jahrhunderten im Privatbesitz der Familie *Rous* – und die verwendet die Eintrittsgelder dazu, das Dorf und die Atmosphäre des 18. Jh. zu erhalten. An weiß getünchten, blumengeschmückten Fischerkaten vorbei geht man die steile, 800 m lange High Street hinunter zum *Hafen*, einer einzigen Kaimauer, an der ehemalige Fischer zu Bootsausflügen einladen. Etwa 400 Menschen sowie einige Esel bewohnen das malerische, viel besuchte Clovelly mit seinen zahlreichen Cafés und Kunsthandwerkläden.

Praktische Hinweise

Information

Visitor Centre, Tel. 012 37/43 17 81, www.clovelly.co.uk

Hotel

Red Lion Hotel, The Quay, Clovelly, Tel. 012 37/43 12 37. Der alte Gasthof (11 Zi.) liegt am kleinen Hafen. Luxuriös eingerichtete Zimmer; das Restaurant ist auf Fisch spezialisiert.

55 Lynton, Lynmouth und Valley of Rocks

Das Tal der Romantiker über dem Meer.

›Where Exmoor meets the sea …‹: Die Küste des *Nationalparks* erstreckt sich entlang des Bristol Channel. Wenige Kilometer vor der Grenze zur Grafschaft Somerset erreicht man das kleine **Lynton**, 150 m hoch über dem Meer gelegen. Ein steiler Spazierweg führt den bewaldeten Hang hinab nach **Lynmouth**; müde Badegäste und Wanderer trägt die nostalgische *Cliff Railway* (Tel. 01598/753486, www.cliffrailwaylynton.co.uk, März/Okt. tgl. 10-17, April-Mai/Sept. tgl. 10 -18, Juni-Juli tgl. 10-19, August tgl. 10-21 Uhr), eine Schienenbahn aus dem Jahr 1890, zurück nach Lynton. Die bergab rollende Kabine zieht eine zweite, über ein Stahlseil verbundene, bergauf.

In Lynmouth mündet der *Lyn River* ins Meer. Vom Hafen führt ein etwa einstündiger Spaziergang an den von lichtem Eichenwald bestandenen Bänken des East Lyn nach **Watersmeet**. Die frühere Anglerunterkunft *Watersmeet House* am Zusammenfluss von East Lyn River und Hoar Oak Water beherbergt einen *Info Point* und ein *Café* (s. u.).

TOP TIPP Vor 125 000 Jahren flossen East und West Lyn noch durch das **Valley of Rocks** knapp 2 km westlich von Lynton. Die Küste erodierte, vielleicht schmolz nach einer Eiszeit auch ein rie-

Steil geht es auf Clovellys altertümlich gepflasterter High Street hinunter zum Hafen

Ein Felsturm wie eine Burg: Castle Rock über dem Valley of Rocks bei Lynton

siger Gletscher, und der Lyn River bahnte sich fortan bei Lynmouth seinen Weg ins Meer. Der Austrocknung des Flussbetts verdankt Lynton das Valley of Rocks, ein Tal am Bristol Channel. Der *North Walk*, ein geteerter Pfad, der am Absturz der Klippen entlang ins Valley führt, beginnt am Friedhof im Zentrum von Lynton.

Wilde Ziegen balancieren seit Jahrhunderten über die steilen Geröllfelder und inspirierten schon die Dichter der Romantik, William Wordsworth (1770–1850), Samuel Taylor Coleridge (1772–1834) und Robert Southey (1774–1843), zu Kletterpartien. Die Felstürme *Castle Rock* und *The Devil's Cheesewring* gehörten zum romantischen Pflichtprogramm von Alpinisten. Wenn an einem Sommerabend die Sonne im Bristol Channel versinkt und die ersten Lichter der walisischen Küste aufflackern, ist für jeden klar zu erkennen, dass an diesem Abschnitt der englischen Küste die Epoche der Romantik noch lange nicht zu Ende ist.

i Praktische Hinweise

Information

TIC, Town Hall, Lee Road, Lynton, Tel. 015 98/75 22 25, www.lynton-lynmouth-tourism.co.uk

Hotels

*******The Heatherville Hotel**, Tors Park, Lynmouth, Tel. 015 98/75 23 27, www.heatherville.co.uk. Elegantes Landhotel mit sechs Zimmern in einer viktorianischen Villa, ruhig gelegen an den grünen Ufern des Lyn.

****Chough's Nest Hotel**, North Walk, Lynton, Tel. 015 98/75 33 15, www.choughsnesthotel.co.uk. Besonders bezaubernd ist die Aussichtslage des charmanten Hotels (9 Zi.) mit Restaurant. Im Sommer wird nachmittags auf der Terrasse traditioneller *Cream Tea* serviert.

****The Rising Sun**, Harbourside, Lynmouth, Tel. 015 98/75 32 23, www.risingsunlynmouth.co.uk. Nicht nur im Hauptgebäude des hervorragenden Hotels mit seinen 16 Zimmern kann man übernachten, sondern auch in einem zugehörigen Cottage. In ihm verbrachte der Dichter Percy Bysshe Shelley den Sommer des Jahres 1812.

Restaurant

Lynton Cottage, North Walk Hill, Lynton, Tel. 015 98/75 23 42, www.lynton-cottage.co.uk. Hotelrestaurant mit innovativem Touch, von mediterraner und Thai-Küche inspiriert.

Café

Watersmeet House, bei Lynmouth, Tel. 015 98/75 33 48. Das ehemalige Fischerhaus ist heute eine Informationstelle des National Trust mit einem angeschlossen *Tearoom*. Des *Cream Tea* und der idyllischen Lage wegen kommen die Gäste von nah und fern (tgl. 10.30–17.30 Uhr).

56 Dunster und Exmoor National Park

Dorf mit Schloss – Tor zum Moor.

Gut 20 km östlich der Grafschaftsgrenze zu Devon, am Rande des Exmoor National Park, liegt **Dunster**. Den Conygar Hill hinauf führt die Straße und verbreitert sich nach einer Kurve zur marktplatzgroßen *High Street*. Jenseits des Platzes ragt aus alten Bäumen die Burg auf, am oberen Ende der High Street steht das achteckige Holzhäuschen des *Yarn Market* (um 1589), das Marktkreuz überdachend. Hier wurden seit dem frühen 17. Jh. Stoffe verkauft. An efeuumrankten Häusern, Hotels, Cafés und Andenkenläden vorbei bummelt man nun weiter durch den Ort.

Neben der normannischen Pfarrkirche von *St. George* mit der kunstvoll geschnitzten Chorschranke (1498) in der Church Street befindet sich der alte Dorfgarten von Dunster. Durch ihn gelangt man zum *Dovecote* (1539). Aus den über 500 Gelegen des runden Taubenhauses versorgten sich die Schlossherren einst mit Eiern und Fleisch.

Von **Dunster Castle** (NT, Tel. 01643/821314, April–Okt. Fr–Mi 11–17 Uhr), normannischen Ursprungs und 1617 mit Ausnahme des Torhauses neu errichtet, ist seit dem Bürgerkrieg nur das Wohnhaus erhalten geblieben – seinen festungsartigen Charakter erhielt der Familiensitz der *Luttrells* durch einen Umbau im Jahre 1868. Vorwiegend in der Einrichtung jenes Jahrhunderts sind die Räume der Burg nun zu sehen, älteren Datums ist die prächtige Stuckdecke des *Speisesaals* (1681). Die großflächigen Rinderhäute der *Leather Gallery*, mit Silberfolie belegt und mit Ölfarbe bemalt, erzählen die Geschichte von Antonius und Cleopatra. Die weitläufigen **Gärten** (April–Okt. tgl. 10–17, Nov.–Mitte März tgl. 11–16 Uhr) können auch unabhängig von der Burg besichtigt werden. Auf der Südterrasse stehen mächtige Palmen. Sogar ein Zitronenbaum, im Winter durch ein Glashaus geschützt, gedeiht hier.

Der 692 km^2 große **Exmoor National Park** erstreckt sich von Combe Martin im Westen bis zu den Brendon Hills im Osten. Der Zusammenfluss von Barle und Exe markiert den südlichsten Punkt des Parks, der sich zu vier Fünfteln in Privatbesitz befindet. Die kleinen, von Hecken abgegrenzten Felder und die weiten, heidebedeckten Hochflächen werden vor allem für Weidewirtschaft genutzt. Die Landschaft des Exmoor ist äußerst abwechslungsreich. Die mit über 400 m höchsten Klippen Englands säumen seine Küste, über die karge Kuppe des *Dunkery Beacon* (519 m) in der nördlichen Hälfte des Parks jagt der Wind, wilde Ponyherden durchstreifen offenes Moorland, auf den sattgrünen Wiesen verträumter Täler döst man nach einem

Auf der sonnigen Südterrasse von Dunster Castle dauert der Sommer etwas länger

Picknick vor sich hin, leiser und leiser wird das Glucksen des glasklaren Moorbachs.

Nördlich von Hawkridge führen die **Tarr Steps**, die längste (55 m) *Clapper Bridge* des Landes, über den River Barle – vermutlich schon seit der Eisenzeit. Diese denkbar einfach konstruierten Brücken waren noch bis ins Mittelalter gebräuchlich. Man legte einfach Steine in geringem Abstand in den Fluss und überdeckte sie mit einer weiteren Lage Steinen. Das Flusstal bis zum gut 10 km nordwestlich gelegenen *Simonsbath* ist eines der schönsten **Wanderreviere** des Exmoor. Die Visitor Centres des Nationalparks geben Auskunft über Rundgänge durch das Exmoor, auf denen man unter sachkundiger Führung Interessantes über Flora, Fauna und Geschichte der Region erfährt.

i Praktische Hinweise

Information

Exmoor National Park Visitor Centres, 7–9 Fore Street, Dulverton, Tel. 013 98/32 38 41

Dunster Steep, Dunster, Tel. 016 43/82 18 35

Lyndale Car Park, Lynmouth, Tel. 015 98/75 25 09

www.exmoor-nationalpark.gov.uk
www.visit-exmoor.co.uk

Alle Nationalpark-Besucherzentren sind April–Okt. tgl. 10–17 Uhr geöffnet, Dulverton auch Nov.–März tgl. 10.30–15 Uhr.

Hotels

******The White House**, 11 Long Street, Williton, Tel. 019 84/63 23 06, www.whitehousewilliton.co.uk. Gemütliches Bed & Breakfast in einem georgianischen Stadthaus mit 14 Zimmern.

*****Simonsbath House Hotel**, Simonsbath, Tel. 016 43/83 12 59, www.simonsbathhouse.co.uk. Zehn individuelle Zimmer im Exmoor: Die gute alte Zeit wird wach in diesem kleinen, gemütlichen Landhotel aus dem 17. Jh., das früher eine Schule war.

*****The Luttrell Arms**, 32–36 High Street, Dunster, Tel. 016 43/82 15 55, www.luttrellarms.co.uk. Im 15. Jh. bauten die Zisterziensermönche von Cleeve Abbey (8 km südöstlich von Dunster) hier ein Gästehaus, dessen Great Hall noch erhalten ist. Das Hotel (28 Zi.) ist modern ausgestattet und verfügt über ein elegantes Restaurant.

Tierisches Refugium: Wilde Ponyherden streifen durch den Exmoor-Nationalpark

57 Taunton

Die Marktstadt im Apfelland.

Die Grafschaftshauptstadt (59 000 Einw.) von Somerset wurde zu Beginn des 8. Jh. gegründet und ist heute das Zentrum der *Cider-Herstellung*. Im 17. Jh. flossen in Taunton nicht nur süßer und trockener Apfelwein, sondern auch salzige Tränen und Blut. 1685 hielt der berüchtigte Richter Jeffreys im normannischen **Taunton Castle** gnadenlos Gericht über die Anhänger des Duke of Monmouth. Der uneheliche Lieblingssohn Charles' II. erhob sich zusammen mit 4000 schlecht bewaffneten Gefolgsleuten gegen den katholischen James II., der seinem Bruder auf dem Thron nachgefolgt war. Nach nur sechs Monaten wurde die Rebellion niedergeschlagen; viele Aufständische wanderten aufs Schafott oder in die Sklaverei in den Kolonien. In Taunton Castle wird heute nicht mehr Gericht gehalten, sondern hervorragend gekocht. Das dort angesiedelte Hotel (s. u.) ist berühmt für seine innovative Küche.

Ebenfalls in der Burg eingerichtet ist das **Museum of Somerset** (Tel. 018 23/ 27 88 05, Di–Sa 10–17 Uhr, letzter Einlass 16.30 Uhr) mit einer großen Sammlung historischer und naturwissenschaftlicher Objekte. Zur Kollektion zählen Fossilien und Skulpturen, Mosaike und Keramiken

Restaurant

The Royal Oak, Winsford, Tel. 016 43/ 85 14 55, www.royaloak-somerset.co.uk. Im Herzen des Exmoor ist dieses einladende Gasthaus zu finden. Englische Küche in bester Qualität und freundlicher Service.

In fester und flüssiger Form beliebt – beim Bauernmarkt in Taunton ist die Apfelauswahl groß

wie auch eine bedeutsame Sammlung römischer Münzen.

In Sichtweite des Castle erhebt sich der 50 m hohe Westturm der Kirche **St. Mary Magdalene**, einer der schönsten *Wollkirchen* der Grafschaft. Sie wurden im 15. Jh. von Woll- und Tuchhändlern gestiftet. Mit einem besonders hohen Kirchturm trachtete jeder Ort danach, den anderen zu übertrumpfen – Taunton ging aus diesem frühneuzeitlichen Wolkenkratzer-Wettbewerb als Sieger hervor.

5 km südwestlich von Taunton an der A 38 Richtung Wellington produziert **Sheppy's Cider** (Tel. 018 23/46 12 33, www.sheppyscider.com, Mo–Sa 8.30–18, Juli/Aug. auch So 11–16 Uhr) den berühmten Apfelwein Somersets. Im dort eingerichteten Museum erläutert ein Video den Herstellungsprozess, und man kann natürlich Cider probieren und kaufen.

TOP TIPP Rund 6 km nördlich von Taunton gelegen sind die **Hestercombe Gardens** (Tel. 018 23/41 39 23, www.hestercombe.com, tgl. 10–17.30 Uhr) einen Besuch wert – Schilder mit Gänseblümchen weisen den Weg. Insgesamt drei Gärten aus unterschiedlichen Epochen umfasst die denkmalgeschützte Gesamtanlage: einen 1750–86 geschaffenen englischen Landschaftsgarten, einen viktorianischen Garten (Victorian Terrace) von 1873–78 und schließlich einen edwardianischen formalen Garten. Letzterer wurde 1904–08 von *Gertrude Jekyll* und dem Architekten *Sir Edwin Lutyens* angelegt und ist das schönste Beispiel einer Zusammenarbeit, anhand derer sich Gartenarchitektur des 20. Jh. studieren lässt. Für die Bepflanzung des *Grey Walk* mit seinen grauen Schiefermauern wählte Jekyll Lavendel, Rosmarin und Disteln, die üppigen Blüten von Iris und Kalla leuchten über den schmalen Wasserkanälen am Rande der Terrassen. Am Ende einer fast 70 m langen *Pergola*, umrankt von Geißblatt, Klematis und Kletterrosen, blickt man über das Tal von Taunton. Gartenräume, Gartenträume – Hes-tercombe, schulmäßig restauriert, steht inzwischen unter Denkmalschutz.

Immer nur Wasser: Brunnenfigur im Weinlaub der Hestercombe Gardens

Praktische Hinweise

Information

TIC, The Library, Paul Street, Taunton, Tel. 018 23/33 63 44, www.heartofsomerset.com, www.visitsomerset.co.uk

Hotels

TOP TIPP ****__The Castle__, Castle Green, Taunton, Tel. 018 23/27 26 71, www.the-castle-hotel.com. Luxus und Professionalität herrschen heute in dem vor 300 Jahren zum Hotel (44 Zi.) umgebauten Burgteil. Das exzellente Restaurant verwöhnt mit moderner, von französischer Kochkunst beeinflusster britischer Küche. Der Keller glänzt mit einer hochgelobten Weinauswahl.

***__Farthings__, Hatch Beauchamp, Taunton, Tel. 018 23/48 06 64, www.farthingshotel.co.uk. Ein georgianisches Landhaus gibt den Rahmen für das kleine Hotel (11 Zi.) in einem hübschen Dorf 10 km südöstl. von Taunton. Großer Garten, gutes Restaurant.

***__Rumwell Manor Hotel__, Rumwell, 2 km südwestl. von Taunton an der A 38, Tel. 018 23/46 19 02, www.rumwellmanor.co.uk. In einem Landschaftspark liegt das 1805 im georgianischen Stil errichtete Herrenhaus, das heute 20 elegante Gästezimmer und ein Restaurant bietet.

Restaurant

TOP TIPP **The Sanctuary**, Middle Street, Taunton, Tel. 018 23/25 77 88, www.sanctuarywinebar.co.uk. In stilvollem Ambiente, bei schönem Wetter auch auf dem Dachgarten, werden leichte Gerichte serviert. Gute Weinauswahl (So geschl.).

Von Wells bis Avebury – römische Bäder und gotische Kathedralen

Die Metropole des Südwestens ist **Bristol**, eine Stadt, in der es neben Kirchen und einer Kathedrale auch mehrere Denkmäler des Industriezeitalters zu besichtigen gibt. Die Temple Meads Station, die Clifton Suspension Bridge und die ss Great Britain – Bahnhof, Brücke und Schiff –, konstruierte *Isambard Kingdom Brunel*, Chefingenieur der Great Western Railway.

Mit der Kathedrale von **Wells** ist nochmals ein Zeugnis gotischer Baukunst zu bewundern; die neoklassizistischen Reihenhausensembles von **Bath** stehen für eine herausragende Architekturperiode der Neuzeit. Die Rundreise durch den Süden endet inmitten der jungsteinzeitlichen Monolithen von **Avebury**, einem Ort, an dem die ferne Vergangenheit Britanniens lebendig wird.

58 Glastonbury

Keltisch-christliche Pilgerstätte.

Einst erstreckte sich der Bristol Channel weit ins Landesinnere der Grafschaft Somerset. Ein seltsam regelmäßig geformter Kegelstumpf ragte bei Glastonbury im Zentrum der Grafschaft aus den Fluten, **Avalon**, die heilige Insel der Kelten, jener Ort, an dem der Legende nach der Gralssucher Artus begraben liegt und der Gralsfinder Joseph von Arimathäa den Kelch mit dem Blut Christi vergraben haben soll. Die Wasser des Bristol Channel haben sich mittlerweile verzogen, doch an einem Spätsommermorgen nimmt man, vom 150 m hohen kegelförmigen Hügel namens **Glastonbury Tor** über das Nebelmeer von Somerset blickend, die Geschichten gern für bare Münze.

Erfunden haben die christlich geprägte Variante die geschäftstüchtigen Benediktinermönche von Glastonbury Abbey. Zur Finanzierung des Wiederaufbaus ihres 1184 abgebrannten *Klosters* bot sich ein Grabfund an: Artus und Guinevere, wer außer den beiden sollte in den zwei Begräbnisstätten auf dem Gelände der Abtei gelegen haben? Glastonbury wurde zur lukrativen **Pilgerstätte**, ein gewaltiger Kirchenneubau entstand, das größte Gotteshaus, das die Insel je gesehen hatte, 177 m lang. Heute sind leider nur noch Teile der Marienkapelle und des Langhauses zu sehen, denn als reichste Abtei des Landes weckte **Glastonbury Abbey** (Tel. 01458/832267, www.glastonburyabbey.com, Juni–Aug. tgl. 9–18, April/Mai/Sept. tgl. 9.30–18, sonst tgl. 10–16.30 Uhr) im 16. Jh. das besondere Interesse Henrys VIII. Von einem Zimmer des in der High Street gelegenen *George and Pilgrims Hotel* aus, das bis heute als Hotel genutzt wird, soll der König 1539 den zweiten gro-

Einsames Relikt auf dem Glastonbury Tor – der Turm von St. Michael's Chapel

ßen Brand von Glastonbury verfolgt haben. Die Ruine der auf diese Weise radikal aufgelösten Abtei wurde zum Steinbruch für den privaten Hausbau. Verschont blieb allein **Abbot's Kitchen** (14. Jh.), die Abteiküche mit ihrem laternenbekrönten Pyramidendach. Der Glastonbury Tor – Tor ist das keltische Wort für ›Berg‹ – ist der eigenwilligen Form zum Trotz natürlichen Ursprungs. Ihn krönt ein weithin sichtbarer Kirchturm, der einzig erhaltene Teil der *St. Michael's Chapel* aus dem 14. Jh.

Berühmt ist die Stadt auch für das **Glastonbury Festival** (Tel. 014 58/84 00 64, www.glastonburyfestivals.co.uk). Immer Ende Juni findet es auf einer Farm bei Pilton statt. Europas größtes Musikfestival wird auch als englisches Woodstock bezeichnet, was ein Hinweis ist auf die Qualität des Line-ups, aber auch auf die britischen Wetterbedingungen. Wer nach Glastonbury reist, sollte Regenjacke und Gummistiefel nicht vergessen. Und schnell sein: Die Karten sind oft innerhalb weniger Stunden ausverkauft.

i Praktische Hinweise

Information

TIC, The Tribunal, 9 High Street, Glastonbury, Tel. 014 58/83 29 54, www.glastonburytic.co.uk

Hotel

Lion at Pennard, Glastonbury Road, West Pennard, 5 km östlich von Glastonbury, Tel. 014 58/83 29 41, www.thelionatpennard.co.uk. Günstige Unterkunft (7 Zi.) in einem alten Gasthof aus dem 15. Jh.

59 Wells

Das kleine Bistum und seine großartige Kathedrale.

Mit nur 10 000 Einw. ist Wells, knapp 10 km von Glastonbury gelegen, die kleinste Stadt Englands. Drei *Quellen* entspringen hier, denen der Ort seinen Namen verdankt. 909 wurde Wells zum *Bischofssitz* erhoben, ein Privileg, das sich die Stadt seit Mitte des 13. Jh. mit Bath teilt. Das Auto lässt man am Ortsrand stehen und spaziert die wenigen hundert Meter Richtung Zentrum. In St. Cuthbert Street steht mit **St. Cuthbert** die größte Pfarrkirche Somersets (15. Jh.). Ihre prachtvolle Ausstattung – Schnitzereien und Bemalung der Kassettendecke sind besonders hervorzuheben – verdankt sie den spendablen Handwerkszünften der Stadt.

Den **Marktplatz** von Wells säumen gut erhaltene Häuser des 15.–17. Jh. Cafés, und Inns laden zum Verweilen ein, bevor man

Eine Stärkung, bevor es zur nahen Kathedrale geht: Café auf dem Marktplatz von Wells

durch das Torhaus der *Penniless Porch*, unter dessen Bögen einst Bettler auf die Mildtätigkeit hofften, das *Cathedral Green*, die Domfreiheit, betritt.

TOP TIPP Hier erhebt sich die mächtige **Kathedrale** (Tel. 01749/674483, www.wellscathedral.org.uk, April–Sept. tgl. 7–19, Okt.–März tgl. 7–18 Uhr) aus der Zeit des *Early English*, 1180 begonnen und mit Kreuzgang und Bibliothek im 15. Jh. vollendet. Sie ruht mit stumpfen Türmen und breiter **Westfassade** auf der großen Wiese der Domfreiheit. 340 Statuen des 13. Jh., Christus, die Engel, Apostel, Bischöfe und Ritter blickten ursprünglich bunt bemalt auf die Gläubigen herab, himmlische Heerscharen und weltliche Ordnungen, ein mittelalterliches, fest gefügtes Weltbild. Witterungseinflüsse haben viele der Figuren im Laufe der Jahrhunderte arg in Mitleidenschaft gezogen, daher wurden einige durch originalgetreue Kopien ersetzt.

Durch das schlichte Portal betritt man das **Innere** – die gewaltigen Stützbögen des Vierungsturms, die vier *Inverted Arches* in Form einer nach unten offenen Acht, ziehen sofort alle Blicke auf sich. 1338 musste man Maßnahmen ergreifen, um den Turm vor dem Einsturz zu bewahren – und verlieh der Kathedrale damit architektonische Extravaganz. Im Banne dieser großen Geste vergisst man beinahe die kleinen Geschichten, die die *Säulenkapitelle* erzählen – von Zahnschmerzen, vom Entfernen eingetretener Dornen oder, im südlichen Querschiff, von Traubendieben, die von erzürnten Bauern um die Säule gejagt werden.

Im nördlichen Querschiff schlägt die als *Jack Blandifer* bekannte Figur seit 1390 jede Viertelstunde, die Aufforderung für vier Ritter über der *astronomischen Uhr*, ins Turnier zu reiten. Neben der Uhr befindet sich der Aufgang zum **Kapitelsaal**. Die Schritte unzähliger Besucher haben sich auf der Treppe eingegraben. An einem einzigen Pfeiler in der Mitte des Saals bündeln sich die 32 Rippen des Gewölbes über dem achteckigen Raum mit umlaufender Sitzbank. Hier treffen sich die Mitglieder des Domkapitels, hier verharrt man und lässt den Blick wandern durch die Leere des Raumes, über geometrische Perfektion in Purbeck-Marmor.

Über dieselbe Treppe gelangt man noch weiter bis zur – heute gesperrten – Brücke, über die der **Vicars' Close** zu erreichen war, eine mittelalterliche Gasse mit 42 Reihenhäusern, die 1348 für die al-

Ein Stützbogen, der einem die Sprache verschlägt: das Langhaus von Wells Cathedral

leinstehenden Sänger des Pfarrchors errichtet wurden. Um diese zu besichtigen, muss man also die Kathedrale und die Domfreiheit verlassen.

Vom Markplatz lohnt auch ein Abstecher zum **Bishop's Palace** (Tel. 01749/988111, www.bishopspalacewells.co.uk, Feb./März und Nov./Dez. tgl. 10-16, April-Okt. tgl. 10-18 Uhr), den man durch das *Bishop's Eye* genannte Torhaus neben der Penniless Porch erreicht. Der Palast (13./14. Jh.) mit Wassergraben und Zugbrücke erinnert eher an eine Festung. Schwäne ziehen ihre Bahn, in der *Long Gallery* sind die Porträts der geistlichen Würdenträger vergangener Jahrhunderte zu sehen.

Praktische Hinweise

Information

Wells Visitor Information Service, 8 Cathedral Green, Wells, Tel. 01749/671770, www.wellssomerset.com

Hotels

****Littlewell Farm**, Coxley, 2 km südwestlich von Wells, Tel. 01749/677914, www.littlewellfarm.co.uk. Hübsches Bauernhaus (18. Jh.) mit fünf Gästezimmern (B & B) in ruhiger Umgebung.

Ancient Gate House, 20 Sadler Street, Wells, Tel. 01749/672029, www.ancientgatehouse.co.uk. Historisches Haus aus dem 14. Jh. in Sichtweite der Kathedrale, mit italienischem Restaurant.

Restaurants

Bowlish House, Wells Road, Shepton Mallet, 15 km östlich von Wells, Tel. 01749/342022, www.bowlishhouse.com. Traditionell-englische Küche in einem stilvoll eingerichteten georgianischen Haus. Reservierung erforderlich (So abend/Mo geschl.)

Charlton House Hotel, Shepton Mallet, 15 km östlich von Wells, Tel. 01749/342008, www.bannatyne.co.uk. Erstklassiges Restaurant der Nobelunterkunft Charlton House Spa Hotel.

The Fountain Inn, 1 St. Thomas Street, Wells, Tel. 01749/672317, www.thefountaininn.co.uk. Kombination aus Pub im Erdgeschoss und Restaurant im 1. Stock.

60 Cheddar

Käse und Höhlen im Fels.

Etwa 10 km südöstlich von Cheddar tritt der Fluss Axe aus dem Fels der Mendip Hills heraus, in dem er im Laufe von Jahrmillionen ein System von Tropfsteinhöhlen formte. Heute sind die Höhlen von **Wookey Hole** (Tel. 01749/672243, www.wookey.co.uk, April–Okt. tgl. 10–17, Nov.–März tgl. 10–16 Uhr) eine große Touristenattraktion, vor allem für Kinder. Man geht gut 500 m in den Berg hinein und erlebt die effektvoll ausgeleuchtete, in allen Farben des Regenbogens schillernde Welt der Stalaktiten und Stalagmiten. In Höhle 1, genannt *The Witch's Kitchen*, kocht eine verkalkte Hexe vor Wut, denn der Legende nach verwandelte sie ein Mönch hier zu Stein.

Um anschließend nach Cheddar zu gelangen, sollte man den Umweg über die B 3135 in Kauf nehmen, denn die Straße führt mitten durch die wildromantische **Cheddar Gorge**, eine vor rund 2 Mio. Jahren als Folge einer Eiszeit entstandene, knapp 2 km lange *Schlucht*. Pfade führen auf beiden Seiten fast die gesamte Schlucht entlang. Unweit des Dorfes Cheddar ragen die löchrigen Kalksteinwände neben der vielfach gewundenen Straße 130 m hoch auf. Nach einem Aufstieg über die 274 Stufen von *Jacob's Ladder* blickt man auf die tiefste Stelle der Schlucht. Ins Erdinnere gelangt

Vicars' Close – in Wells entstand im 14. Jh. die erste Reihenhausanlage Europas

Fuhr ins Blaue und entdeckte Neufundland: John Cabots Bronzestatue in Bristol

man bei einem Besuch der **Cheddar Caves** (Tel. 01934/742343, www.cheddargorge.co.uk, Juli/Aug. tgl. 10–17.30, Sept.–Juni tgl. 10.30–17 Uhr) am östlichen Ortsrand, der eindrucksvollen, 1837 entdeckten Tropfsteinhöhlen von bis zu 20 m Höhe.

Bei einem Besuch der **Cheddar Gorge Cheese Company** (The Cliffs, Tel. 01934/742810, www.cheddargorgecheeseco.co.uk, Besichtigung nach tel. Anmeldung), der einzigen noch verbliebenen Käserei im Ort, kann man beobachten, wie der echte *Cheddar* in traditioneller Handarbeit hergestellt wird.

i Praktische Hinweise

Information

TIC, The Gorge, Cheddar, Tel. 01934/744071, www.cheddarvillage.co.uk

Tea Room

Derrick's Tea Room, The Cliffs, Cheddar, Tel. 01934/742288, www.derrickstearoom.co.uk. Tee in zig Variationen, auch mit leckeren Kuchen und *Scones* (Nov.–Febr. nur Sa/So geöffnet).

61 Bristol

Industrielle Vergangenheit, erfüllt von kulturellem Leben.

Schon in sächsischer Zeit, im 10. Jh., war *Brigstowe* mit seinem Flusshafen am Avon eine bedeutende Seehandelsstadt. Am 2. Mai 1497 brach der Venezianer Giovanni Caboto, seinen neuen Landsleuten besser bekannt als *John Cabot*, an Bord der Karavelle *Matthew* nach Westen auf und fand nach 52 Tagen auf See neues Land, Neufundland. Ein profitabler Handelsweg war erschlossen – die Geschäfte mit Amerika gingen im 18. Jh. besonders gut, als man von Bristol aus mit Textilien an Bord nach Westafrika segelte, sie dort gegen Sklaven eintauschte, die man dann in der Karibik und auf dem nordamerikanischen Festland verkaufte. Zurück nach Hause kam man beladen mit Zucker, Rum, Tabak und Baumwolle.

Als die Schiffe immer größer und der 10 km flussaufwärts gelegene Hafen von Bristol für sie nicht mehr erreichbar war, wandelte sich die Wirtschaft. Man baute Schiffe, statt mit ihnen über den Atlantik zu segeln, drehte Zigaretten, statt mit Tabak an Bord den halben Globus zu umrunden. Der Krise des Schiffbaus im 20. Jh. begegnete Bristol mit der Ansiedlung von Hightech-Industrien. Lokomotiven und Motorräder fuhren nun von hier aus in alle Welt, und *British Aerospace* ließ die *Concorde* am Avon fertigen.

Die größte Attraktion Bristols ist der 4 km lange **Floating Harbour** 1, dessen Docks, Werften und Speicherhäuser in den vergangenen Jahren zur innerstädtischen Flaniermeile umgebaut wurden. Angelegt wurde der schwimmende Hafen zu Beginn des 19. Jh. Heute befinden sich auf dem Areal Restaurants, Pubs und Clubs. Eine der bedeutendsten Sehenswürdigkeiten ist hier das **Museum M Shed** 2 (Princes Wharf, Tel. 0117/3526600,

Wo die Kauffahrer um gutes Wetter beteten: der Haupteingang der Bristol Cathedral

mshed.org, Di–Fr 10–17 Uhr, Sa/So/Fei bis 18 Uhr). Die in einem restaurierten Lagerhaus ansässige Ausstellung widmet sich anhand zahlreicher Exponate der Geschichte Bristols und seiner Bewohner. In einem früheren Teespeicher präsentiert das **Arnolfini** ❸ (16 Narrow Quai, Tel. 0117/9172300, www.arnolfini.org.uk, Di–So 11–18 Uhr) Kunst des 20./21. Jh. im Rahmen von Wechselausstellungen. Das Kulturprogramm umfasst auch Filmabende, Vorträge und Tanz-Events.

Vom Arnolfini erreicht man über die *Pero's Bridge* das Wissenschaftsmuseum **At-Bristol** ❹ (Tel. 0845/3451235, www.at-bristol.org.uk, Mo–Fr 10–17, Sa/So 10–18 Uhr). Hier findet sich alles, was sich Museumsbesucher jeden Alters heutzutage wünschen: ein Planetarium, ein großes Gewächshaus und viele multimediale Ausstellungen zu den neuesten technischen Errungenschaften, zur Evolution und zur Pflanzenwelt.

Nördlich davon gehen einige der Mauern von **Bristol Cathedral** ❺ (Tel. 0117/9264879, www.bristol-cathedral.co.uk, tgl. 8 Uhr bis zur Abendandacht) am College Green bis auf das 12. Jh. zurück. Die heutige Gestalt des 1542 zur Kathedrale erhobenen Sakralbaus erinnert noch an seine Ursprünge als Abteikirche der Augustiner. Hauptschiff und Seitenschiffe sind gleich hoch: Die Kathedrale ist eine *Hallenkirche* und keine Basilika. In sternförmigen *Grabnischen* ruhen Äbte und Bischöfe – ein Himmel knapp über dem steinernen Kirchenboden.

Unweit davon widmet sich das Medienzentrum **Watershed** ❻ (1 Canons Road, Tel. 0117/9275100, www.watershed.co.uk, Mo–Fr ab 9, Sa/So ab 10 Uhr) in den früheren Zuckerspeichern am St. Augustine's Reach den Bereichen Film und Fotografie. In der Nähe legen etwa alle 40 Min. die Barkassen der *Bristol Ferry* ab (Tel. 0117/9273416, www.bristolferry.com, ganzjähriger Fährbetrieb, auch Hafenrundfahrten). An Bord eines der Fährboote kann man bis zur **Temple Meads Station** ❼ im Osten der Stadt fahren. Mit dem historischen Bahnhofsgebäude verbindet sich der Name von Bristols berühmtestem Baumeister und Ingenieur des 19. Jh., *Isambard Kingdom Brunel* (1806–59). 1840 errichtete der Chefingenieur der *Great Western Railway* das dreischiffige, kathedralengleiche Bahnhofsgebäude im viktorianischen Stil.

Im westlichen Teil des lang gestreckten Flusshafens, ebenfalls mit dem

Fährboot zu erreichen, ist der Stolz der Stadt zu bewundern, das Schiff **Brunel's ss Great Britain** 8 (Tel. 0117/926 06 80, www.ssgreatbritain.org, April–Okt tgl. 10–17.30, Nov.–März 10–16.30 Uhr). Dieser erste schraubengetriebene Eisendampfer im Transatlantikverkehr war von I.K. Brunel konstruiert worden, lief 1843 vom Stapel, wurde 1886 in einem Sturm vor Kap Horn aufgegeben und landete als schwimmendes Kaufhaus der Falkland Islands Company vor Argentinien. Ab 1937 rostete das Schiff viele Jahre lang in einer einsamen Bucht vor sich hin, bis das Wrack in einer aufwändigen Rettungsaktion 1970 in seinen Heimathafen zurückgeschleppt und repariert wurde.

Auch die Fertigung eines anderen berühmten Produktes der Stadt, des *Bristol Blue Glass* (www.bristol-glass.co.uk) ist inzwischen etwas außerhalb, nach Brislington, verlegt worden.

Nordöstlich des Great Western Dock liegt die **Innenstadt** von Bristol. Einen Rundgang beginnt man am besten bei der Pfarrkirche **St. Mary Redcliffe** 9 (Tel. 0117/929 14 87, www.stmaryredcliffe.co.uk, Mo–Sa 8.30–17, So 8–20 Uhr) oberhalb der östlichen Docks, ebenfalls wieder mit dem Fährboot zu erreichen. 90 m hoch ragt der Turm der um 1200 begonnenen Kirche auf, deren Baugeschichte für Bristols goldene Jahrhunderte steht. Das Tor der sechseckigen *Vorhalle* (1290), durch die man erst zum Nordportal (1325) gelangt, wirkt mit seinen üppigen Laubwerkverzierungen orientalisch – nicht ungewöhnlich für die Kirche im Wohnviertel der wohlhabenden Kaufleute, die diese Reminiszenz an fremde Länder spendierten, ebenso wie Mitte des 15. Jh. mehr als 1100 vergoldete Schlusssteine in dem Perpendicular-Gewölbe. 1872 kam schließlich noch der Turmhelm hinzu.

Der breite Redcliffe Way führt stadteinwärts, überquert den Floating Harbour und schneidet diagonal **Queen Square** 10, 1699 nach dem Vorbild der Londoner Plätze als platanenumstandenes Zentrum der Stadt konzipiert, heute aber vom Autoverkehr gezeichnet. Durch eine kleine Stichstraße an der Nordseite gelangt man in die kopfsteingepflasterte King Street mit dem traditionsreichen **Theatre Royal** 11 von 1766, dem ältesten noch bespielten Bühnenhaus Englands. Hier tritt auch das *Bristol Old Vic* (Tel. 0117/987 78 77, www.bristololdvic.org.uk)

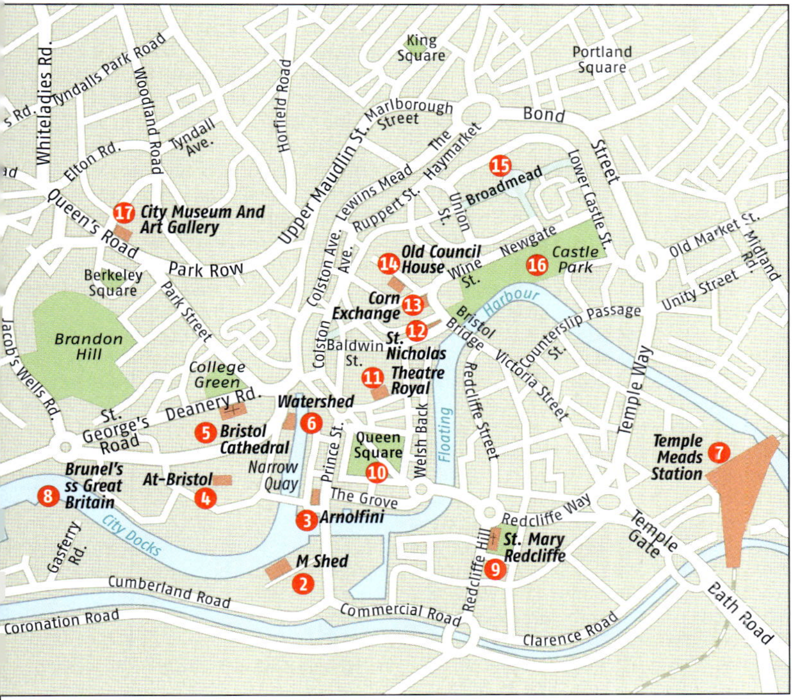

Nobler Vorort und Zentrum der Wohnhausarchitektur des 18. und 19. Jh.: Straßenzug in Clifton

auf, eines der besten Theaterensembles der Insel. Schräg gegenüber, im Pub *Llandoger Trow*, soll *Daniel Defoe* (1660–1731) den Seemann Alexander Selkirk getroffen haben und von seinen Erzählungen zum Roman ›*Robinson Crusoe*‹ (1719) inspiriert worden sein. Selkirk hatte vier Jahre und vier Monate allein auf einer Insel vor der chilenischen Küste überlebt.

Am Floating Harbour entlang geht man zur Bristol Bridge, in deren Nähe **St. Nicholas** 12 aufragt, eine Kirche, die heute als Verwaltungsgebäude genutzt wird (nicht öffentlich zugänglich). Im Inneren erhalten blieben eine eindrucksvolle gotische Krypta von 1330 und ein monumentales *Auferstehungstriptychon*, das William Hogarth 1755 für die Kirche St. Mary Redcliffe im Süden Bristols gemalt hatte. Nicht weit von St. Nicholas, in der **Corn Exchange** 13 (1740–43), wurden einst bedeutende Geschäfte getätigt, bar, ›auf den Nagel‹ der vier bronzenen Tische vor dem Gebäude, die nach diesem Brauch *Nails* genannt werden.

Das **Old Council House** 14 ist ein klassizistisches altes Rathaus, 1822–27 von Sir Robert Smirke erbaut, der auch das British Museum in London entwarf. Von hier weisen Schilder den Weg zur Straße **Broadmead** 15 und zum **Castle Park** 16, in dem malerisch die Kirchenruinen von St. Peter und St. Mary le Port aufragen. In dieser Gegend befand sich bis zu den Angriffen der deutschen Luftwaffe im November 1940 der mittelalterliche Stadtkern. Das nach dem Krieg neu aufgebaute Viertel ist heute betriebsames Geschäfts- und Einkaufszentrum Bristols.

Steil steigt die unweit der Kathedrale beginnende Park Street an. Ihre Verlängerung, die Queen's Road, führt zur **City Museum & Art Gallery** 17 (Tel. 0117/9223571, tgl. 10–17 Uhr), einem Sammelsurium von Saurierskeletten, chinesischem Porzellan und englischer Malerei. Nun ist man schon auf halbem Weg ins noble Viertel **Clifton**, in dessen Hügeln an der Wende des 18. zum 19. Jh. die langen, gebogenen Reihenhausfluchten der *Crescents* errichtet wurden. Mit fast 400 m ist der **Royal York Crescent** 18 der längste, er übertraf an Ausmaß sogar seine berühmten Vorbilder von Bath [s. S. 121].

Besonders prachtvoll ist das Panorama von den Reihenhausterrassen aus. Von hier erblickt man auch ein weiteres technisches Meisterwerk I.K. Brunels, die **Clifton Suspension Bridge** 19 (Visitor Centre, Tel. 0117/9744664, www.clifton-suspension-bridge.org.uk), die seit 1864 den Fluss in 75 m Höhe überspannt. 214 m lang ist die von Drahtseilen getragene Konstruktion zwischen riesigen Pylonen. Sie wurde für Pferdefuhrwerke erbaut, doch heute rollen Tausende von Autos über die zeitlos elegante Hängebrücke.

i Praktische Hinweise

Information

TIC, 1 Canons Road, Tel. 0906/7112191 (50 Pence/Min. plus Verbindungsgebühren), www.visitbristol.co.uk

Hotels

*****Berkeley Square**, 15 Berkeley Square, Clifton, Bristol, Tel. 0117/9254000, www.

cliftonhotels.com. Hotel mit persönlichem Service und gutem Restaurant an einem kleinen Platz im eleganten Vorort.

**Clifton, St. Paul's Road, Clifton, Bristol, Tel. 0117/973 68 82, www.cliftonhotels.com. Komfortables, modern ausgestattetes Hotel mit Kellerrestaurant.

Restaurants

Wilks Restaurant, 1 Chandos Road, Redland, Bristol, Tel. 0117/973 79 99, www.wilksrestaurant.co.uk. Exquisite, raffinierte Küche mit überwiegend lokalen Produkten; vegetarierfreundlich.

Glass Boat, Welsh Back (nahe St. Nicholas/Bristol Bridge), Bristol, Tel. 0117/929 07 04, www.glassboat.co.uk. Ungewönliche, maritime Location: Ein zum Restaurant umgebautes Schiff liegt im Hafen. Englisch-italienische Küche.

Top Tipp **Riverstation**, The Grove, Bristol, Tel. 0117/914 44 34, www.riverstation.co.uk. Lässige Atmosphäre in der Deli Bar im Erdgeschoss, stylish und lichtdurchflutet ist das moderne Restaurant im Stockwerk darüber. Die Küche ist zeitgemäß-europäisch, toller Blick über den Hafen inklusive. (So geschl.)

62 Bath

Stadt der Römer,
Stadt des Klassizismus.

46 °C heiß und mit 43 Mineralien versetzt ist das Wasser, das 20 km südöstlich von Bristol aus dem Boden sprudelt – 1 Mio. Liter pro Tag. Kein Wunder, dass der Ort, an dem dies geschieht, schlicht und zutreffend Bath heißt. Gleich den Schweinen, die er hier hütete, wälzte sich der aussätzige Keltenfürst *Bladud*, der Vater König Lears, eines legendären Tages im Schlammwasser und wurde geheilt. Die **Römer** zogen kultiviertere Badevergnügen vor und errichteten 54 n. Chr. hier Thermen und den Kurort *Aquae Sulis*, benannt nach der keltischen Göttin Sul.

Nach dem Abzug der mediterranen Badegäste im 5. Jh. plätscherte das Leben der Stadt lange Zeit vor sich hin. Zu neuer Vitalität erwachte Bath erst im 18. Jh. 1727 fand man bei Bauarbeiten einen vergoldeten *Bronzekopf* der Minerva, begann ihren Tempel und die römischen Thermen auszugraben und stürzte sich zugleich in neues, schickes Badevergnügen. In diesem goldenen Zeitalter hatten die besseren Kreise Britanniens reichlich Zeit und Muße, sich den schönen Künsten zu widmen, zu flanieren und nebenbei kleine Wehwehchen auszukurieren.

Den Glücksspieler und stilsicheren Organisator gesellschaftlicher Vergnügungen, *Richard Nash* (1674–1761), ob seiner Hässlichkeit meist nur ›*Beau*‹ Nash genannt, erkor man zum Zeremonienmeister, zum *King of Bath*. Die Stadt füllte sich mit Gästen und Bewohnern. In wenig mehr als 100 Jahren wurden rund 7000 Häuser gebaut, verzwanzigfachte sich die Bevölkerungszahl auf 40 000. Investoren zogen nach Bath und wurden zu Financiers einer der strahlendsten Epochen der Architekturgeschichte. John Wood (1704–1754) und sein gleichnamiger Sohn (1727–1781) entwarfen ein städtebauliches Konzept nach dem Vorbild Roms, neoklassizistische Straßenzüge entstanden im Geiste des Palladianismus. Zu weit geschwungenen Bögen, *Crescents*, und Kreisen, *Circusses*, gruppierte man die meist dreigeschossigen Wohnhäuser, deren Fassaden mit *Bath Stone*, dem gelbgrauen Kalkstein der Umgebung, verkleidet wurden. Dekorationselemente, Säulen, Pilaster und Friese, wurden äußerst sparsam eingesetzt, klassisch dezent. So nennt man die georgianische Reihenhausarchitektur von Bath heute in einem Atemzug mit den antiken Denkmälern der Ewigen Stadt, denn die UNESCO erklärte die Badestadt (85 000 Einw.) im Jahr 1987 zum Weltkulturerbe.

Die Stadtbesichtigung beginnt man in der Regel an den **Roman Baths** 1 (Tel. 01225/47 77 85, www.romanbaths.co.uk, Juli/Aug. tgl. 9–21, März–Juni/Sept./Okt. tgl. 9–17, Nov.–Febr. 9.30–16.30 Uhr, jeweils letzter Einlass) im Stadtzentrum. Die antike Anlage ist mit ihren fünf Bädern und zwei Schwimmbecken, den bleiernen Wasserleitungen und den Resten des Minerva-Tempels inzwischen um ein modernes Museum ergänzt worden. Erklärungen liefert ein Audio Guide. Den Abschluss der Tour bildet der **Pump Room**, heute ein elegantes Restaurant (s. u.). Er wurde 1795 errichtet, nachdem der Vorgängerbau, 1706 von ›Beau‹ Nash eröffnet, dem großen Andrang nicht mehr gewachsen war. Hier tranken die Kurgäste nach dem Bad ihr Heilwasser, promenierten und parlierten sie und ließen sich in einem der *Bath Chairs*, einem großen gepolsterten Rollstuhl mit aufaltbarem Dach, nach Hause fahren.

Nur wenige Schritte von den römischen Bädern entfernt befindet sich das **Thermae Bath Spa** 2 (Tel. 01225/331234, www.thermaebathspa.com, tgl. geöffnet). In fünf restaurierten Gebäuden aus dem 18. Jh. können Besucher in 45 °C heißem Thermalwasser baden. Vom Pool auf dem Dach des mit einer futuristischen Glasfassade verkleideten Hauptgebäudes aus überblickt man die historische Altstadt.

TOP TIPP Am kleinen Platz vor dem Kurhaus steht auch **Bath Abbey** 3 (Tel. 01225/422462, www.bathabbey.org, Mo 9.30–16.30, Di–Sa 9–18, So 13–14.30 und 16.30–17.30 Uhr). Die Abtei wurde ab 1499 am Ort eines normannischen und eines sächsischen Vorgängerbaus errichtet, dessen Überreste im **Vaults Heritage Museum** (Mo–Sa 10–17 Uhr) an der Südseite der Klosterkirche zu sehen sind. Die *Westfassade* beherrscht ein großes siebenbahniges Fenster. Steinerne Engel erklimmen die Himmelsleitern der Fassadentürme. Große Fächer wölben sich im Innern. Etwa 600 Grabsteine und Gedenktafeln, Urnen und Skulpturen erinnern an Berühmtheiten vergangener Tage wie Richard ›Beau‹ Nash, den *Elegantiae Arbiter*, Wächter des guten Geschmacks, wie seine Grabinschrift rechts vom südlichen Querschiff verkündet.

Von der Abbey gelangt man über die Westgate Street mit dem **Theatre Royal** 4 (Tel. 01225/448844, www.theatreroyal.org.uk) aus dem Jahr 1805 und die Barton Street zum **Queen Square** 5 mit seinen teilweise palastartigen Häusern, dem ersten größeren Bauprojekt (1729–36) von John Wood sen. Wer auf den Spuren der Schriftstellerin *Jane Austen* (1775–1817), die 1801–06 in Bath lebte, wandeln möchte, dem sei als Einstieg ein Besuch des informativen **Jane Austen Centre** 6 (40 Gay Street, Tel. 01225/443000, www.janeausten.co.uk, Mitte März–Okt. tgl. 10–17.30, Nov.–Mitte März So–Fr 11–16.30, Sa 10–17.30 Uhr) empfohlen. In ihren Romanen ›*Persuasion*‹ und ›*Northanger Abbey*‹ beschrieb sie humorvoll die gehobene Badegesellschaft ihrer Zeit.

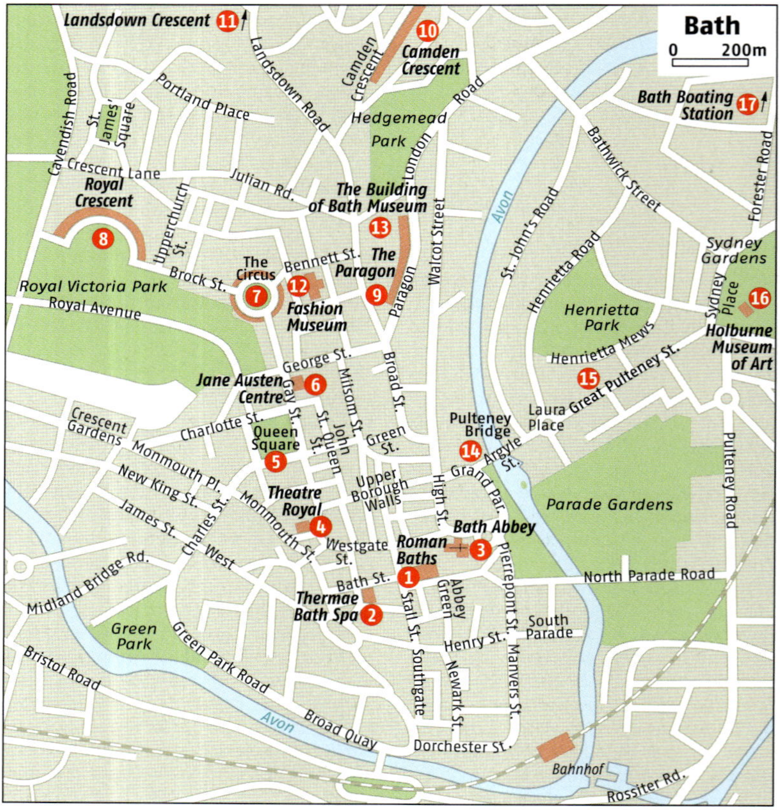

Baden und beten beieinander: die römischen Badeanlagen von Bath, dahinter Bath Abbey

Die Gay Street führt zum Reihenhausrund **The Circus** 7, das John Wood jr. 1767 vollendete. Drei Straßen teilen die Häuserfront in gleich große Abschnitte, toskanische, ionische und korinthische Doppelsäulenreihen setzen klassizistische Zäsuren. In der westlich von The Circus abzweigenden *Brock Street* setzt sich die einheitliche Bebauung fort. Eingangstür reiht sich an Eingangstür, geschmackvolles Ebenmaß bestimmt das Straßenbild – und man ahnt nicht, was einen nur 100 m weiter erwartet. Am Ende der Brock Street öffnet sich der 184 m lange Bogen des **Royal Crescent** 8, ein Reihenhauspalazzo in Halbmondform, 1767–74 errichtet, der erste und eleganteste *Crescent* in ganz England. 114 über zwei Stockwerke reichende ionische Säulen gliedern die Front über dem *Royal Victoria Park* mit Botanischem Garten. Wie es zu jener Zeit hinter der Fassade aussah, lässt sich in **No. 1 Royal Crescent** (Tel. 01225/428126, Mitte Feb.–Okt. Di–So 10.30–17, Nov. bis 16 Uhr) begutachten, von den Dienstbotenkammern unterm Dach über die Räume der Herrschaft bis zum Arbeitsbereich im Souterrain.

Thomas W. Atwood mit **The Paragon** 9 (1769), John Eveleigh mit seinem **Camden Crescent** 10 (1788) und schließlich John Palmer mit dem **Landsdown Crescent** 11 (1789–92) wollten Wood jr. nicht nachstehen und errichteten sehenswerte Bauwerke – die sich jedoch mit der königlichen Schlichtheit des Vorbilds nicht messen können.

Sich über Brock Street und The Circus nach Osten wendend, erreicht man in der Bennett Street die *Assembly Rooms* mit dem hübschen **Fashion Museum** 12 (Tel. 01225/477789, www.fashionmuseum.co.uk, März–Okt. tgl. 10.30–17, Nov.–Feb. tgl. 10.30–16 Uhr, jeweils letzter Einlass), das wertvolle Kleidungsstücke aus vier Jahrhunderten präsentiert.

Eine frühere Kapelle in der Prachtstraße The Paragon beherbergt heutzutage das **Building of Bath Museum** 13 (Tel. 01225/338727, www.bath-preservation-trust.org.uk, Feb.–Okt. Di–So 10.30–17 Uhr), in dem man anhand von Zeichnungen, Fotos und Modellen Einblick in die Architekturgeschichte der Stadt gewinnt. Am Ende von The Paragon zweigt rechts George Street ab, deren Cafés zu einer Pause einladen, bevor man Milsom Street hinunterschlendert, eine breite Einkaufsstraße. In kleinem Bogen führt die New Bond Street in Richtung Avon. Bummelt man schließlich die beiden Ladenzeilen der **Pulteney Bridge** 14 entlang, die 1770 nach einem Plan von Robert Adam errichtet wurden, glaubt man kaum, einen Fluss zu überqueren. Bath überrascht mit immer neuen Reihenhausvarianten.

Nach wenigen Schritten jenseits des Avon ist der in Form eines auf der Spitze stehenden Quadrats angelegte *Laura Place* erreicht, der in die **Great Pulteney Street** 15 mit ihren imposanten Häuserzeilen mündet. Am Ende der Straße, in 4 Sydney Place, befand sich die zweite von vier Wohnungen, in denen *Jane Austen* während ihrer Zeit in Bath lebte.

Auch für Schriftsteller wie Henry Fielding, William Makepeace Thackeray, William Wordsworth und Charles Dickens war Bath Quelle der Inspiration; Maler wie *Thomas Gainsborough* versprachen sich von den Städtern lukrative Aufträge. Einige seiner Werke sowie wertvolles Silber und Porzellan sind im **Holburne Museum of Art** 16 (www.holburne.org, Mo–Sa 10–17, So 11–17 Uhr) zu bewundern, einem noblen Stadthaus (18. Jh.) am Südrand der Parkanlagen von *Sydney Gardens*.

Wer in Bath einen Urlaubstag auf dem Wasser verbringen möchte, sollte sich flussaufwärts zur **Bath Boating Station** 17 (Tel. 01225/312900, www.bathboating.co.uk, tgl. 10–18 Uhr, mit Restaurant und B & B) in der Forrester Road am Stadtrand begeben. Hier kann man traditionelle Ruder- und Stakboote für eine ruhige Fahrt auf dem Avon mieten.

Praktische Hinweise

Information

Bath Visitor Information Centre, Abbey Chambers, Abbey Church Yard, Bath, Tel. 0906/7112000 (50 Pence/Min., im Land), Tel. 0844/8475257, www.visitbath.co.uk

Hotels

*****Albany**, 24 Crescent Gardens, Bath, Tel. 01225/313339, www.albanybath.co.uk. Sympathisches und preisgünstiges Bed & Breakfast an der Straße nach Bristol, 10 Min. zu Fuß ins Zentrum.

*****Dukes**, Great Pulteney Street, Bath, Tel. 01225/787960, www.dukesbath.co.uk. Kleines Hotel mit Restaurant in der Prachtstraße östlich des Flusses.

TOP TIPP *****Queensberry**, Russel Street, Bath, Tel. 01225/447928, www.thequeensberry.co.uk. Eines der besten Hotels der Stadt, ein georgianisches Haus, höchst komfortabel und stilvoll. Das hauseigene Restaurant *Olive Tree* verwöhnt mit mediterraner Küche.

Restaurants

Green Park Brasserie, Green Park Station, Bath, Tel. 01225/338565, www.greenparkbrasserie.com. In der Schalterhalle eines ehem. Bahnhofs wird zu dezenter Live-Jazzmusik gespeist (So/Mo geschl.).

Sally Lunn's, 4 North Parade Passage, Bath, Tel. 01225/461634, www.sallylunns.co.uk. *Tea Room* im ältesten Haus der Stadt (ca. 1483), berühmt für seine *Buns*, große weiche Brötchen, die mit verschiedenen Aufstrichen oder als Beilage zu diversen Imbissen serviert werden.

The Hole in the Wall, 16 George Street, Bath, Tel. 01225/425242, www.theholeinthewall.co.uk. Beste moderne britische Küche in einem kleinen Kellerlokal.

The Pump Room, Stall Street, Bath, Tel. 01225/444477, www.romanbaths.co.uk. Zu klassischer Musik nimmt man einen Lunch oder einen Nachmittagstee im eleganten Ambiente des 18. Jh.

63 Lacock

Neogotische Kulisse für Filmdrehs.

Ein Gesamtensemble ist Lacock, 20 km östlich von Bath: Das malerische Dorf mit seinen Häusern aus Ziegel- und Naturstein und den vier um einen Platz angeordneten Straßen stand zunächst unter der Schirmherrschaft eines Augustinerinnenklosters und dann der Familie Talbot, die auch die Abtei übernahm. Erhalten blieben aus dem 13. Jh. von **Lacock Abbey** (NT, Tel. 01249/730459, Mitte Feb.–Anfang Nov. Mi–Mo 11–17, Mitte Nov.–Anfang Feb. 11–16 Uhr) vor allem seine Kreuzgänge. Die Abteikirche hingegen wurde nach der Auflösung des Klosters im 17. Jh. abgerissen. Im Laufe der Jahrhunderte wurden viele Veränderungen am Gebäude vorgenommen, die schönsten und wundersamsten im 18. Jh., als der Landsitz im neogotischen Stil umgebaut wurde, mit Türmchen, Spitzbogenfenstern und doppelläufigen Treppen. Harry-Potter-Fans kennen die Abtei aus dem Kino, wo sie als Kulisse für die Zauberschule Hogwarts diente.

Auch **Lacock Village** wird immer wieder zum Drehort für Filmproduktionen erkoren, so auch für die Jane-Austen-Verfilmungen ›*Emma*‹ (1996) und ›*Stolz und Vorurteil*‹ (2005). Ein Spaziergang durch das Dorf, das im Mittelalter für den Wollhandel bekannt war, ist wie eine Zeitreise durch fünf Jahrhunderte. Seit 1944 gehören Dorf und Abbey als Open-Air-Museum zum National Trust.

Ungerührt von deren historischer Bedeutung dösen Schafe bei den Monolithen von Avebury

Praktische Hinweise

Hotel

King John's Hunting Lodge, Lacock, Tel. 012 49/73 03 13. Reizendes Bed & Breakfast im ältesten Haus des Ortes (13. Jh.). Mit Tea Room für Frühstück und Lunch.

64 Avebury

TOP TIPP *Mehr als 4500 Jahre alte Monolithen und ein Kegelstumpf.*

Der **Steinkreis von Avebury** (NT, Tel. 016 72/53 92 50, tgl. 10 Uhr bis Sonnenuntergang, einzelne Bereiche wegen andauernder Konservierungsarbeiten zwischenzeitlich geschl.), gut 30 km östlich von Bath, wurde vor rund 4500 Jahren errichtet, zur Zeit der mittleren Periode von Stonehenge – und übertrifft es an Größe um ein Vielfaches. Wie Stonehenge gehört Avebury zum Weltkulturerbe.

Innerhalb eines *Doppelwalls* mit Graben von 347 m Durchmesser standen 98 Steine von 3–6 m Höhe und bis zu 20 t Gewicht. Im Inneren dieses Kreises wurden zwei weitere mit 27 bzw. 29 Steinen errichtet. Anders als in Stonehenge blieben die aus den Marlborough Downs nördlich von Avebury herbeigeschafften Monolithen unbearbeitet und trugen auch keine Decksteine.

Am äußeren Kreis beginnt die von mehr als 100 Steinpaaren flankierte *Avenue*, die 3 km in südöstlicher Richtung zum *Overton Sanctuary* führt, einer weiteren Kultstätte. Die vier Durchbrüche für die beiden Straßen, die sich in der Nähe des Zentrums treffen, wurden möglicherweise von den Römern angelegt, die den Wall als Schutz für eine Siedlung nutzten. Im Mittelalter wurde der Steinkreis offensichtlich für einen heidnischen Tempel gehalten und zerstört, ab dem 17. Jh. begann man jedoch mit seiner Erforschung und richtete die noch vorhandenen Monolithen wieder auf.

Prähistorische Fundstücke findet man in dem nach Aveburys archäologischem Pionier benannten **Alexander Keiller Museum** (EH, Tel. 01 17/975 92 50, April–Okt. tgl. 10–18, Nov.–März tgl. 10–16 Uhr), das in den Barn und Stables Galleries an der High Street eingerichtet ist.

Gut 1 km südlich des Dorfes ragt der Kegelstumpf des **Silbury Hill** auf. Dieser mit 160 m Durchmesser an der Basis und 30 m Höhe größte von Menschenhand geschaffene Hügel in Europa ist etwa 4700 Jahre alt. Seinen Namen hat er vom archaischen Sonnengott Sil, ob die Stätte auch als eine Art Sonnenuhr diente, ist bislang ungeklärt. Der Hügel darf nicht bestiegen werden.

Praktische Hinweise

Restaurant

The Circle Café, Great Barn, Avebury, Tel. 016 72/53 95 14. Bei der Touristeninformation neben dem Steinkreis bietet das Café leckere warme Gerichte, Käseplatten und Kuchen an.

Sloop Inn
Circa 1312
Quality Ensuite Bed & Breakfast Accommodation enquire within 01736 796584
THE SLOOP INN
MEALS & SANDWICHES
Basket Meals
Local Fish Dishes
BAR SNACKS
THE SLOOP INN
A Fine Selection of ALES
Three Bars
GOOD FOOD

ROYAL DARJEELING TEA

Südengland aktuell A bis Z

Vor Reiseantritt

ADAC Info-Service:
Tel. 0800 5 10 11 12 (Mo-Sa 8.20 Uhr). Hier oder in den ADAC Geschäftsstellen können ADAC Mitglieder kostenloses Informationsmaterial anfordern.

ADAC Mitfahrclub, mitfahrclub.adac.de. Fahrtangebote und Mitfahrgelegenheiten im Internet, als mobile Anwendung für alle Handys mit Browser und als App für iPhone und iPad.

ADAC im Internet:
www.adac.de
www.adac.de/reisefuehrer

Südengland im Internet:
www.visitengland.de
www.visitsoutheastengland.com
www.visitsouthwest.co.uk

Das amtliche Touristenbüro **Visit Britain** mit Sitz in Berlin ist für Deutschland, Österreich und die Schweiz zuständig, beantwortet aber keine telefonischen Anfragen von Individualreisenden, sondern verweist auf die ausführlichen Informationen auf ihrer Homepage. Dort ist auch der Download von Broschüren möglich:

Visit Britain Deutschland,
Dorotheenstr. 54,
10117 Berlin,
www.visitbritain.de

Visit Britain Österreich,
www.visitbritain.at

Visit Britain Schweiz,
www.visitbritain.ch

Allgemeine Informationen

Reisedokumente

Reisende aus Deutschland und Österreich benötigen einen Personalausweis oder Reisepass bzw. Kinderausweis. Schweizer Staatsbürger können entweder mit gültigem Reisepass oder mit ihrer Identitätskarte in Verbindung mit der *Visitor Card* einreisen, die bei der Einreise nach Großbritannien erhältlich ist.

Kfz-Papiere

Führerschein und Zulassungsbescheinigung Teil 1 (vormals Fahrzeugschein) sind mitzuführen, empfohlen wird die *Internationale Grüne Versicherungskarte*.

Krankenversicherung

Die Europäische Krankenversicherung ist in die übliche Versicherungskarte integriert. Sie garantiert in ganz EU-Europa die medizinische Versorgung. Es empfiehlt sich zusätzlich der Abschluss einer Reisekranken- und Rückholversicherung.

Hund und Katze

Für Hunde und Katzen ist bei Reisen innerhalb der EU ein gültiger, vom Tierarzt ausgestellter *EU-Heimtierausweis* vorgeschrieben, ebenso eine Kennzeichnung durch Mikrochip und eine Tollwutimpfung. Einreisen dürfen Sie mit dem Tier erst 21 Tage nach der Impfung. Pflicht ist auch eine Bandwurmbehandlung des Hundes 1–5 Tage vor der Einreise nach Großbritannien. Eine Zeckenbehandlung ist nicht mehr erforderlich. Folgende Hunderassen sind im Land verboten: Pit-Bull-Terrier, Tosa, Dogo Argentino und Fila Braziliero. Weitere aktuelle Informationen unter: ukingermany.fco.gov.uk/de/visiting-uk/pet-travel-scheme

Geld

Die britische Währung ist das Pfund Sterling (£). 100 Pence (p) ergeben ein Pfund. Scheine zu 5, 10, 20 und 50 £ sowie Münzen zu 1, 2, 5, 10, 20, 50 p und zu 1 und 2 £ sind im Umlauf.

Die gängigen Kreditkarten werden in Banken, Hotels und den meisten Geschäften akzeptiert. Überall in Südengland gibt es Geldautomaten, an denen man Geld abheben kann.

Zollbestimmungen

Im privaten Reiseverkehr innerhalb der EU dürfen Waren zum eigenen Verbrauch unbegrenzt mitgeführt werden. Richtmengen für den privaten Gebrauch: 800 Zigaretten, 400 Zigarillos, 200 Zigar-

Service und Notruf

Notruf:
Tel./mobil: 112 (EU-weit: Polizei, Unfallrettung, Feuerwehr)

ADAC Info Service
Tel. 0800 5 10 11 12
(Mo-Sa 8-20 Uhr)

ADAC Pannenhilfe Deutschland
dt. Festnetz: 0180 2 22 22 22
(6 ct/Anruf),
mobil: 22 22 22
(Verbindungskosten je nach Netzbetreiber/Provider)

Hilfe an Notrufsäulen
Unbedingt den ADAC verlangen

ADAC Notruf aus dem Ausland :
Festnetz: + 49 89 22 22 22

ÖAMTC Schutzbrief Nothilfe:
Tel. +43 1 2 51 20 00, www.oeamtc.at

TCS Zentrale Hilfsstelle:
Tel. +41 2 24 17 22 20, www.tcs.ch

Pannendienst der Automobile Association (AA): Tel. 08 00/88 77 66, mobil 084 57/88 77 66, www.theaa.com

Pannendienst der RAC Motoring Services: Tel. 08 00/82 82 82 (auch im Mobilnetz), www.rac.co.uk

ren, 1 kg Tabak, 10 l Spirituosen, 20 l Zwischenerzeugnisse (z.B. Likör, Wermut, Portwein, Sherry), 90 l Wein (davon höchstens 60 l Schaumwein) und 110 l Bier. Zu beachten: Diese Bestimmungen werden derzeit geprüft und eventuell künftig geändert. Infos: www.zoll.de.
Bei Einreise aus Nicht-EU-Ländern gelten deutlich geringere Mengen. Bei der Rückreise ist die für die EU gültige Einfuhrgrenze für zollfreie Waren in Höhe von 430 € zu beachten. Bei Rückreise in die Schweiz bleiben zollfrei: 200 Zigaretten oder 50 Zigarren oder 250 g Tabak, 2 l alkoholische Getränke bis 15 % und 1 l Spirituosen über 15 % (für Personen ab 17 Jahren), andere Waren bis zu einem Gesamtwert von 300 CHF (bei Einreise von der Schweiz in die EU 300 €, für Flugreisende 430 €). Die Schweiz beschränkt auch die Mitnahme von Lebensmitteln. Infos: www.ezv.admin.ch.

Tourismusämter im Land

In allen größeren oder von Touristen frequentierten Orten gibt es *Tourist Information Centres (TICs)* [s. Praktische Hinweise]. Dort erhält man Informationen, Prospekte und Karten – manchmal auch persönliche Tipps von Mitarbeitern.

Die *Öffnungszeiten* der TICs variieren. So gut wie alle sind Mo–Fr 10–17 Uhr geöffnet, größere bis 18 Uhr, in Touristenmetropolen auch Sa/So. Einige TICs in kleinen Orten sind im Winter geschlossen.

Diplomatische Vertretungen

Botschaft der Bundesrepublik Deutschland, 23 Belgrave Square, London SW1X 8PZ, Tel. 020/78 24 13 00, www.london.diplo.de

Österreichische Botschaft, 18 Belgrave Mews West, London SW1X 8HU, Tel. 020/73 44 32 50, www.aussenministerium.at/london

Botschaft der Schweiz, 16–18 Montagu Place, London W1H 2BQ, Tel. 020/76 16 60 00, www.eda.admin.ch/london

Besondere Verkehrsbestimmungen

In England herrscht Linksverkehr.

Es gelten die folgenden Höchstgeschwindigkeiten für Pkw, Wohnmobile und Motorräder: in Ortschaften 30 mph (miles per hour, 48 km/h), auf Landstraßen 60 mph (96 km/h) und auf Schnellstraßen und Autobahnen 70 mph (112 km/h). Pkw mit Anhänger dürfen auf Landstraßen höchstens 80 km/h, auf Autobahnen höchstens 96 km/h fahren.

Die *Roundabouts*, die Kreisverkehre, ersetzen in Großbritannien oft Straßenkreuzungen. Die Autos im Kreisverkehr haben Vorfahrt. Beim Einfahren in mehrspurigen Kreisverkehr ist Einordnen notwendig: Zum Verlassen des Kreises an der ersten Ausfahrt die linke, ansonsten die rechte Fahrspur benutzen.

Die **Promillegrenze** liegt bei 0,8.

Gelbe oder rote Markierungen am Fahrbahnrand bedeuten **Park-** oder **Halteverbot**. Auch auf oder am Rand einer Straße mit weißer Doppellinie in der Mitte darf man nicht halten. Parken entgegen der Fahrtrichtung ist tagsüber erlaubt.

Quadratische, auf der Spitze stehende weiße Schilder kündigen *Ausweichstellen* an schmalen Straßen an.

Maße und Gewichte

Obwohl in Großbritannien 1971 das Dezimalsystem eingeführt wurde, sind viele der traditionellen Maß- und Gewichtseinheiten auch heute noch gebräuchlich:

1 inch (in)	= 2,54 cm
1 foot (ft)	= 12 inches = 30,48 cm
1 yard (yd)	= 3 feet = 91,44 cm
1 mile (mi)	= 1,609 km
1 ounce (oz)	= 28,35 g
1 pound (lb)	= 16 ounces = 543,59 g
1 pint (pt)	= 0,568 l
1 gallon	= 4.54 l

Stromspannung

Die Netzspannung beträgt etwa 230 Volt (EU-Standard). Allerdings benötigt man für britische Steckdosen Adapter. Diese gibt es bei den ADAC Geschäftsstellen oder in Elektrofachgeschäften.

Zeit

In England gilt die **Greenwich Mean Time (GMT)**. Winter- und Sommerzeit werden am selben Tag wie auf dem europäischen Festland umgestellt. Es ist also stets eine Stunde früher als auf dem Kontinent. Die Stunden werden nur bis zwölf gezählt, man unterscheidet zwischen **a.m.** (ante meridiem, vormittags) und **p.m.** (post meridiem, nachmittags).

Anreise

Auto

Für die Anreise mit dem Auto: Die Fahrt durch den **Euro-Tunnel** zwischen Folkestone und Calais wird zu Hauptverkehrszeiten im 15-Min.-Takt angeboten; während der ca. 35-minütigen Fahrt mit *Le Shuttle*, dem Pendelzug durch den Kanaltunnel, kann man im Auto bleiben. Ansonsten nimmt man eine Fähre.

Eurotunnel, Tel. 018 05/00 02 48 (von Deutschland aus), Tel. 00 33/3/21 00 20 61 (von Österreich und Schweiz aus), Tel. 084 43/35 35 35 (im Land), www.eurotunnel.com

Bahn

Die Bahnverbindungen von Deutschland aus enden in holländischen, belgischen oder französischen Küstenstädten wie Hoek van Holland, Ostende oder Le Havre, wo man sich auf die Fähren nach Großbritannien einschiffen kann. Bequemer ist der **Eurostar** (www.eurostar.com), ein Hochgeschwindigkeitszug, der in ca. 3 Std. durch den Kanaltunnel über Kent (Ebbsfleet und Ashford) nach London bis zur *St. Pancras Station* fährt. Man kann in Paris, Brüssel, Lille und Calais zusteigen.

Fahrplanauskunft

Deutschland

Deutsche Bahn, www.bahn.de
Tel. 018 05 99 66 33 (persönlich, 14 ct/Min. dt. Festnetz; max 42 ct/Min. dt. Mobilfunknetze), Tel. 08 00 150 70 90 (sprachgesteuert)

Deutsche Bahn AutoZug, www.dbautozug.de, Tel. 0180 5 99 66 33 (14 ct/Min. dt. Festnetz; max. 42 ct/Min dt. Mobilfunknetze)

City Night Line, www.citynightline.de

Österreichische Bundesbahn, Tel. 05 17 17, www.oebb.at

Schweizerische Bundesbahnen, Tel. 0900 30 03 00, www.sbb.ch

National Rail Enquiries, Tel. 084 57/ 48 49 50 (im Land), Tel. 00 44/20/72 78 52 40 (vom Ausland), www.nationalrail.co.uk

Weitere Auskünfte im Internet: www.britrail.com

Bus

Verschiedene Busgesellschaften bieten meist recht preisgünstige Fahrten nach England an, in der Regel nach London. Dort hat man Anschluss mit englischen Busgesellschaften, etwa dem *National Express* (www.nationalexpress.com). Linienbusverbindungen von Deutschland und Österreich bietet:

Deutsche Touring GmbH, Am Römerhof 17, 60486 Frankfurt/Main, Tel. 069/790 35 01, www.eurolines.de

Fähre

Für die Anreise mit dem Auto bietet sich neben der Fahrt durch den Euro-Tunnel die **Fähre** an. Die Überfahrt von Calais nach Dover dauert ca. 80 Min. Von französischen Häfen gibt es besonders viele Verbindungen nach Südengland, wie Dieppe–Newhaven, Le Havre–Portsmouth, Cherbourg–Portsmouth bzw. Bournemouth, Roscoff–Plymouth. Von Belgien verkehren Schiffe auf den Routen Oostende–Ramsgate oder Dunkirk–Dover.

Flugzeug

Wichtigste Flughäfen für den Süden sind *London-Heathrow* (Tel. 08 44/335 18 01, www.heathrowairport.com), knapp 25 km westlich, und *London-Gatwick* (Tel. 08 44/ 335 18 02, www.gatwickairport.com) etwa 40 km südlich der Hauptstadt. Von hier aus stehen zahlreiche innerbritische Verbindungen zur Auswahl. Nach Bristol,

Southampton und Bournemouth gibt es auch Direktverbindungen von Deutschland, Österreich und der Schweiz.

Bank, Post, Telefon

Bank

Banken sind meist Mo–Fr 9.30–16.30 Uhr geöffnet, manche auch Sa vormittags. Wechselstuben *(Bureaux de Change)* haben länger offen, in Fähr- und Flughäfen auch rund um die Uhr. Man muss dort aber mit schlechteren Kursen und höheren Gebühren rechnen. Für den Tausch von Geld und Travellerschecks berechnen Banken pro Transaktion in der Regel ca. 3 £ Gebühr (*Fee/Commission*).

Post

Postämter sind in der Regel Mo–Fr 9.30–17.30, Sa 9–12 Uhr geöffnet. In kleineren Orten befinden sich die Poststellen oft in Läden oder Supermärkten.

Telefon

Internationale Vorwahlen
Großbritannien 00 44
Deutschland 00 49
Österreich 00 43
Schweiz 00 41

Es folgt die Rufnummer ohne die Null.

Die typischen roten Telefonzellen sind bislang noch häufig zu finden – eine nostalgische Reminiszenz, denn in Zeiten des Mobiltelefons sind sie kaum mehr rentabel. **Telefonkarten** (*Phonecards*) erhält man in Postämtern, Zeitungsläden und vielen anderen Geschäften.

Bei **Mobiltelefonen** schaltet der Netzbetreiber bzw. Provider automatisch auf ein englisches Netz um. Wer viel telefoniert sollte sich vorab über günstige Europa-Tarife informieren.

Einkaufen

Die Geschäfte sind in der Regel Mo–Sa 9–17.30 Uhr geöffnet. Größere Läden in den Innenstädten haben meist bis 18 Uhr offen, zuweilen auch sonntags 10–18 Uhr, In Supermärkten kann man normalerweise 10–20 Uhr einkaufen, auch am Sonntag, viele sind rund um die Uhr geöffnet. Auch in kleineren, touristisch stark frequentierten Orten haben viele Läden sonntags geöffnet. Vereinzelt wird noch die Tradition des *Early Closing Day* aufrechterhalten, d. h. alle Geschäfte einer Stadt schließen an einem Tag der Woche bereits kurz nach Mittag.

Souvenirs

Günstiger als auf dem Kontinent kann man in England nach wie vor **Landhausmode** sowie **Sportkleidung** und **-geräte** einkaufen, vor allem für ›inseltypische‹ Sportarten wie Golf, Reiten und Angeln. Englischsprachige **Bücher** sind preiswerter, zumal keine Preisbindung besteht.

Breit ist das Angebot an **Antiquitäten**, vor allem an Silberwaren und Möbeln. Besonders schöne Stücke findet man in den Geschäften von Arundel und Royal Tunbridge Wells sowie in Brightons Altstadt The Lanes.

Vielerorts finden sich *Crafts Centres*, in denen typische Produkte einer Region erhältlich sind. Vor allem auf dem Land (z.B. in St. Just in Cornwall) haben sich viele **Kunsthandwerker** niedergelassen und manchmal auch zusammengeschlossen, um den Verkauf von Vasen, Schalen, Bechern, Teekannen u. v. m. besser organisieren zu können, wie z. B.

Makers Contemporary Crafts and Arts Centre, 6 Bath Place, Taunton, Somerset, Tel. 018 23/25 11 21, www.makers.uku.co.uk, Mo–Sa 9–17 Uhr

45 Southside, 45 Southside Street, Plymouth, Tel. 017 52/22 49 74, www.45southside.co.uk, tgl. 10–17.30 Uhr. Lokales Kunsthandwerk (Keramik, Glas, Textil u. a.) in allen Preislagen bietet die Galerie im historischen Hafenviertel.

Eine Besonderheit stellt die Manufaktur Wilton Carpet in Wilton dar, in der seit dem 18. Jh. **Teppiche** gefertigt werden. Die Fabrik organisiert den Versand der wertvollen Stücke, die man an Ort und Stelle sowie bei Ablegern in Southampton und Hamphire erwerben kann.

Wilton Carpets, King Street, schräg gegenüber der Einfahrt zu Wilton House, Wilton, Tel. 017 22/74 60 00, www.wiltoncarpets.co.uk, Mo–Sa 9.30–17.30, So 11–16 Uhr

Wer sich für **Glaskunst** interessiert, kann z. B. an der Riverside in Taunton fündig werden oder in Brislington bei Bristol, wo das berühmte Bristol Blue Glass hergestellt wird.

Shakspeare Glass Gallery, Riverside Place, Taunton, Tel. 018 23/33 34 22, www.shakspeareglass.co.uk, Di–Sa 10–17 Uhr

Bristol Blue Glass, Bath Road, Whitby Road, Brislington, Bristol, Tel. 01 17/972 08 18, www.bristol-glass.co.uk, tgl. 9–17 Uhr

Kleine und große Kinder werden an den über 1000 Teddybären im ›Bärenladen‹ in Totnes (bei Torbay) ihre Freude haben.

The Bear Shop, 94 High Street, Totnes, Tel. 018 03/86 68 68, www.bear-shop.co.uk, Mo–Mi, Fr/Sa 10–17 Uhr

Sehr beliebt als Mitbringsel sind auch **Duft- und Badeessenzen**. Der Duft von Maiglöckchen, Hyazinthen oder Rosen, sei es in Form von Seifen, Ölen oder Potpourris, erfüllt das Badezimmer noch lange nach dem Ende der Reise.

Selbstverständlich findet man auf der Insel ein breites Angebot an erstklassigen **Teesorten**. Wem zum Frühstück die **Orangenmarmelade** besonders gut geschmeckt hat, der findet sowohl in Supermärkten als auch in Delikatessenläden eine überreiche Auswahl. Gleiches gilt für die **Pickles**, scharf, sauer oder süß eingelegte Zwiebeln und Gemüsestücke.

Berühmt ist Großbritannien für seine vielen **Keks- und Kuchensorten**; in beinahe jedem Ort des Südens wird man außerdem lokale **Käse- und Pastetenspezialitäten** finden.

Essen und Trinken

Zu einem richtigen englischen **Frühstück**, einem *Real English Breakfast*, gehören zunächst Orangensaft und *Cereals*, also Cornflakes, Müsli, Knusperreis oder ähnliches, die mit kalter Milch übergossen werden. Der zweite Gang besteht traditionell aus gebratenem Speck (*Bacon*) und Eiern (*Eggs*), die als Spiegelei (*fried*), Rührei (*scrambled*) oder verlorene Eier (*poached*) auf den Tisch kommen. Dazu gibt es gebratene oder gegrillte Würstchen, eine halbe Tomate, Champignons und gelegentlich Bratkartoffeln oder ein Rösti. Als Alternative wird in guten Hotels Fischfilet oder ein vegetarischer Brätling angeboten. Es folgt der dritte Gang: *Toast and Marmalade*. Mit *Marmalade* ist Orangenmarmelade gemeint, andere heißt *Jam*.

Nach einem derart ausgiebigen Frühstück fällt das **Mittagessen** (*Lunch*) meistens etwas kleiner aus. Man isst eine Suppe oder einen Salat, holt sich ein gut belegtes Sandwich oder geht in den Pub. Traditionell gibt es dort Snacks wie *Steak and Kidney Pie*, eine Fleischpastete mit Nieren, oder eine *Pork Pie* mit Schweinefleisch, Zwiebeln und Äpfeln. Im Westen des Landes isst man auch *Cornish Pasty*, eine Pastete mit Fleisch und Kartoffeln. Am Sonntag wird ausgiebig zu Mittag gegessen – traditionellerweise *Roast Beef*.

Nachmittags steht dann der **Cream Tea** auf dem Programm. Auf *Scones*, leicht süßliche Brötchen aus Mürbeteig mit oder ohne Rosinen, schmiert man *Clotted Cream*, eine steife, sehr fette Sahne, und obendrauf noch Erdbeermarmelade, *Strawberry Jam*. Dazu trinkt man Tee, in England praktisch immer mit Milch.

Mindestens einmal sollte man zum **Abendessen** (*Dinner*) *Fish 'n' Chips* probieren. Die Fischfilets werden in einer speziellen Panade, um die meist ein großes Geheimnis gemacht wird, gewälzt und dann frittiert. Dazu gibt es Pommes frites (*Chips*), auf Wunsch mit Essig (*Vinegar*) übergossen.

In den **Pubs** herrscht, was Getränke angeht, Selbstbedienung. Auch Speisen bestellt man an der Theke und bezahlt

Nicht jedermanns Bier

Leichtes, helles **Lager** oder starkes, dunkles **Stout**? Beide sind in südenglischen Pubs zu bekommen, das eine entspricht am ehesten den kontinentalen Bieren, das andere wurde meist aus Irland importiert. Wer etwas von der regionalen Vielfalt britischer Biere erschmecken will, sollte sich dem **Ale** zuwenden, seiner etwas stärker gehopften Variante, dem **Bitter**, dem milden **Pale Ale** und dem kräftigeren **Brown Ale**. Das einzig Wahre für britische Hopfen- und Malz-Traditionalisten ist jedoch das **Real Ale**, das ganz ohne Kohlensäure, bis zu 8% stark und absolut frisch aus dem Fass fließt. Kleine örtliche Brauereien stellen es her, denn es hält sich nicht lange – und nicht nur, weil seine durstigsten Liebhaber, die Mitglieder der **Real Ale Society**, nicht genug davon bekommen können. Bisweilen wird ein Real ale nur für ein einziges Pub gebraut – und wenn es einem lauwarm die Kehle hinunterläuft, spürt man, dass man Mitglied einer wahrhaft illustren Gesellschaft ist.

Lebendige Geschichte – Historienspektakel erfreuen sich in England großer Beliebtheit

sie sofort. Fertige Gerichte werden entweder ausgerufen oder am Tisch serviert.

Restaurants schließen oft verhältnismäßig früh und nehmen nur bis 21 oder 21.30 Uhr Bestellungen an. Rindfleisch (*Beef*), Lamm (*Lamb*), Geflügel (*Poultry*), Fisch (*Fish*) und Meeresfrüchte (*Seafood*) stehen hoch im Kurs. Als Nachtisch gibt es Kuchen, zum Beispiel *Apple Pie* mit heißer Vanillesauce und/oder Eis.

Eine Alternative zum Restaurant kann auch das Abendessen im Bed & Breakfast-Haus sein. Vor allem auf den Bauernhöfen gibt es wohlschmeckende, ›gutbürgerliche‹ Gerichte. In der Regel muss man morgens vorbestellen.

Die Auswahl an **Bier** ist reichhaltig; **Wein** verteuert sich wegen der Importsteuern beträchtlich. Restaurants offerieren meist gute französische und deutsche Weine, häufig auch kalifornische, südafrikanische und australische zu vernünftigen Preisen. Eine Spezialität, vor allem Somersets, ist **Cider**, der oft recht starke Apfelwein. Es lohnt sich, den Hinweisschildern an der Straße zu folgen, denn den besten gibt es auf kleinen Obstfarmen.

Für alle öffentlichen Gebäude gilt in Großbritannien ein **Rauchverbot**, u. a. in Restaurants, Cafés, Bars und Hotels.

Feiertage

1. Januar (New Year's Day), Karfreitag (Good Friday) und Ostermontag (Easter Monday), erster Montag im Mai (May Day), letzter Montag im Mai und im August (Bank Holidays), Weihnachten (Christmas).

Die *verlängerten Wochenenden* der Bank Holidays und des May Day sind beliebte Zeiten für Ausflüge, was lebhaften Straßenverkehr und großen Andrang bei Sehenswürdigkeiten bedeutet.

Festivals und Events

März

Bath: Workshops, Diskussionen, Lesungen beim *Bath Literature Festival* (www.bathlitfest.org.uk).

Mai

Brighton (1.–3. Maiwoche): Das internationale *Brighton Festival* (www.brightonfestival.org) offeriert Theater, Konzerte, Ausstellungen u. v. m.

Glyndebourne (Mai–Sept.): Mit der *Glyndebourne Opera* (www.glyndebourne.com) beginnt die Opernsaison.

Winchester: Blues- und Folkmusik, Tanz und Liedgesang gibt es beim *Winchester MayFest* (www.winchestermayfest.co.uk)

Mai/Juni

Salisbury: Theater, Opern, Konzerte, Ausstellungen, Lesungen und Kirmes beim *Salisbury International Arts Festival* (www.salisburyfestival.co.uk).

Bath: Musiktheater, Oper, Jazz, Klassik beim *Bath International MusicFest* (www.bathmusicfest.org.uk).

Juni

Broadstairs: Eine Woche lang feiert die ganze Stadt das *Dickens Festival* (www.broadstairsdickensfestival.co.uk), u.a. mit Umzug in historischen Kostümen.

Glastonbury (letztes Juniwochenende): Bis zu 170 000 Besucher kommen zum *Glastonbury Festival of Contemporary Performing Arts* (www.glastonburyfestivals.co.uk), einem der größten Open-Air-Musikfestivals weltweit, bei dem auch Theater, Tanz, Comedy u. a. geboten wird.

Juli

Wiltshire: Fünf Tage lang finden auf dem familienfreundlichen *Larmer Tree Festival* in herrlicher Parklandschaft Konzerte, Theaterstücke und Workshops statt (larmertreefestival.co.uk).

August

Isle of Wight: Während der *Cowes Week* (www.cowesweek.co.uk) finden rund um die Insel Segelregatten statt.

Arundel: Anlässlich des *Arundel Festival* (www.arundelfestival.co.uk) werden im Schloss und in seinen Gärten Theaterstücke, Opern und Popkonzerte geboten.

September

Isle of Wight: Beim viertägigen *Bestival* (www.bestival.com) im Robin Hill Country Park treten internationale Größen und Nachwuchsstars der Popmusik auf.

Oktober

Hastings: Tausende von Darstellern spielen beim *Battle of Hastings Reenactment* (www.english-heritage.org.uk) die bedeutende Schlacht nach.

Canterbury: Das *Canterbury Festival* (www.canterburyfestival.co.uk) ist bekannt für hochkarätige Konzerte, Ausstellungen, Theater- und Tanzaufführungen.

Taunton (3. Oktoberwoche): Größter beleuchteter Karnevalsumzug der Welt ist der *Illuminated Carnival* (www.somersetcarnivals.co.uk). Ein Höhepunkt ist das Fassrollen beim *Cider Barrel Rolling Race*.

November

London nach Brighton (1. So): Traditionsreiche Oldtimer-Rallye *London to Brighton Veteran Car Run* (www.lbvcr.com).

Klima und Reisezeit

Die Jahreszeiten an der englischen Südküste unterscheiden sich nicht grundsätzlich von denen Zentraleuropas. Es regnet im Sommer ein wenig mehr, dafür schneit es im Winter fast nie. Der *Golfstrom* beschert vor allem dem sonnigen Südwesten ein sehr mildes Klima.

Die schönsten Reisemonate sind **Mai**, **Juni**, **September** und **Oktober**. Im Juli und August ist im ganzen Land Ferienzeit, und die Erholungsgebiete des Südens sind dann sehr überlaufen.

Manche *Sehenswürdigkeiten*, vor allem große Gärten und Parks, bleiben von November bis März geschlossen. An den Weihnachtsfeiertagen ist fast alles zu.

Klimadaten Südengland

Monat	Luft (°C) min./max.	Wasser (°C)	Sonnen-std./Tag	Regen-tage
Januar	6/14	14	2	11
Februar	6/14	13	2	9
März	7/16	14	4	8
April	11/19	15	6	8
Mai	13/22	17	7	8
Juni	17/25	20	7	8
Juli	19/28	23	7	9
August	18/28	24	6	9
September	18/26	23	5	9
Oktober	14/22	22	3	9
November	10/18	18	2	10
Dezember	7/15	15	1	9

Kultur live

Theater

Die renommiertesten Bühnen des englischen Südens sind:

Bristol Old Vic, King Street, Bristol, Tel. 01179/877877, www.bristololdvic.org.uk

Chichester Festival Theatre, Oaklands Park, Chichester, Tel. 01243/781312, www.cft.org.uk

Mayflower Theatre, Commercial Road, Southampton, Tel. 02380/711811, www.mayflower.org.uk

Minack Theatre, Porthcurno, Penzance, Tel. 01736/810181, www.minack.com

Northcott Theatre, Stocker Road, Exeter, Tel. 01392/493493, www.exeternorthcott.co.uk

Theatre Royal, Sawclose, Bath, Tel. 01225/448844, www.theatreroyal.org.uk

Theatre Royal, New Road, Brighton, Tel. 01273/328488, 0844/871 7627, www.atgtickets.com/brighton

Kino

Ein interessantes Filmprogramm jenseits des Standardangebots der großen Kinos bieten:

Arnolfini, 16 Narrow Quay, Bristol, Tel. 0117/917 2300, www.arnolfini.org.uk. Galerien für moderne Kunst und Film Centre.

Watershed, 1 Canon's Road, Bristol, Tel. 0117/927 5100, www.watershed.co.uk. Gezeigt werden Filmprogramme in modernen Kinosälen.

Exeter Phoenix Arts and Media, Bradninch Place, Gandy Street, Exeter,

Tel. 013 92/66 70 80, www.exeterphoenix.org.uk. Theater, Musik, Film.

Plymouth Arts Centre, 38 Looe Street, Plymouth, Tel. 017 52/20 61 14, www.plymouthartscentre.org. Filme und Konzerte.

Kulturhistorische Organisationen

Die meisten wichtigen Sehenswürdigkeiten Großbritanniens werden vom **National Trust (NT)** oder von **English Heritage (EH)** verwaltet, den beiden landesweit operierenden kulturkonservatorischen Stiftungen. *Mitgliedern* wird kostenloser Eintritt zu den Sehenswürdigkeiten der jeweiligen Organisation gewährt. Beide Stiftungen bieten jährliche sowie lebenslange Mitgliedschaften an. Beitreten kann man mittlerweile auch online auf der jeweiligen Homepage, aber ebenfalls in jedem NT- bzw. EH-Informationszentrum, also gleich beim ersten Besuch einer kulturellen Stätte. Die von den Stiftungen verwalteten Objekte sind im Haupttext dieses Führers entsprechend mit NT oder EH gekennzeichnet. Infos:

National Trust, PO Box 574, Manvers, Rotherham, S63 3FH, Tel. 08 44/800 18 95, www.nationaltrust.org.uk

English Heritage, 1 Waterhouse Square 138 - 142 Holborn, London, EC1N 2ST, Tel. 08 70/333 11 82, www.english-heritage.org.uk.. Der Hauptsitz ist in London, EH hat aber weitere Büros überall in England.

Museen und Kirchen

Detaillierte Angaben zu den Öffnungszeiten der **Museen** finden sich jeweils im Haupttext. **Wichtiger Hinweis:** Für die meisten Sehenswürdigkeiten gilt: letzter Einlass 60 Min. vor Schließung.

Kirchen sind, soweit nicht anders vermerkt, in der Regel tgl. 9–18 Uhr geöffnet. Während der *Gottesdienste* ist eine Besichtigung nicht möglich. In den meisten der großen Kirchen und Kathedralen erwartet man vom Besucher eine freiwillige Spende (*Donation*). Manche Kirchen sind generell oder außerhalb der Gottesdienstzeiten verschlossen. Dann findet man meist an der Tür einen Hinweis darauf, wo der Schlüssel zu bekommen ist.

Nachtleben

Der ländliche Süden ist keine Hochburg des Nachtlebens. In den größeren Städten Brighton, Portsmouth, Southampton, Bournemouth und Bristol gibt es das übliche Angebot an Kneipen, Diskotheken und Bars. In den **In-Kneipen** gelten Fr und Sa Kleiderordnungen. Ohne elegantes Outfit, das der Türsteher beurteilt, hat man keine Chance auf Einlass.

Pubs gibt es in jedem Dorf. Dort kann man in der Regel Mo–Sa 11–23 Uhr sein Bier trinken, So 12–22.30 Uhr. Manche haben am Nachmittag einige Stunden geschlossen, andere sind seit Lockerung der strengen Pubschließzeiten 2005 abends länger geöffnet. Seit 2007 gilt das *Rauchverbot*.

Sport

Die Sportmöglichkeiten in Südengland zwischen Ozean, Felsen und Strand sind vielfältig: **Wandern** [s. S.69] und **Radfahren** stehen ganz oben, wenngleich es nur wenige ausgebaute Radwege gibt – dafür aber viele schmale Landstraßen, auf denen kaum Autoverkehr herrscht.

Angeln

Von vielen Häfen aus werden Angelausflüge angeboten. Man benötigt eine Lizenz, die vor Ort ausgestellt wird. Infos:

www.visitbritain.de
www.gethooked.co.uk (Angelführer für Südwestengland)

Golf

Golfs ist in Großbritannien noch populärer als auf dem Kontinent. Die Clubs lassen Gäste nur zu eingeschränkten Zeiten auf ihre Plätze – Handicap und vollständige Ausrüstung vorausgesetzt. Es gibt aber auch kommunale Golfplätze, die für jedermann zugänglich sind. Infos z. B.:

www.visitbritain.de
www.golfeurope.com
www.golfbreaks.com

Klettern

Das Klettern hat sich in den vergangenen Jahren als Breitensport etabliert, ist aber nicht überall erlaubt. Infos:

BMC (British Mountaineering Council), The Old Church, 177–179 Burton Road,

West Didsbury, Manchester M20 2BB, Tel. 01 61/445 61 11, www.thebmc.co.uk

Reiten

In vielen Gebieten, vor allem den Nationalparks, kann man sehr schöne Reitausflüge unternehmen. Infos:

British Horse Society, Abbey Park, Kenilworth, Warwickshire CV8 2XZ, Tel. 08 44/848 16 66, www.bhs.org.uk

Segeln

Südengland ist ein ideales Segelrevier.:

RYA (Royal Yachting Association), Ensign Way, Hamble, Hants, SO31 4YA, Tel. 08 45/345 04 00, 023/80 60 41 00, www.rya.org.uk

Auch die **ADAC Sportschifffahrt** hält für Mitglieder umfassende Informationen sowie Adresslisten von Marinas und Charterfirmen bereit (Tel. 089/767 60, www.adac.de/sportschifffahrt).

Tennis

Tennis ist sehr beliebt. In vielen Städten gibt es öffentliche Tennisplätze, und größere Hotels verfügen in der Regel ebenfalls über entsprechende Anlagen. Informationen erhält man in den lokalen TICs.

Wassersport

Lange **Sandstrände** finden sich zwischen Ramsgate und Margate in Kent, zwischen Hastings und Eastbourne, auf der Isle of Wight von Shanklin bis Ventnor, von Bournemouth bis Poole, an der Torbay und der Start Bay sowie in der Umgebung von Penzance – streckenweise, von Kiesstränden unterbrochen, auch zwischen Brighton und Bognor Regis. Die Strände von Nord-Cornwall und Nord-Devon sind meist kleiner und in Buchten versteckt. Hier am Atlantik wehen stärkere Winde, herrscht höherer Wellengang – **Surfer** und **Wellenreiter** wissen es zu schätzen. Die zahllosen kleinen **Buchten** Devons und Cornwalls bescheren reine Entdecker- und Badefreuden. Vom Baden in Hafennähe ist wegen schlechter Wasserqualität abzuraten.

Statistik

Der englische Süden gliedert sich in ost-westlicher Richtung in folgende Grafschaften und Regionen:

Kent: Die südöstliche Grafschaft umfasst gut 3700 km² und hat etwa 1,6 Mio. Einwohner. Die Verwaltungshauptstadt ist *Maidstone* (75 000 Einw.), doch die bekannteste Stadt ist *Canterbury* (44 000 Einw.). Das Wirtschaftsleben der Region ist hauptsächlich vom Obst- und Hopfenanbau, vom Hafenbetrieb in *Dover* sowie vom Tourismus geprägt.

Surrey: Die Grafschaft südlich von London misst 1650 km² und hat etwa 1 Mio. Einwohner, von denen viele täglich in die Hauptstadt pendeln. Verwaltet wird Surrey von *Guildford* (67 000 Einw.) aus

Sussex: An der Küste schließt Sussex an Kent an, weist gut 3800 km² und knapp 1,5 Mio. Einwohner auf. Hauptstadt von East Sussex ist das beschauliche *Lewes* (16 000 Einw.), Hauptstadt von West Sussex *Chichester* (27 000 Einw.). Größte und bedeutendste Stadt der Region ist aber das Seebad *Brighton* (156 000 Einw.), mit *Hove* (60 000 Einw.) zu einer Doppelgemeinde zusammengewachsen.

Hampshire: Die große Grafschaft des zentralen Südens ist rund 3800 km² groß und beheimatet etwa 1,6 Mio. Menschen. Verwaltungssitz ist *Winchester* (40 000 Einw.), von wo aus vor 1000 Jahren noch das ganze Land regiert wurde. Wirtschaftlich bedeutend sind die Hafen- und Industriestädte *Portsmouth* (204 000 Einw.) und *Southampton* (221 000 Einw.). Westlich davon erstreckt sich der 375 km² große, dünn besiedelte *New Forest*.

Isle of Wight: Lange gehörte die vor der Südküste gelegene, 381 km² große Insel zur Grafschaft Hampshire, doch jetzt verwaltet sie sich selbst. Hauptstadt ist das im Zentrum der Insel gelegene *Newport*. Hier leben 24 000 der insgesamt 140 000 Einwohner.

Dorset: Zur Metropole der 2650 km² großen Grafschaft (690 000 Einw.) sind die Städte *Christchurch* (33 500 Einw.), *Bournemouth* (159 000 Einw.) und *Poole* (135 000 Einw.) zusammengewachsen; im Sommer versammelt sich an den Stränden ein Mehrfaches an Urlaubern. Hauptstadt ist das etwas landeinwärts gelegene *Dorchester* (15 000 Einw.). Südlich davon zieht *Weymouth* (46 000 Einw.) ebenfalls zahlreiche Urlauber an.

Wiltshire: Von der Grafschaft Wiltshire, 3500 km² groß und mit 616 000 Bewohnern nur dünn besiedelt, findet in diesem Führer nur der südliche Teil Berücksichtigung, in dem auch die Hauptstadt liegt: *Salisbury* (45 000 Einw.). Nördlich der Stadt erstreckt sich die etwa 30 x 15 km messende, fast baumlose *Salisbury Plain* mit vielen prähistorischen Stätten.

Bristol: Die 434 000 Einwohner zählende Hafen- und Industriestadt bildete eine Zeitlang mit Bath die Grafschaft Avon, verwaltet sich jetzt jedoch wieder selbst.

Somerset: Die von Hügeln und Schluchten durchzogene Grafschaft dehnt sich auf 3500 km^2 aus und hat etwa 850 000 Einw., Hauptstadt ist *Taunton* (59 000 Einw.). Auch *Bath* (86 000 Einw.) wurde samt Umland als ›Bath and North East Somerset‹ der Grafschaft zugeschlagen. Den Nordwesten von Somerset nimmt der größte Teil des *Exmoor National Park* (692 km^2, 11 000 Bewohner) ein.

Devon: Mit 6765 km^2 ist Devon eine der flächenmäßig größten Grafschaften des Landes, mit 1 Mio. Menschen aber sehr dünn besiedelt. Hauptstadt der Region, die mit Cornwall das ›West Country‹ ausmacht, ist *Exeter* (111 000 Einw.). Größere Siedlungen sind zudem die an der *Torbay* zusammengewachsenen Städte *Torquay, Paignton, Brixham* (zusammen 116 000 Einw.) sowie die Hafen- und Industriestadt *Plymouth* (250 000 Einw.). Im Zentrum der Grafschaft liegt der *Dartmoor National Park* (954 km^2, 32 000 Bewohner).

Cornwall: Die westlichste Grafschaft misst 3500 km^2 und hat rund 500 000 Einwohner. Sitz der Verwaltung ist die Bischofsstadt *Truro* (19 000 Einw.), etwa gleich groß ist *Penzance*.

Unterkunft

Vom Schlosshotel bis zum Schlafsaal in der Jugendherberge – das Angebot an Unterkünften in Englands Süden ist vielfältig. Die Hotels sind meist nach AA-Standard (*Automobile Association*) mit 1–5 Sternen klassifiziert. Auch das britische Touristenamt *Visit Britain* überprüft und bewertet regelmäßig Gästezimmer und Ferienwohnungen (*self-catering accomodation*) und vergibt die Sterne gerne etwas großzügiger. Die lokalen TICs vermitteln kostenlos die bei ihnen registrierten Zimmer.

Bed & Breakfast

Die beliebteste Form der Unterbringung ist zweifellos das Bed & Breakfast. Das Angebot reicht von kleinen Pensionen bis zu den Privathäusern von Familien, die preisgünstige Zimmer anbieten, gelegentlich mit Familienanschluss. Morgens kommt dann ein typisches englisches Frühstück auf den Tisch. *B & B*-Schilder weisen die Unterkünfte aus. In den größeren Häusern steht meist eine Lounge mit Fernseher zur Verfügung. Immer üblicher sind *Ensuite Rooms*, d. h. Zimmer mit separaten Duschen und Toiletten. Am häufigsten gibt es Zimmer mit Doppelbett (*Double Room*) oder mit zwei Einzelbetten (*Twin Room*), zuweilen auch Familienzimmer (*Family Room*).

Camping

Einige Campingplätze verfügen über stationäre Wohnwagen, die gemietet werden können. Eine Auswahl geprüfter Plätze bieten **ADAC Campingführer**, Band Nordeuropa und **ADAC Stellplatzführer** (adac.de/campingfuehrer). Die Inhalte gibt es auch als App für iPhone, iPad und Android-Geräte in den Appstores von Apple und Google.

Wildes Campen ist nicht erlaubt. Manche Bauern stellen Campern jedoch im Sommer gegen einen kleinen Obolus eine Wiese zur Verfügung.

Ferien auf dem Land

Mit Bauernhöfen im herkömmlichen Sinn haben *Farmstays* wenig zu gemein: Zum Teil werden Ihnen staatliche Anwesen begegnen, ganz ohne Stallgeruch, dafür aber mit herrlichen Gärten, komfortablen Zimmer und Tee auf der Terrasse. Die Häuser liegen meist in schöner Umgebung, bieten häufig auch Abendessen (auf Vorbestellung) und haben viel Platz für Kinder. Infos:

Farm Stay UK Ltd., National Agricultural Centre, Stoneleigh Park, Warwickshire CV8 2LG, Tel. 024/76 69 69 09, www.farmstay.co.uk

Hotels

In den großen Städten sind natürlich die internationalen Hotelketten vertreten, aber viele kleinere, oft sehr individuell geführte Häuser warten mit einer ganz besonderen Note auf. Gerade außerhalb der Städte kann man in umgebauten Herrenhäusern mit allem Luxus in schönster Umgebung übernachten. Eine Auswahl bieten die ›Praktischen Hinweise‹ bei der jeweiligen Ortsbeschreibung.

Jugendherbergen

In Englands Süden sind zahlreiche Jugendherbergen und auch sonstige Unterkunftsmöglichkeiten (z. B. *Bunkhouses*) zu finden. Infos:

YHA (Youth Hostel Association), Trevelyan House, Dimple Road, Matlock, Derbyshire, DE4 3YH, Tel. 0800/019 17 00 und Tel. 016 29/59 27 00, www.yha.org.uk

Immer beliebter werden auch *Unterkünfte für Backpacker*. Rucksack-Reisende aus aller Welt schätzen die entspannten, freundlichen Hostels, die auch freien Internetzugang bieten. Infos und Adressen: www.backpackers.co.uk

Wohnmobil

Wer mit dem Wohnmobil unterwegs ist, findet im Süden Englands zwar nur wenige Stellplätze mit Entsorgungsstationen, dagegen gibt es eine große Zahl an Campingplätzen. Detaillierte Informationen bietet der jährlich erscheinende **ADAC Camping Caravaning Führer** [s. S. 134.].

Verkehrsmittel im Land

Bahn

Der englische Zugverkehr ist stark auf die Metropole London konzentriert. Zur Weiterfahrt in südlich gelegene Regionen empfiehlt es sich fast immer, in London in einen schnellen *Intercity* umzusteigen. An das Intercity-Netz angebunden sind im Süden Bath, Brighton, Canterbury, Exeter, Penzance, Portsmouth, Southampton und Salisbury. Es gibt keine durchgehende Verbindung entlang der Südküste mehr.

Wer öfter den Zug benutzen will, sollte den Kauf eines **BritRailPass** mit Gültigkeitsdauer von vier Tagen bis zu einem Monat erwägen. Der *BritRail England Flexi Pass* erlaubt das Reisen in England an einer bestimmten Anzahl von Tagen innerhalb eines Monats. Es gibt Pässe für 2, 4, 8 oder 15 Tage. Der *BritRail England Consecutive Pass* gilt für aufeinanderfolgende Tage und kann für 2, 4, 8, 15, 22 oder 30 Tage erworben werden. Der *BritRail London Plus Pass* erlaubt das Bahnfahren in ganz Südost-England wahlweise an 2 oder 4 Reisetagen innerhalb von 8 Tagen oder für 7 Tage innerhalb von 15 Tagen. Ähnliche Angebote gibt es für den Eisenbahnverkehr in ganz Großbritannien. Diese Pässe müssen jedoch vor der Abreise im Heimatland besorgt werden.

Die Bahntickets für alle innerbritischen Strecken sowie die hier beschriebenen BritRailPässe können Bahnreisende online bestellen bei:

Visit Britain, www.visitbritain.de
BritRail, www.britrail.com

Bus

Das lokale und regionale Busnetz ist recht gut ausgebaut, wenn auch manche Überlandrouten eher selten bedient werden. Informationen über Busverbindungen und Fahrpläne hält jedes TIC bereit.

Mietwagen

An den Flughäfen und in allen größeren Orten kann man Autos verschiedener Gesellschaften mieten. **ADAC-Mitglieder** können über die Geschäftsstellen oder doe ADAC Autovermietung (Tel. 089/76 76 20 99) buchen.

Britanniens bunter Blätterwald

Die Briten sind begeisterte Zeitungsleser, und für jeden Geschmack ist etwas zu finden, von den reißerischen Boulevardblättern wie **The Sun** bis hin zu hochklassigem, seriösem Journalismus, wie ihn der progressive **The Guardian** bietet. Renommierte Tageszeitungen sind außerdem der liberale **The Independent**, der konservative **Daily Telegraph**, die **Financial Times** mit ihrem umfangreichen Wirtschaftsteil und die altehrwürdige **The Times**, die seit dem 18. Jh. aufgelegt wird, jedoch beträchtlich an Ansehen eingebüßt hat, seit sie vom australischen Medientycoon Rupert Murdoch übernommen wurde.

Neben den anspruchsvolleren Zeitungen bieten die konservative **Daily Mail** und der Labour-freundliche **Daily Mirror** etwas leichtere, populär aufbereitete Lektüre.

Viele Briten lesen sonntags stundenlang Zeitung, weshalb die jeweiligen Ausgaben zu umfangreichen Konvoluten mit zahlreichen Beilagen und Magazinen geraten; Wochenzeitungen wie der angesehene **The Observer** erweitern das Angebot noch.

Natürlich gibt es auch unzählige Magazine für Spezialinteressen, darunter die Blätter, die sich der Gestaltung von Gärten und Eigenheimen widmen, die Sportzeitungen, die Musikmagazine und die Tierzeitschriften.

Sprachführer

Englisch für die Reise

Das Wichtigste in Kürze

Ja/Nein	*Yes/No*
Bitte/Danke	*Please/Thank you*
In Ordnung./Einverstanden.	*All right./Agreed.*
Entschuldigung!	*Excuse me!*
Wie bitte?	*Pardon?*
Ich verstehe Sie nicht.	*I don't understand you.*
Ich spreche nur wenig Englisch.	*I only speak a little English.*
Können Sie mir bitte helfen?	*Can you help me, please?*
Das gefällt mir/Das gefällt mir nicht.	*I like that/ I don't like that.*
Ich möchte ...	*I would like ...*
Haben Sie ...?	*Do you have ...?*
Gibt es ...?	*Is there ...?*
Wie viel kostet das?/ Wie teuer ist ...?	*How much is that?*
Kann ich mit Kreditkarte bezahlen?	*Can I pay by credit card?*
Wie viel Uhr ist es?	*What time is it?*
Guten Morgen!	*Good morning!*
Guten Tag!	*Good morning!/ Good afternoon!*
Guten Abend!	*Good evening!*
Gute Nacht!	*Good night!*
Hallo! Grüß Dich!	*Hello!/Hi!*
Wie ist Ihr Name, bitte?	*What's your name, please?*
Mein Name ist ...	*My name is ...*
Ich bin aus Deutschland.	*I come from Germany.*
Wie geht es Ihnen?	*How are you?*
Auf Wiedersehen!	*Good bye!*
Tschüs!	*See you!*
gestern/heute/ morgen	*yesterday/today/ tomorrow*
am Vormittag/ am Nachmittag	*in the morning/ in the afternoon*
am Abend/ in der Nacht	*in the evening/ at night*
um 1 Uhr/ 2 Uhr ...	*at one o'clock/ at two o'clock ...*
um Viertel vor (nach) ...	*at a quarter to (past) ...*
um ... Uhr 30	*at ... thirty*
Minuten/Stunden	*minutes/hours*
Tage/Wochen	*days/weeks*
Monate/Jahre	*months/years*

Zahlen

0	*zero*	20	*twenty*
1	*one*	21	*twenty-one*
2	*two*	22	*twenty-two*
3	*three*	30	*thirty*
4	*four*	40	*forty*
5	*five*	50	*fifty*
6	*six*	60	*sixty*
7	*seven*	70	*seventy*
8	*eight*	80	*eighty*
9	*nine*	90	*ninety*
10	*ten*	100	*a (one) hundred*
11	*eleven*		
12	*twelve*	200	*two hundred*
13	*thirteen*	1000	*a (one) thousand*
14	*fourteen*		
15	*fifteen*	2000	*two thousand*
16	*sixteen*	10 000	*ten thousand*
17	*seventeen*	1 000 000	*a million*
18	*eighteen*	½	*a (one) half*
19	*nineteen*	¼	*a (one) quarter*

Wochentage

Montag	*Monday*
Dienstag	*Tuesday*
Mittwoch	*Wednesday*
Donnerstag	*Thursday*
Freitag	*Friday*
Samstag	*Saturday*
Sonntag	*Sunday*

Monate

Januar	*January*
Februar	*February*
März	*March*
April	*April*
Mai	*May*
Juni	*June*
Juli	*July*
August	*August*
September	*September*
Oktober	*October*
November	*November*
Dezember	*December*

Maße

Kilometer	*kilometre*
Meter	*metre*
Meile	*mile*
Zentimeter	*centimetre*
Kilogramm	*kilogramme*
Pfund	*pound*
Gramm	*gramme*
Liter	*litre*

Unterwegs

Nord/Süd/West/Ost	*north/south/west/east*
geöffnet/geschlossen	*open/closed*
geradeaus/links/ rechts/zurück	*straight on/left/ right/back*
nah/weit	*near/far*
Wie weit ist es?	*How far is it?*
Wo sind die Toiletten?	*Where are the toilets?*
Wo ist die (der) nächste ... Telefonzelle/ Bank/Post/ Polizeistation/ Geldautomat?	*Where is the nearest ... telephone-box/ bank/post office/ police station/ cash machine/ATM?*
Wo ist ... der Hauptbahnhof/ die U-Bahn/ die Bushaltestelle/ der Flughafen?	*Where is the ... main train station/ subway station/ bus stop/ airport, please?*
Wo finde ich ein(e, en)? Apotheke/ Bäckerei/ Kaufhaus/ Lebensmittelgeschäft/ Markt?	*Where can I find a ... pharmacy/ bakery/ department store/ food store/ market?*
Ist das der Weg/ die Straße nach ...?	*Is this the way/ the road to ...?*
Gibt es einen anderen Weg?	*Is there another way?*
Ich möchte mit ... dem (der) Zug/Schiff/ Fähre/Flugzeug nach ... reisen.	*I would like to go to ... by ... train/ship/ ferry/airplane.*
Gilt dieser Preis für Hin- und Rückfahrt?	*Is this the round trip fare?*
Wie lange gilt das Ticket?	*How long will the ticket be valid?*
Wo ist ... das Tourismusbüro/ ein Reisebüro?	*Where is ... the tourist office/ a travel agency?*
Ich benötige eine Hotelunterkunft.	*I need hotel accommodation.*
Wo kann ich mein Gepäck lassen?	*Where can I leave my luggage?*

Freizeit

Ich möchte ein ... Fahrrad/ Mountainbike/ Motorrad/ Boot mieten.	*I would like to rent a ... bicycle/ mountain bike/ motorcycle/ boat.*
Gibt es ... einen Strand/ einen Freizeitpark/ ein Freibad/ einen Golfplatz/ eine Reitschule in der Nähe?	*Is there a ... beach/ theme park/ outdoor swimming pool/ golf course/ riding stable in the area?*
Wann hat ... geöffnet?	*What are the opening hours of ...?*

Bank, Post, Telefon

Wo ist der Geld- automat	*Where ist the cash machine/ATM?*
Brauchen Sie meinen Ausweis/Pass?	*Do you need my ID card/passport?*
Wo soll ich unter- schreiben?	*Where should I sign?*
Wie lautet die Vorwahl für ...?	*What is the crea code for ...?*
Wo gibt es ... Telefonkarten/ Briefmarken?	*Where can I get ... phone cards/ stamps?*

Tankstelle

Wo ist die nächste Tankstelle?	*Where is the nearest petrol station?*
Ich möchte ... Liter ... Super/Diesel/ bleifrei.	*I would like ... litres of star/diesel/ unleaded.*
Volltanken, bitte.	*Fill it up, please.*
Bitte, prüfen Sie ... den Reifendruck/ den Ölstand/ den Wasserstand/ das Wasser für die Scheibenwischanlage/ die Batterie.	*Please check the ... tire pressure/ oil level/ water level/ water in the wind- screen wiper system/ battery.*
Würden Sie bitte ... den Ölwechsel/ den Radwechsel vornehmen/ die Sicherung austauschen/ die Zündkerzen erneuern/ die Zündung nachstellen?	*Would you please ... change the oil/ change the tires/ change the fuse/ replace the spark plugs/ adjust the ignition?*

Mietwagen

Ich möchte ein Auto mieten.	*I would like to rent a car.*
Was kostet die Miete ... pro Tag/ pro Woche/ mit unbegrenzter km-Zahl/ Meilen-Zahl/ mit Kasko- versicherung/ mit Kaution?	*How much is the rent ... per day/ per week/ including unlimited kilometres/ miles/ including compre- hensive insurance/ with deposit?*

Wo kann ich den Wagen zurückgeben?	*Where can I return the car?*

Panne

Ich habe eine Panne.	*My car's broken down.*
Der Motor startet nicht.	*The engine won't start.*
Ich habe die Schlüssel im Wagen gelassen.	*I left the keys in the car.*
Ich habe kein Benzin/ Diesel.	*I've run out of petrol/ diesel.*
Gibt es hier in der Nähe eine Werkstatt?	*Is there a garage nearby?*
Können Sie mir einen Abschleppwagen schicken?	*Could you send a tow truck?*
Können Sie den Wagen reparieren?	*Could you repair my car?*
Bis wann?	*By when?*

Polizei

Hier ist mein(e) ...	*Here is my ...*
Geld/Pass/	*money/passport/*
Personalausweis/	*ID card/*
Kfz-Schein/	*certificate of registration/*
Versicherungskarte.	*car insurance card.*
Ich möchte eine Anzeige erstatten.	*I would like to report an incident.*
Man hat mein(e, en)...	*They stole my ...*
Geld/	*money/*
Tasche/	*bag/*
Papiere/	*papers/*
Schlüssel/	*keys/*
Fotoapparat/	*camera/*
Koffer/	*suitcase/*
Fahrrad gestohlen.	*bicycle.*
Verständigen Sie bitte das/die Deutsche Konsulat/ Botschaft.	*Please contact the German consulate/ embassy.*

Unfall

Hilfe!	*Help!*
Achtung!/Vorsicht!	*Attention!/Caution!*
Rufen Sie bitte schnell ...	*This is an emergency, please call ...*
einen Krankenwagen/	*an ambulance/*
die Polizei/	*the police/*
die Feuerwehr.	*the fire department.*
Es war (nicht) meine Schuld.	*It was (not) my fault.*
Geben Sie mir bitte Ihren Namen und Ihre Adresse.	*Please give me your name and address.*
Ich brauche die Angaben zu Ihrer Autoversicherung.	*I need the details of your car insurance.*

Krankheit

Können Sie mir einen guten Deutsch sprechenden Arzt/ Zahnarzt empfehlen?	*Can you recommend a good German-speaking doctor/ dentist?*
Wann hat er Sprechstunde?	*What are his office hours?*
Wo ist die nächste Apotheke?	*Where is the nearest pharmacy?*
Ich brauche ein Mittel gegen ...	*I need medication for ...*
Durchfall/	*diarrhea/*
Halsschmerzen/	*a sore throat/*
Fieber/	*fever/*
Insektenstiche/	*insect bites/*
Verstopfung/	*constipation/*
Zahnschmerzen.	*toothache.*

Hotel

Können Sie mir bitte ein Hotel/eine Pension empfehlen?	*Could you please recommend a hotel/ Bed & Breakfast?*
Ich habe bei Ihnen ein Zimmer reserviert.	*I booked a room with you.*
Haben Sie ein ...	*Have you got a ...*
Einzel-/Doppelzimmer ...	*single/double room ...*
mit Dusche/	*with shower/*
Bad/	*bath/*
WC?	*bathroom?*
für eine Nacht/	*for a night/*
für eine Woche?	*for a week?*
Was kostet das Zimmer	*How much is the room*
mit Frühstück/	*with breakfast/*
mit zwei Mahlzeiten?	*with two meals?*
Kann ich mit Kreditkarte bezahlen?	*Can I pay by credit card?*
Wie lange gibt es Frühstück?	*How long will breakfast be served?*
Haben Sie	*Have you got*
ein Fax/	*fax/*
Internetzugang/	*internet access/*
einen Hotelsafe?	*a hotel safe?*
Wie ist hier die Stromspannung?	*What is the power voltage here?*
Ich reise heute abend/ morgen früh ab.	*I will depart tonight/ tomorrow morning.*
Ich möchte um ... geweckt werden.	*Please wake me up at ...*

Restaurant

Wo gibt es ein gutes/ günstiges Restaurant?	*Where is a good/ inexpensive restaurant?*

Die Speisekarte/ Getränkekarte, bitte.	*The menu/ wine list, please.*
Ich möchte nur eine Kleinigkeit essen.	*I only want a snack.*
Ich möchte das Tagesgericht/ Menü (zu…)	*I like the dish of the day (at ...).*
Welches Gericht können Sie besonders empfehlen?	*Which of the dishes can you recommend?*
Haben Sie typische Gerichte der Region?	*Do you have local dishes?*
Gibt es vegetarische Gerichte?	*Are there vegetarian dishes?*
Haben Sie offenen Wein?	*Do you serve wine by the glass?*
Welche alkoholfreien Getränke haben Sie?	*What kind of soft drinks do you have?*
Haben Sie Mineralwasser mit/ ohne Kohlensäure?	*Do you have mineral water/ noncarbonated water?*
Das Steak bitte ... englisch/ medium/ durchgebraten.	*The steak ... rare/ medium/ well-done, please.*
Kann ich bitte ... ein Messer/ eine Gabel/ einen Löffel haben?	*May I have ... a knife/ a fork/ a spoon, please?*
Das Essen war sehr gut.	*The food was excellent.*
Die Rechnung, bitte.	*The bill, please.*

Essen und Trinken

Abendessen	*dinner*
Ananas	*pineapple*
Apfelkuchen	*apple pie*
Bier	*beer*
Helles	*Lager*
Dunkles	*Stout*
Birnen	*pears*
Bratkartoffeln	*fried potatoes*
Brot/Brötchen	*bread/rolls*
Butter	*butter*
Ei	*egg*
Eier mit Speck	*bacon and eggs*
Eiscreme	*ice-cream*
Erbsen	*peas*
Erdbeeren	*strawberries*
Essig	*vinegar*
Fisch	*fish*
Fisch und Pommes Frites	*fish 'n' chips*
Fleisch	*meat*
Fleischpastete	*meat pie*
Fleischsoße	*gravy*
Frühstück	*breakfast*
Gebäck	*pastries*
Geflügel	*poultry*
Gemüse	*vegetable*
Gurke	*cucumber*
Hähnchen	*chicken*
Hammelfleisch	*mutton*
Hammelfleisch-eintopf	*irish stew*
Haferplätzchen	*oatcakes*
Honig	*honey*
Hummer	*lobster*
Kaffee	*coffee*
Kalbfleisch	*veal*
Kartoffeln	*potatoes*
Kartoffelbrei	*mashed potatoes*
Käse	*cheese*
Keks	*biscuit*
Kohl	*cabbage*
Kuchen	*cake*
Lachs	*salmon*
Lamm	*lamb*
Leber	*liver*
Maiskolben	*corn-on-the-cob*
Marmelade	*jam*
Mittagessen	*lunch*
Meeresfrüchte	*seafood*
Milch	*milk*
Mineralwasser	*mineral water*
Nieren	*kidneys*
Obst	*fruits*
Öl	*oil*
Orangenmarmelade	*marmalade*
Pfannkuchen	*pancakes*
Pfeffer	*pepper*
Pfirsiche	*peaches*
Pilze	*mushrooms*
Pommes frites	*chips*
Pub Imbiss	*pub grubs*
Reis	*rice*
Reh/Hirsch	*venison*
Rühreier	*scrambled eggs*
Sahne	*cream*
Salat	*salad*
Salz	*salt*
Schinken	*ham*
Schlagsahne	*clotted cream*
Schweinefleisch	*pork*
Sekt	*sparkling wine*
Speck	*bacon*
Suppe	*soup*
Thunfisch	*tuna*
Truthahn	*turkey*
Vanillesoße	*custard*
Vorspeisen	*hors d'œuvres*
Wein	*wine*
Weißwein	*white wine*
Rotwein	*red wine*
Rosé-Wein	*rosé wine*
Würstchen	*sausages*
Zucker	*sugar*
Zwiebeln	*onions*

	ADAC Reiseführer	ADAC Reiseführer plus
Ägypten	■	■
Algarve	■	■
Allgäu	■	■
Alpen – Freizeitparadies	■	
Amsterdam	■*	■*
Andalusien	■*	■*
Australien	■	■
Bali & Lombok	■	■
Baltikum	■	■
Barcelona	■*	■*
Bayerischer Wald	■	■
Berlin	■*	■*
Bodensee	■	■
Brandenburg	■	■
Brasilien	■	
Bretagne	■	■
Budapest	■*	■*
Bulgarische Schwarzmeerküste	■	■
Burgund	■	
City Guide Germany	■	
Costa Brava und Costa Daurada	■	
Côte d'Azur	■	■
Dänemark	■	■
Dalmatien	■	■
Deutschland – Die schönsten Autotouren		■
Deutschland – Die schönsten Orte und Regionen	■	■
Deutschland – Die schönsten Städtetouren	■	
Dresden	■*	■*
Dubai, Vereinigte Arab. Emirate, Oman	■	■
Elsass	■*	■*
Emilia Romagna	■*	■*
Florenz	■	■
Florida	■	■
Franz. Atlantikküste	■	■
Fuerteventura	■	■
Gardasee	■	■
Golf von Neapel	■	■
Gran Canaria	■	■
Hamburg	■	■
Harz	■*	■*
Hongkong & Macau	■	
Ibiza & Formentera	■	■
Irland	■	■
Israel	■	■
Istanbul	■	■
Istrien und Kvarner Bucht	■	■
Italien – Die schönsten Orte und Regionen	■	■
Italienische Adria	■	■*
Italienische Riviera	■	■*
Jamaika	■	
Kalifornien	■	■
Kanada – Der Osten	■	■
Kanada – Der Westen	■	■
Karibik	■	■
Kenia	■	■
Korfu & Ionische Inseln	■	■
Kreta	■	■
Kuba	■	■
Kykladen	■	
Lanzarote	■	■
Leipzig	■	■*
Lissabon	■	■*
London	■	■
Madeira	■	■
Mallorca	■	■
Malta	■	■
Marokko	■	■
Mauritius & Rodrigues	■	■
Mecklenburg-Vorpommern	■	■*
München	■	■*
Neuengland	■	■
Neuseeland	■	■
New York	■	■*
Niederlande	■	■
Norwegen	■	■
Oberbayern	■	■
Paris	■	■
Peloponnes	■	
Piemont, Lombardei, Valle d'Aosta	■	■*
Polen	■	■
Portugal	■	■*
Prag	■	■*
Provence	■	■
Rhodos	■	■
Rom	■	■
Rügen, Hiddensee, Stralsund	■	■
Salzburg	■	■*
St. Petersburg	■	■
Sardinien	■	■
Schleswig-Holstein	■	■
Schottland	■	■
Schwarzwald	■	■*
Schweden	■	■
Schweiz	■*	■*
Sizilien	■	■
Spanien	■	■
Südafrika	■	■
Südengland	■	■
Südtirol	■	■*
Sylt	■	■
Teneriffa	■	■
Tessin	■	■
Thailand	■	■
Thüringen	■	■
Toskana	■*	■*
Trentino	■	■
Tunesien	■	■
Türkei – Südküste	■	■
Türkei – Westküste	■	■
Umbrien	■	
Ungarn	■	■
USA – Südstaaten	■	
USA – Südwest	■	■
Usedom	■	■
Venedig	■	■
Wien	■	■*
Zypern	■	■

* mit Reise-Videos oder Audio-Features (abrufbar über QR-Code)

■ **ADAC Reiseführer**
144 bzw. 192 Seiten

■ **ADAC Reiseführer plus**
(mit Extraplan)
144 bzw. 192 Seiten

Foto: © Jens Wulf - Fotolia.com

Stand: 4/2013

Mehr erleben, besser reisen ... mit ADAC Reiseführern!

Register

Impressum

Chefredakteur: Dr. Hans-Joachim Völse
Textchefin: Dr. Dagmar Walden
Chef vom Dienst: Bernhard Scheller
Lektorat und Bildredaktion: Ralf Thume
Aktualisierung: Gundula Herget
Kartographie: ADAC e.V. Kartographie/KAR, Computerkartographie Carrle
Layout: Suse Uhmann
Herstellung: Barbara Thoma
Druck, Bindung: Rasch Druckerei und Verlag

Printed in Germany

Ansprechpartner für den Anzeigenverkauf:
KV Kommunalverlag GmbH & Co KG,
München, Tel. 089/92 80 96-53

ISBN 978-3-89905-960-1

Neu bearbeitete Auflage 2013

Bildnachweis

Titel:
Klippen der Seven Sisters (von S. 42).
Foto: **JTB/Your Photo Today**

Archiv Berlin Fotoagentur: 20, 44, 49, 53, 90, 96 (2) – **F1online**: 19 (Bowman), 123 (Prisma) – **Fotolia**: Umschlagrückseite links – **Franz Marc Frei**: 24 – **Ralf Freyer**: 22, 30, 34, 57, 115, 118 – **Hartmuth Friedrichsmeier**: 43 – **Udo Haafke**: 75 oben, 76, 110 – **Horst Herzig**: 11 oben, 16/17, 56, 88, 102, 106, 112, 113 – **Tina Herzig**: 38, 107 – **Bildagentur Huber**: 10 oben (G. Simeone), 32 (Tom Mackie), 45 unten, 124 oben links (N.N.), 124 unten rechts (R. Schmid) – **IFA Bilderteam**: 67 – **Images.de**: 66 (EyeUbiquitous/Hutchison), 94/95 (Lonely Planet Images/Glenn Beanland), 109 (Adrian Arbib/Still Pictures), 124 Mitte (Wh. von S. 66) – **imago/Seeliger**: 15 unten – **Rainer Jahns, Siegsdorf**: 28, 40, 41, 121 – **JTB/Your Photo Today**: 42 – **laif**: Umschlagrückseite rechts (Sabine Bungert), 7 (2), 8 oben, 50, 51, 52 (2), 61, 68 unten, 75 unten (Miquel Gonzalez), 92, 97 (Hartmut Krinitz), 108/109, 114, 116 (Miquel Gonzalez), – **Knut Liese**: 18, 58, 63 – **LOOK**: 5 links, 6, 37, 54, 68 oben, 78, 83, 84, 91, 93 (Ingolf Pompe), 99 (The Travel Library), 100, 103 (Ingolf Pompe), 111 (age fotostock), 124 oben rechts (Wh. von S. 99), 124 unten links, 130 (Ingolf Pompe) – **David Lyons**: 10 unten, 45 oben, 62, 64/65, 73 unten, 77 – **Mauritius**: 11 unten, 47 (N.N.), 59 (Steve Vidler), 71 (imagebroker/Markus Keller), 72 (N.N.), 98 (John Warburton-Lee) – **picture alliance**: 15 (Chris Ison) – **Gino Russo**: 9, 87 – **Schapowalow Bildagentur**: 26/27 (Robert Harding), 35 (Huber) – **Süddeutscher Verlag, Bilderdienst**: 12, 13, 14, 15, 81 – **Superbild**: 104/105 (Photo_Bank) – **Ullstein Bild**: 23, 31 (imagestate), 48 (NTPL), 55 (Fishman) – **Ernst Wrba**: 8 unten, 33, 36, 73 oben, 74, 82, 85, 86, 101